“法治建设与法学理论研究部级科研项目成果”
（项目编号：17SFB5011）

中国“安珀警戒”：儿童失踪紧急反应机制的实践与展望

刘　莹　毛李李　杨名静　著

群　众　出　版　社
·北　京·

图书在版编目（CIP）数据

中国“安珀警戒”：儿童失踪紧急反应机制的实践与展望 / 刘莹，毛李李，杨名静著．—北京：群众出版社，2020. 12

ISBN 978-7-5014-6117-2

Ⅰ.①中…　Ⅱ.①刘…②毛…③杨…　Ⅲ.①青少年保护—研究—中国
Ⅳ.①D922. 74

中国版本图书馆CIP数据核字（2020）第099470号

中国“安珀警戒”：儿童失踪紧急反应机制的实践与展望

刘　莹　毛李李　杨名静　著

出版发行：群众出版社
地　　址：北京市丰台区方庄芳星园三区15号楼
邮政编码：100038
经　　销：新华书店
印　　刷：涿州市新华印刷有限公司

版　　次：2020年12月第1版
印　　次：2020年12月第1次
印　　张：13.5
开　　本：787毫米×1092毫米　1/16
字　　数：259千字

书　　号：ISBN 978-7-5014-6117-2
定　　价：52.00元

网　　址：www.qzcbs.com
电子邮箱：qzcbs@sohu.com

营销中心电话：010-83903991
读者服务部电话（门市）：010-83903257
警官读者俱乐部电话（网购、邮购）：010-83901775
公安综合分社电话：010-83901870

序　　言

2017 年 1 月 22 日，河南省鹤壁市浚县卫溪街道办事处郭庄村民张某报警称自己的女儿张某欣与另外两个女孩外出玩耍，一直没有回家。当日晚 6 时左右，“110”指挥中心接到报警，称一位钓鱼的村民在流经村中的河里发现一具女孩的尸体。经失踪儿童的家长确认，打捞上岸的女童系外出玩耍的张某欣。而另外两名女童尚未找到。

2018 年 1 月 20 日，广州市海珠区的 9 岁男童林某失踪。经过警方的走访调查，将目标锁定为林某邻居李某。经过讯问，李某初步交代自己将林某带回家中，欲向其父母勒索钱财以偿还债务。

2020 年 3 月 30 日，湖南省沅江市的 2 岁女童陈某某于家中走失，公安部在儿童失踪信息紧急发布平台上发布该信息，时隔七日之后在沅江市漉湖发现女童尸体。

……

儿童失踪在世界上任何一个国家都是发生率高、受害者多、民众普遍关注的社会问题。儿童失踪后，警察对案件调查启动的速度直接决定着失踪儿童的找回概率。在儿童失踪后，警方立即着手立案调查，并且根据失踪儿童可能的危险程度，通过广播、电视、网络、社交媒体等渠道向儿童失踪的地区发布警报，动员社会力量参与对失踪儿童的营救，称之为儿童失踪紧急反应机制。

紧急反应机制最开始在美国建立。1996 年 1 月的一个下午，住在得克萨斯州阿灵顿的 9 岁女孩安珀·哈格曼（Amber Hagerman）在她家附近的小区街道玩耍时被绑架。一名目击者声称看到一名男子把安珀拖进一辆黑色的卡车。四天后，她的尸体在距离她家 3.2 英里的一条河中被发现，但凶手直到现在也未归案。这起骇人听闻的绑架案轰动全美，随后得克萨斯州为被绑架的孩子创设了“广播警报”，并以“安珀”为名将这一措施称作“安珀警戒”（Amber Alert）。后来，这一措施得到了美国政府和民间的广泛支持，并扩展到加拿大等国。最终，“安珀”（Amber）由人名变成了“美国失踪人员广播紧急反应”（America's Missing Broadcast Emergency Response）首字母的缩写。

在发出“安珀警戒”之前，执法机构首先必须确认发生了绑架儿童的案件，这对确认儿童面临的风险等级来说至关重要；其次还要求儿童必须是有正在面临身体伤害或死亡的风险，这一点也是为了凸显“安珀警戒”的迫切性和紧急性，避免滥用；对于失踪儿童的年龄，美国各州要求必须是在17周岁以下；最后是要有充分的描述性信息，目的是在公众之间产生积极的响应。美国的“安珀警戒”具有紧急性、强制性、规范性、有效性和权威性五大特点。

受美国成功经验的影响以及中国人民的生活进入信息化时代的背景下，公安部在2016年5月初建立了儿童失踪信息紧急发布平台。该平台自上线以来，取得了一定的成效，根据官方的统计数据，报告失踪的儿童中，找回率在90%以上。但是中国的紧急反应机制与美国的“安珀警戒”多有不同，其中最大的区别就在于中国对儿童失踪事件的紧急程度没有进行区别，对报告的儿童失踪案件没有轻重缓急之分。只要有儿童失踪，相关信息就会通过该平台以相同途径推送出去。这种形式上的一视同仁是以牺牲部分更加紧急的失踪时间为代价的。同样，除了未对失踪案件的紧急程度进行划分，目前中国的儿童失踪紧急反应机制也没有对不同案件采取有所区别的措施以及发布消息的范围。中国儿童失踪紧急反应机制建立于2016年，正值互联网、物联网、大数据、云计算等技术大力发展之际，人们的日常生活因为这些新兴技术发生了巨大的改变，这些技术运用在专业的领域，也会对专业领域产生不可估量的影响。我国学界目前基于各项技术发展而对智慧警务的研究，正是构建中国“安珀警戒”的基础。

刘莹

2020年6月

目　　录

第一章　中国“安珀警戒”构建基础——智慧警务

互联网、物联网、大数据、云计算等新兴技术已成为时代的主旋律，尤其是在党的十九大以后，各行各业都致力于以新兴科技带动传统产业，探索新兴发展途径。但是，新兴科技在带动传统产业发展的同时，也为犯罪嫌疑人利用互联网实施新型网络犯罪创造了有利条件。

例如，2018 年 5 月，全国首例“打码撞库”案，这起案件是利用互联网技术设计的一款“小黄伞”软件，不法分子可以利用该软件窃取在同一时段内使用淘宝的用户的账号和密码，然后将窃取的账号和密码非法售卖给他人，以获得非法收益。这类案件不仅犯罪手段专业性强，而且要求公安机关打破传统的办案思维以及要求警务人员具备较强的专业技术能力。

当前，社会人流、物流、信息流的快速运转，社会经济生活的快速发展，都促使犯罪朝着多样化的态势发展。不法分子突破时空限制在虚拟社会或现实社会实施犯罪后，为逃避公安机关的调查，充分利用高新技术手段，将自身的活动轨迹如通信信息、住宿信息、逃匿过程中途经的信息等零散分布于庞大的数据簇集群中，促使公安机关不得不打破传统的警务侦查模式，将调查方向转投于从犯罪形成的杂乱无章的大数据中清洗、筛选、挖掘分析、研判和收集犯罪信息。

同样，针对儿童失踪案件，尤其是犯罪型儿童失踪案件，如绑架、拐卖、拐骗、故意杀害儿童等案件，犯罪嫌疑人犯罪着手后，为避免在逃离或转移过程中被公安机关抓获，通常利用互联网技术窃取其他公民的身份信息购买车票或篡改乘车记录时间等方式掩盖其真实信息。此种情况下，公安机关仅靠传统侦查手段及自身力量寻找失踪儿童将会贻误最佳解救或寻回时机。因而，为使公安机关尽可能在儿童失踪三小时内寻回失踪儿童，减少儿童受到伤害或被拐的风险，提高办案效率，在新一轮信息技术变革引发警务改革发展潮流下，即智慧警务的兴起，以智慧警务的建设为基础，探索并构建具有中国特色的儿童失踪紧急反应机制。为理解智慧警务在寻找失踪儿童、打击和预防犯罪等方面发挥的作用，本章对“智慧警务”进行了系统的阐释。

一、智慧警务的内涵与特点

为了解智慧警务在我国的研究现状，笔者通过中国知网以“智慧警务”“大数据警务”等为关键词进行检索，共检索出 78 篇与智慧警务相关的文献。78 篇文献分别从不同角度对智慧警务的建设以及智慧警务在警务实战中的应用进行了阐述。其中，对智慧警务的内涵，理论界和实务界未达成统一的共识，但是从各位学者的表述来看，无外乎从两个方面对智慧警务的内涵进行阐释：一是科学技术层面；二是“人物合一”，即以人为核心，运用新一代科学技术赋予物以智能，实现人与物、物与物、人与人的交互作用，从而进行信息交换，以实现智能化识别、跟踪定位、布控和管理，进而促进警务模式的再升级。

（一）智慧警务的内涵

从科学技术层面来讲，智慧警务是指以互联网、物联网、云计算、智能引擎、视频技术、数据挖掘、知识管理等为技术支撑，以公安信息化为核心，通过互联化、物联化、智能化的方式，促进公安系统各个功能模块高度集成、协调运作，实现警务信息“强度整合、高度共享、深度应用”之目标的警务发展新理念和新模式。[①][②]

由智慧警务的概念可知，智慧警务的建设离不开信息技术的支撑，这些技术中物联网所具有的四层架构体系，能够将多种技术融合，实现物与物、人与物、人与人信息交互。因此，在智慧警务的构建过程中，笔者基于物联网四层体系结构，即感知层、传输层、处理层、应用层，提出智慧警务综合化智能平台的搭建构想，下面将详细阐述物联网四层体系在构建智慧警务综合化智能平台过程中所发挥的作用。

首先，物联网的感知层是由各种传感器和传感器网关构成的，其是物联网的前端与基础，相当于人的神经末梢，能够对获取的数据信息进行初步处理和判决，按照规则进行响应，将中间结果或者最终结果送往传输

---

① 张兆瑞：《“智慧警务”：大数据时代的警务模式》，载《公安研究》2014 年第 6 期，第 20 页。
② 张兆瑞：《从大数据到智慧警务》，载《现代世界警察》2018 年第 4 期，第 44 页。

层。感知层的主要技术有自动识别技术（例如，RFID 技术、语音识别、图形识别等）、定位技术（例如，GPS 技术）、传感器技术等。在“社会流”（人流、物流、信息流、资金流）暴增的时代，利用传统的数据采集方法，如人工采集等，已不能满足维护国家安全、反恐维稳等警务实战需求，而感知层所提供的自动识别等技术，既能够解决警力资源不足的问题，又能够快速、高效地收集所需的各类数据信息，为打击预防犯罪提供充足的犯罪信息进行分析研判。

其次，传输层主要实现对感知层获取的数据信息的传送与通信，警务资源数据主要是通过公安专用网、移动警务网、互联网三张网，传输到处理层，汇聚公安业务，管控互联网大数据池。

再次，处理层主要是对警务数据资源进行存储和处理，其支撑技术是各种数据处理技术，如云计算、数据挖掘、普适计算、海计算等。其中云计算、数据挖掘技术是智慧警务建设不可或缺的技术，利用云计算技术进行警务建设具有以下优势：第一，面对日益剧增的数据，利用计算机本地存储方式进行存储，易造成存储空间不足，增加应用服务器的负载压力。而云计算所提供的分布式存储技术，不仅不会挤占本地存储空间，而且由于其扩充性能强，没有集中式机头，存储容量几乎不受限制，同时，其没有专属的存储专用硬件设备，而是直接部署在服务器集群上，有利于释放应用服务器的负载压力，提高访问速度。第二，云计算所提供的分布式计算可以让两个或多个软件系统互通共享信息，有利于打破低于时空的限制，实现资源的有效整合。第三，云计算中的分布式系统具有高容错性，也即当一个节点出现故障时，系统中的其他节点能够提供正常的服务，并对该节点进行删除和增加操作。常见的分布式文件系统主要有 GFS、HDFS 等。GFS 是一个高容错性的分布式结构的文件系统，一个 GFS 集群包含一对主备的 Master 节点、多台 Chunk 服务器。Chunk 服务器主要用来和用户交换和存储数据。即使网络中的主机瘫痪，替换的主机会自动重建数据，从而不会对整个系统造成大的影响。

最后，应用层主要是物联网与用户的接口，用于解决的是信息处理与人机界面的问题。利用感知和传输来的各类警务资源信息，以智能计算技术为基础，搭建一套具有共性能力的警务服务平台，为各种基础警务应用或个性化警务应用提供统一的服务交付平台，提供海量的计算和存储资源，提供统一的数据存储格式和数据处理及分析手段简化应用的交付过程，降低交付成本。构想如图 1 所示。

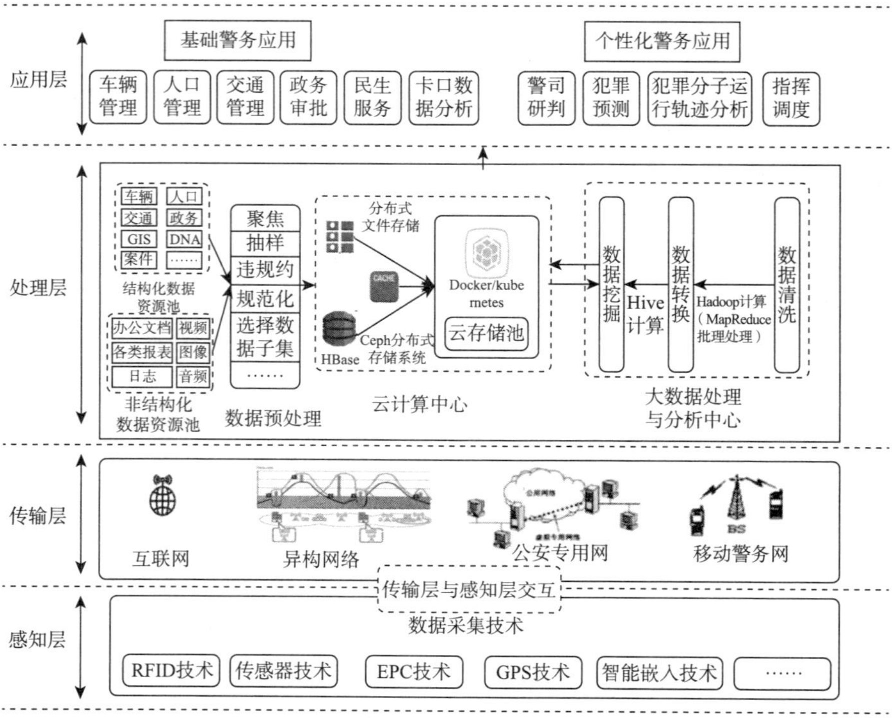

图 1　物联网四层体系结构

从“人物合一”的角度来讲，智慧警务是指以数据作为继警力资源、装备资源之后的新一代公安建设的核心资源，借助物联网、云计算、大数据等核心技术，对数据流进行智能分析和处理，充分发挥以数据流引领技术流、人流、物流、资金流，推动生产要素的集约化整合，同时，注重以“人”为核心，对公安警务人员开展数据警务训练，建立数据化警队，培养专业人才，以实现数据、指挥、行动、服务一体化运行，提高公安战斗力。

综上两个层面，笔者认为对于智慧警务而言，技术、人才、数据都是其建设的核心要素，其中数据为主导、技术为支撑、人才为关键，三者之间呈金字塔的关系，如图 2 所示。智慧警务的核心要义就是以机器换人力，以智能增效能，最大限度地释放警力，实现把简单留给民警，把复杂留给系统。①

① 《关于智慧新警务，专家学者们这样说……》，载《南方法制报》，http：//static. pp. southcn. com/content/20180413。

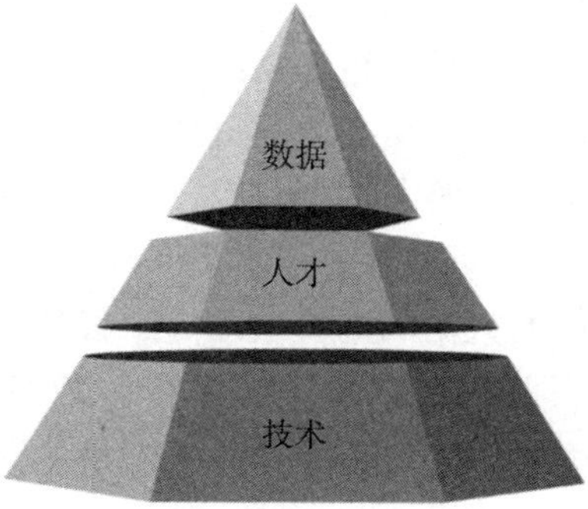

图 2　智慧警务的核心要素

（二）智慧警务的特点

1. 数据采集、处理分析智能化

条码识别、射频识别（RFID）技术、NFC、图像识别、语音识别、生物识别、智能感知、VR 等技术运用于智慧警务的建设过程中，对于实时化、动态化、庞杂化数据的采集能够实现实时采集，使数据采集由传统人工采集转向机器采集，使数据采集的过程趋于智能化。采集之后的数据聚集在一起形成一个庞大的资源库，且所获取的数据并非都是结构化数据，还包括非结构化数据、半结构化数据。对于这些数据的处理分析如果单纯依靠人力来完成，不仅会使“案多人少”的局面加剧，造成大量的警务资源的浪费，而且根据人们对事物认知的局限性以及分析处理数据的能力，警务数据分析人员不可能对利用现代科技获取的所有数据进行处理分析，而是通过采样的方式对部分犯罪数据信息进行分析处理，这种分析处理方式可能使分析得到的数据与实际数据存在相反的结论，以至于在预防和打击犯罪、维护国家安全、社会治安等方面作出错误的指挥部署。云计算、大数据挖掘、人工智能等技术的运用，既能解决数据类型不统一、警务异构系统不兼容、数据安全性等问题，打破信息资源壁垒，通过云平台使警务数据资源在公安内部各层级快速高效流通运转。而且，通过这些技术本身所蕴含的自动化处理技术，能够对数据进行智能化分析和处理，提升了执法数据信息预警研判效能，为指挥决策提供辅佐，进而做到对事实、案件的精准分析。

2. 集成化

警务数据资源采集的多头性及不同时期各地公安机关所搭建的警务平

台对警务数据的元数据和主数据没有形成统一的标准，增大了数据资源利用的复杂性，如各部门、各层级警务系统之间在共享使用数据时，由于受等级权限限制，必须通过相关接口或集群的介入才能够有访问权限，即使通过接口等方式获取了相关警务数据信息，但是由于元数据及主数据标准的不统一，警务人员还需对数据进行整理和归纳，不仅会增加警务工作量，甚至会导致所获取的数据利用价值不高。智慧警务在构建过程中，首先要解决的就是对庞大的警务数据资源进行整理归纳，进行分层分类处理，提高其共享利用率，解决这一问题的关键是汇聚警务人员的思维，从思维角度出发，借助高新技术，建立统一的元数据标准和主数据标准，以便有效地对结构化、半结构化、非结构化数据进行管理，从而保障数据的完整性、一致性和规范性，提高数据共享水平和利用率。

3. 可视化

图上作战升级为实景作战，总体安全态势、警力部署与警情处置可视化，[①] 是智慧警务在技术层面呈现的发展态势。例如，呼和浩特市公安局实战指挥平台，以案件为驱动，将多个系统的警情信息、情报信息聚集在一起，运用 GIS 技术和鹰眼式视频巡控技术，将地图与视频融合，视频随着地图平移自动播放，且可在地图上进行视频选择，有利于指挥实战中心随时调阅相关视频，从而实现对重点车辆、人流等信息的全息化、实景化监测与立体化防控。对于警力的部署安排及指挥，基于 LBS 位置服务、点位聚合算法，将警情资源、警员数据、警车资源、视频资源、卡口资源等数据资源映射到 PGIS 地图上，便于指挥中心对警力的全方位掌握和指挥。为了获取真实的空间地理信息，还原案件场景及周边环境，使案件呈现出立体化、动态化的场景展现，运用了 3D 全息影像技术使二维的 PGIS 地图呈现三维立体实景化的景象，高度还原案件。

二、网络信息时代下智慧警务的价值探索

数据信息交互共享是万物皆联网的背景下的一大特点，这也就决定了信息资源成为公安机关在警务实战“打、防、管、控、服”工作中重要的公安战斗力要素，成为警务大数据的源头活水，公安警务模式改革也成为常态化。从信息化角度来看，公安警务模式大体经历了五个阶段，即传

---

① 张昊、江耿亮：《公安大数据下智慧警务未来发展趋势》，载《中国安防》，http://www.afzhan.com/news/detail/76542.html，20190726。

统警务（2000 年以前）、数字化警务（2000—2005 年）、网络化警务（2006—2012 年）、合成化警务（2013—2017 年）、智慧警务（2018 年至今）。[①] 因此，2018 年以后构建智慧警务成为公安机关探索智能化警务的重中之重。网络信息时代，智慧警务的重要价值主要体现在以下几方面。

（一）打破警种界限，实现警务工作的有效协调对接

目前，从现有的警务系统来看，各警种纷纷建立了警务系统，便于单一警种工作。各警种的业务系统的功能虽然大同小异，但由于其系统的开发环境、开发工具、开发平台不同，不同的警务系统要实现交互对接，常用的方法：各系统之间通过接口交互对接、通过集群传输数据、数据库共享数据等方法。这些方法虽然能够实现各警种之间数据共享，但是对于警务系统而言，其可扩展性并不高。利用接口实现系统的交互，常常需要对系统进行更新，如果接口更新频繁，接入合作方会越来越多，就会给系统的更新带来很大的麻烦。为了解决这一问题，2017 年 7 月公安部科技信息化局在下发了《警用数字集群（PDT）通信系统与公安信息网业务对接技术规范》征询意见稿，从现阶段来看，已经有不少省厅级公安机关建设了数字集群（PDT）通信系统，为公安信息通信网和警用数字集群通信专网的业务数据互通提供了可能。但是，通过集群实现警务系统的交互对接存在接入业务不统一、存储数据格式不统一等问题，且后续由于缺乏规范的数据治理流程和审核机制，导致数据没有统一的标准，以至于数据无法集成，数据就会因质量过低而难以被利用，跨库共享就难以实现，且由于公安信息通信网对安全方面的要求，警用数字集群通信专网不能直接和公安信息网进行对接。而通过数据库进行交互对接，如果是同类型的数据库，即使数据库之间不处在同一服务器上，采用链接服务器等的形式来处理，数据库之间也是可以访问的，但是对于不同类型的数据库，要实现彼此之间相互访问，需要做很多设置才能够生效，不易处理，同时易造成数据冗余，使数据的完整性遭到破坏。以上这些方法虽然在一定程度上有助于警种之间数据的共享，但存在诸多限制，使跨部门、跨区域、跨系统的协同作战无法形成，造成大量警务信息及警力资源的浪费。

同时，在海量的数据面前，利用数据库存储信息已不能满足对系统的

---

① 张昊、朱守亮、江耿亮：《智慧新警务的发展变化与趋势》，载《中国安防》2019 年第 7 期，第 43-44 页。

运行与维护。智慧警务利用云计算技术可以对海量的数据进行存储和处理，即云计算运用 Google 中 MapReduce 编程模型提供的分布式计算可以实现不同物理位置空间中的数据资源的共享与处理。

（二）集成多部门数据资源，实现信息资源充分涌动

政府部门、社会服务部门、技侦部门等其他部门每天都会产生海量的数据，这些部门的数据虽然能够通过相应的技术使部分数据标准统一的数据得到共享，但是基于信息的保密性与安全性，部门之间不愿相互共享数据，从而形成信息孤岛，妨碍公安机关从数据资源中挖掘犯罪信息，不能对犯罪进行事前预防控制。公安警务的改革，能够消除部门之间的隔阂，即各部门共享一个云存储池，利用云存储技术将各部门获取的海量的数据全部共享到云存储池中，各部门之间无须直接沟通，可直接从云存储池获取相关数据，如图 3 所示。

图 3　警务系统云存储技术

（三）有利于节约资本投入，打造可持续发展模式

在智慧警务之前，各省、市公安机关根据自身建设的需要，开发了符合自身警务需求的系统。由于开发时各省市之间、上下级公安机关之间、公安机关各部门之间并没有就系统的整体功能、开发环境等进行横向与纵向的沟通协调，缺乏顶层设计方案，导致重复建设。同时，前期系统建设标准不统一，导致系统在后续升级过程中面临重重困难，甚至面临全面整改的风险。这会对系统前期开发与后期维护造成重大的资源浪费，不利于可持续发展。智慧警务模式的构建的目标就是通过技术创新，改造警务业务流程、整合警务资源、降低警务资本，实现可持续发展。

三、智慧警务与传统警务的优势比较

智慧警务是公安机关在大数据时代背景下，坚持总体国家安全观，应对社会热点问题、恐怖主义、网络安全、社会治安、违法犯罪等传统与非传统安全威胁，以及为保障人民利益，更好地贯彻全心全意为人民服务的宗旨而进行的一场警务变革。与传统警务相比，主要存在两方面的不同：

一是组织结构管理及政务民生方面；二是预防打击犯罪方面。这两个方面从不同的角度揭示了智慧警务相较于传统警务更有利于实现对公安现有资源的整合重新配置，实现协同作战、快速反应，有效防控，进一步提升公安机关整体作战效能。

（一）组织结构管理及政务民生方面

1. 情指行一体化，指挥机制扁平化

我国公安机关的组织结构属于“直线职能制结构”，即纵向强调以领导等级为基础，以统一指挥、命令、控制为原则；横向强调以分工为基础，不同组织按照各自的职能划分为若干部门，每一部门都有自己专门的工作领域。① 这种组织管理结构存在以下问题：一是纵向上，层级太多，使警务资源呈现“倒三角”状态；二是横向上，公安机关内部机构设置按照警务类型进行划分，导致各部门之间职能交叉重叠，警力资源严重浪费。

智慧警务的构建有利于简化公安机关内部上下级之间的隶属关系层次，减少公安机关内部领导决策层和操作层之间中间管理层的层级，加快各警种部门之间的信息流转速度，达到即时联动的目的，从而实现警务领导与指挥机制的扁平化。将先进的技术手段运用于公安实战，改变以往情报、指挥及其他部门信息系统独立建设，依靠信息化打造情指行一体化平台，构筑智慧警务的最强“大脑”和最灵敏的“触角”。利用各类通信系统及手段，通过对警情的动态掌握，对各类案件的多维度分析研判，对重点人员及各类敏感群体的动态管控，实现重特大案件情报研判与指挥调度高效合成，实现处置预案的自动响应，提升对重大警情的快速响应。

2. 管理网格化、处置机动化

2015 年 4 月 13 日，中国政府网公布中共中央办公厅、国务院办公厅印发的《关于加强社会治安防控体系建设的意见》中指出：“以网格化管理、社会服务为方向，健全基层综合管理平台，推动社会治安防控力量下沉。把网格化管理列入城乡规划，将人、地、物、事、组织等基本治安要素纳入网格管理范畴，做到信息掌握到位、矛盾化解到位、治安防控到

---

① 武文斐、王晓峰：《公安机关组织结构扁平化与警力下沉分析——大庆公安机关警务机制改革的启示》，载《贵州警官职业学院学报》2007 年第 3 期，第 48 页。

位、便民服务到位。"[1] 因此，在新一轮警务改革过程中，为大力推进和改进基层公安机关工作、提升战斗力，推进警务工作重心下移，警力下沉，提高基层警务专业化、法治化、智能化水平，必须将各种力量资源和服务管理平台融合于网格之中。

网格化管理是指将管理对象按照一定的标准划分成若干网格单元，利用现代信息技术和各网格单元间的协调机制，使各个网格单元之间能有效地进行信息交流，透明地共享组织的资源，以最终达到整合组织资源、提高管理效率的现代化管理思想。[2] 而将警务资源及管理平台纳入网格之中进行管理，首先，就是将"人、事、地、情、物、法人、组织"七大社会管理要素，按照一定的规则划分成一定大小的网格，如按照行政区域划分或人口密度或者资源配置等标准进行划分，实行网格化管理，且每一网格配置一名网格服务管理工作负责人，对网格内的信息采集、矛盾排查化解、社会治安防范等承担责任。其次，在构建基层公安智慧警务网格化治理过城中，还要整合各类群众组织和市场主题参与到基层社会治安与服务当中，增强社会治理的整体性、系统性、协调性。同时，为了实现对各类异常警情的分析研判，基层公安在采用网格化治理的过程中要汇聚视频监控、基站防控圈、周边报警等各类感知要素资源，运用云计算、大数据处理等技术，使数据资源连成一片云，能够在各部门之间实现互通、互换、互融，实现业务流、数据流的有机融合。最后，不同时期建设的警务平台，经过整合会形成一个集情指行一体化的警务平台，对各类社会治安事件的处置能够机动灵活。

3. 政务精简化，服务便捷化

"让群众少跑腿，让数据多跑路""一张网""一片云""一扇窗"、打通"最后一公里"等已成为公安政务信息化发展的新局面。通过智慧警务的建设，使各省、市、县的公安政务服务平台，趋向于规范化、标准化、集成化，以省为单位，全省上下政务服务形成"一张网"，并使之接入国家一体化在线政务服务平台，汇聚全国各地政务服务信息，将各类政务服务事项全部纳入网上管理和审批，进一步实现政务服务信息的互联互通，实现整体联动，业务协同，即在办理政务服务事项过程中，群众只需

---

① 《关于加强社会治安防控体系建设的意见》，参见百度百科，http：//m. baidu. com/。

② 郑士源、徐辉、王浣尘：《网格及网格化管理综述》，载《系统工程》2005 年第 3 期，第 4 页。

在政务服务平台上提交材料，无须现场排队办理，平台通过数据库碰撞比对，对于数据库中已有的材料群众无须提交，对于不符合条件的材料予以返回，以便群众补充提交，真正实现简化优化政务服务事项办理流程，缩短办理时限，实现“一站式全网办理”。

（二）预防打击犯罪方面

1. 警力部署调度实景化、全息化

二维电子地图作为空间信息可视化的载体，已被运用于公安警务实战之中，如警用地理信息系统（PGIS）。以二维电子地图为载体，利用定位技术获取警情坐标位置信息，并通过对警务业务数据进行多维度数据关联与碰撞分析，实现对警情、案件信息等动态数据的可视化掌控。但是随着城市化进程的加快，社会治安形势日益复杂多变，以及传统与非传统安全因素的威胁，依靠二维电子地图进行指挥调度已不能满足公安面对突发事件等的应急需求。在新一轮信息化警务改革背景下，为更加直观地展现城市的真实场景，准确定位案发地点，查看案件周围的实际环境，实现对警务态势的实景化实时监控及精确呈现民警的分布状态，在原有的 PGIS 系统的基础上，借助 3D 全息形象技术、VR 等技术，构筑实景化警务地理信息系统，实景化、全息化的展现城市的城防布局管控、案件的真实场景、警力部署，真正实现决策指挥实景可视化，打防管控一体化。

2. 犯罪监控实时化、动态化

大数据、人工智能等信息技术是公安机关建设智慧警务模式的主要技术手段。大数据技术主要用于对海量信息数据的处理与分析，而人工智能技术能够对视频数据进行结构化处理，主要体现在对车辆、人脸、物的快速识别。为预防人流量密集、流动大的场所发生儿童失踪被拐等治安违法犯罪事件，公安机关在火车站内引入高空全景视频技术、鹰眼技术、视频监控、移动 4G 图传、AR① 等前沿科技对火车站周边进行智能全景实时动态监控，对进站人员，采用人像识别比对等非接触式采集设备，将采集到的人脸信息与公安机关所建立的黑名单数据库中的人脸信息进行实时比对，并将检测到的疑似失踪儿童数据库中的儿童或可疑人员的信息进行实时报警，从而实现实时数据秒级响应。当然，智慧警务模式对犯罪监控的

---

① AR 是增强现实技术的简称，是一种实时地计算摄影机摄像的位置及角度并加上相应图像的技术，这种技术的目标是在屏幕上把虚拟世界套在现实世界并进行互动。参见百度百科，http：//wapbaike. baidu. com/。

实时化、动态化不仅体现在对传统犯罪的监控，还体现在对新型犯罪的监控，尤其是对网络诈骗犯罪的实时化、动态化的监控。由于新型犯罪具有隐蔽性“强”、速度“快”、效率“高”等特点，传统的侦查方法已无法与其形成对抗，公安机关借助腾讯集团的技术研发了基于 LBS 大数据的“麒麟伪基站实时检测系统”，该系统能够检测到伪基站热点地区，能够对这些热点地区进行精准定位，实时监测伪基站的运动情况。

3. 研判科学化，打击精准化

如上述两点所述，智慧警务的构建不仅能够使犯罪处于公安机关全时空、全方位的“视线”监控之下，而且能够直观地看到全城的警力分布状况，遇到突发情况能够在第一时间内指挥调用案发地点的警力，以最快的时间出警赶赴现场。除上述两点之外，智慧警务构建还能科学预测犯罪嫌疑人再次犯罪的可能性，以及预测犯罪的走向，以便公安机关及时采取措施，消除不安定因素，预防犯罪的发生。

同时，智慧警务作为大数据时代着力打造的警务模式，为失踪儿童尽早回归家庭提供了更多的途径。在儿童失踪案件发生后，为尽快找回失踪儿童，公安机关可借助的生物识别技术，如人脸识别、指掌纹识别、爬虫技术、大数据挖掘技术、射频识别技术、GIS 技术、新媒体等技术收集失踪儿童的信息，分析失踪儿童在失踪前是否有异常现象，对于犯罪型失踪儿童，可分析犯罪嫌疑人的体貌特征及逃跑路线，并在犯罪嫌疑人可能行进的路线和交通节点层层设卡，拦截犯罪嫌疑人，同时利用微博、微信等通信软件向特定人群发布儿童失踪的信息，以便民众注意身边周围的情况，为公安机关及时提供线索，这些技术及软件的运用将大大提高失踪儿童被找回的概率。对于重特大要案以及逃往外地的犯罪嫌疑人，公安机关可在所定犯罪嫌疑人之后，进行跨部门、跨地域，多警种协作开展联合抓捕行动，将犯罪嫌疑人抓捕归案，实现对犯罪的精准打击。

四、智慧警务的创新路径分析

技术促改革，数据增动力，在新一轮警务改革的浪潮下，为进一步促进社会治安治理现代化，预警研判科学化智能化，防空体系一体化，应急处置机动灵活化，全国各地无论是上级公安机关还是基层公安机关纷纷以促进智慧警务为总抓手，构建各类便民利民、城市乡镇一体化城防安保、警情预防监控指挥等信息化平台，推动警务工作由“汗水警务”向“智慧警务”转型升级。从智慧警务模式在各省、市、县的创新路径探索应用来看，大体可分为两个方面：一是政务民生方面；二是警情防控方面。围绕这两个方面对相关省、市智慧警务探索过程中的一些做法进行阐述。

（一）政务民生领域的创新应用

实例一：广东省广州市公安局及各区公安分局在落实智慧新警务总体部署方面，首先，通过广东政务服务网，在原有市政务服务中心及区政务服务中心的基础上，将行政审批服务事项100%全部进驻政务服务中心。其次，通过开发“广州公安”“广州微警”微信公众号、“警民通”App等平台，实现企业27项事项在线办理，申请人通过移动终端设备或者登录门户网站，在线提交材料，民警通过在线预处理，对提交的材料进行审核，将审批工作前置，避免申请人因材料不齐全或不符合要求多次跑动，减少跑动次数，实现“让群众少跑腿”或“让群众只跑一次，甚至不跑腿”。最后，通过研发“民生一体机”，即集合交警、出入境、户政三大警种共10项办事功能的“一体机”，从而实现群众“家门口”办事。①

实例二：山东省公安厅全面升级民生警务平台，并于2019年1月1日正式上线运行，为了便于群众使用，该警务平台提供三种介入途径：一是门户网站；二是手机客户端；三是微信公众号。山东省民生警务平台分为四大模块，即网上办事、查询服务、民生诉求和公告。其中网上办事模块主要涉及治安、网安、出入境、监管、禁毒、交警的业务，如出入境证件申请、公安派出所证明开具、公安监管预约会见、居民身份证办理、便民服务地图等。查询服务主要涉及出入境证件办理信息查询、车辆违法信息查询、执法办案信息查询等，同时这些功能模块中还嵌入了一些子模块，比如通过支付宝、微信、网银实现在线缴费等，这些功能模块的设计使市民足不出户，只要一部手机、一台电脑便可以享受警务服务，大大提升公安政务服务现代化、便利化水平，实现让数据多跑腿、让群众少跑路，最大限度地为群众提供“零距离”服务。

实例三：江苏省南京市江北新区智慧警务综合审批服务中心，作为目前建成的全国单体面积最大、服务项目最多、设备最齐全、交通最便捷的“智慧警务Mall”，“无人警局”模式和实体一站式审批服务中心，有助于

---

①《智慧新警务建设——智慧新民生》，参见腾讯网，https://new.qq.com/omn/20190109/20190109A17PYT.html。

全面升级“放管服”改革，打造全新的“宽进、快办、严管、便民、公开”审批服务模式，其中“无人警局”模式的启用，即集自助办理的“网证”机、交通违法罚缴机、智能证件照相机、证件照摄影机、出入境签注一体机等警务服务新设备的投入使用，① 居民可以在该设备上查询自己的车有无违法记录、车辆是否年检、办理出入境签证等相关业务。同时，据南京市公安局有关负责人介绍，居民可在微警务、出入境等自助终端设备或通过公安部可信身份认证服务平台办理居民身份证网上功能凭证（简称“网证”），且在不久的将来，居民只需出示“网证”就可在互联网上直接办理各级政府机关提供的各类业务和便民服务。且在开展线上办理的情况下，南京市江北新校区智慧警务综合审批服务中心还专门开辟了线下服务专门通道，以及为了使居民真正了解智慧警务所带来的便利，还设置了“微警务”线下体验区、智慧公安产品展示等功能区。

实例四：福建省晋江市公安局在全面实施智慧新警务战略上，先后开发投入使用签注自助一体机，群众只需到就近派出所，将通行证插入签注自助一体机，根据系统提示选择要办理的签注种类，通过网上支付方式缴纳相关费用后，系统即自动完成受理、审批等一系列流程，极大地方便了群众。同时，晋江市公安局为应对出入境业务量大、窗口办理拥堵等情况，出入境管理大队整合业务数据、简化办事程序，借助“福建省公安厅出入境服务大厅”和微信公众号“晋江公安出入境”等渠道，实现网上办证、微信办证、电话办证。截至 2018 年 11 月底，晋江市出入境管理大队六成以上服务事项均可实现“零跑动”，受理网上申请 2000 件，电话办证 200 余件，预约办证 2.6 万人次，群众办事填表减少 50%，材料减少 30%，成本减少 80%，② 极大地缩短了办事流程，提高了办事效率。

（二）警情防控领域的创新应用

实例一：陕西省安康市紫阳县公安局在智慧警务构建过程中，首先，通过整合情报、刑侦、网侦、图侦、国保、经侦、禁毒等多个专业系统平台，将县综治信息中心与公安情报指挥中心合并建设，规划设置综治维稳、指挥调度、情报研判、视频作战、勤务督导、舆情引导 6 个实战功能

① 《“智慧警务 Mall”亮相南京，个人“网证”将成为新宠》，载《法制日报》，https：//news. ts. cn/system/2018/11/19/035469383. shtml。

② 《大数据助力晋江实现智慧警务新跨越》，载《人民公安报》，https：//www. e-gov. org. cn/article-168107. html，20181227。

区，形成“6+N”联勤指挥格局，成立“情指勤舆”联勤中心。[①] 其次，成立“情指勤舆”联勤中心之后，紫阳县公安局对原有的“天眼”“微卡口”“平安镇村”高清视频监控系统进行升级改造，在公共场所、人员密集区域、重点部位布设人脸抓拍摄像头，从而实现对全县重点路段、区域、人员的全覆盖，推动人脸识别系统的建设。同时该联勤中心依托公安内网、视频监控专网、“钉钉警务”搭建横向将指令下达到各所队、纵向将指令下达到各警种的扁平指挥平台，与街面警务站、治安卡口、科所队值班室实现互联互通、可视对讲，形成警情研判、指挥调度、管理监督的“三位一体”实战指挥新体系。最后，紫阳县公安局自启动“情指勤舆”联勤中心以来，共发布“4+N”研判76期、发布红、橙、黄、蓝分色“四色预警”指令6936条，结合视频监控，运用有效的智能侦查手段，从案发现场周边海量视频图像中筛选、甄别可疑人员，成功破获7起诈骗案，为贫困群众挽回经济损失1.66万元，指导跨区域、跨警种破案53起，抓获逃犯9人，充分发挥了“情报导侦、扁平指挥、合成作战、动态打防”的功能，完成了警务实战从被动向主动、从传统经验向现代科技的转型升级。[②]

实例二：江苏省江阴市警方利用物联网监测、大数据分析等技术，优化建立大数据交通管控平台，通过物联网监测技术可实时观测到交通流量，当流量达到一定程度时，该系统平台可自动调节红绿灯的时长，提高通行效率。该平台自实时以来全市高峰通行时间缩短近20%，使城市交通堵塞这一“顽疾”得到有效治理。

江苏省江阴市公安局除在交通方面运用智慧警务外，在打击信息诈骗方面，借助电信诈骗案件侦办平台和智慧刑侦情报研判平台，围绕数据汇聚整合、涉案数据服务分析、反诈侦查、重点人员管控等方面开展合成研判工作。同时警方和银行以及微信、支付宝等第三方支付平台对接，可以实现快速接警、账号止付、冻结等功能，还可以对资金流进行查询，对诈骗人员数据进行收集，有效打击诈骗犯罪。[③] 江阴市自2017年至今借助

---

① 《民生最亮打造智慧警务新平台》，载澎湃新闻·澎湃号·政务，https：//www.thepaper.cn//channel_ 36079，20181219。

② 《民生最亮打造智慧警务新平台》，载澎湃新闻·澎湃号·政务，https：//www.thepaper.cn//channel_ 36079，20181219。

③ 《民生最亮打造智慧警务新平台》，载澎湃新闻·澎湃号·政务，https：//www.thepaper.cn//channel_ 36079，20181219。

电信诈骗案件侦办平台和智慧刑侦研判平台，成功打掉跨省交易平台诈骗公司、交友诈骗团伙 23 个，抓获作案成员 1800 多人，破获诈骗案件 3000 多起，涉案金额近 2 亿元人民币。①

实例三：四川省成都市公安局双流分局利用 AI 技术助力新型智慧警务实战应用，双流分局通过开发人脸识别前端和后端，构筑双流区“空港智慧警务”系统。人脸识别系统自投入运行以来，通过采集人脸数据及体貌特征，将数据汇聚到数据资源池中，待案件发生时，利用数据库间的关联性分析及碰撞比对，为案件的侦破提供方向。目前，双流分局安装人脸识别前端的范围，主要覆盖城区主要道路、小区、地铁站、客运站、商场等人员密集区域、重点路段，为建设“平安双流”保驾护航。人脸识别系统自运行以来，双流区总警情同比下降 6%，抢劫同比下降 52%，抢夺同比下降 26%，盗车同比下降 27%，入室盗窃同比下降 29%，车内财物盗窃同比下降 34%。②

实例四：广州市公安局为加快融合多警种部门职能，实现刑侦工作的统筹安排，自主研发了 CDA 系统。该系统具有以下功能：一是通过抽调 3 人组建证据集中调取分发中心，并在 CDA 系统上设计相应的证据集中调取在线申请审批模块，对证据调取申请、审核、审批、调取、分发等环节进行全程监管，同时与警综系统对接，以避免民警重复调取证据，确保证据调取的安全性、规范性和高效性。二是 CDA 系统通过自动检测能够完成所涉及案件工作的完成情况，并且将审批流程如实记录在案，通过技网侦控措施能够对审批过程进行查看，实现权责明晰，有利于追本溯源。同时，CDA 系统还提供了后台的自动碰撞比对和关联分析功能，并通过撞线预警和分析警种统筹关联串并功能，实现不同案件或线索之间的关联串并分析。三是 CDA 系统在功能模块上还建设了“综网服务平台”，侦查员在装有综网服务 App 的“警务通”手机上，通过“授权码”获取抓捕对象的精准落地信息，且侦查指挥员也可依托“综网服务”模块进行指挥调度，开展跨区域集群战役。

---

① 《江苏江阴智慧警务解民生难题》，载新华社，https：//finance. jrj. com. cn/2018/07/22193424847125. shtml。

② 《构筑空港智慧警务　成都双流公安近期高效破案》，载中国网，https：//sc. china. com. cn/2019/tianfuxinqu_ zhengwu_ 1024/339268. html，20191024。

（三）创新应用中存在的问题

1. 信息安全问题

智慧警务的构建，虽然极大地简化了政务机关的办事流程，为创新群众工作方法提供了新思路，极大地提升了警务工作效率，但同时，也增大了国家信息安全、公民个人隐私被泄露的风险。国家信息安全和个人隐私被泄露的风险主要来源于以下三个方面：

第一，在由政府牵头、互联网企业提供技术支持的情况下，将公安内部信息、政府其他部门信息及与人民群众生活密切相关的金融、电信等部门的信息整合汇集在一起，一旦互联网企业为了自身利益，而将信息卖给不法分子，尤其是恐怖分子、境外的敌对分子，这将会使国家安全遭受严重的损害。

第二，在智慧警务构建过程中所运用的诸如大数据技术、人脸识别技术等技术的不成熟，导致研发的程序软件存在安全隐患，一旦被犯罪嫌疑人寻找到程序中的漏洞，犯罪嫌疑人极有可能通过篡改程序等方式获取数据库中的数据，利用这些数据从事电信网络诈骗、向境外组织泄露国家秘密等违法犯罪活动。

第三，由于所有的数据信息都汇聚在一张网上，若公安机关过度滥用这些数据，也会使犯罪嫌疑人个人乃至无辜人员的信息暴露在公众的视野之下，从而侵犯犯罪嫌疑人及无辜公民的隐私权。

2. 侦查过程中的正当程序问题

大数据、人工智能分析被运用于公安机关的侦查工作中，通过对重点人员、高危区域、案件数据等进行数据化分析研判，能够对其犯罪的可能性及犯罪概率作出科学预测，并对未来一段时间高危地区、案件类型等犯罪趋势进行预测。但是，在“以审判为中心”的诉讼制度下，需进一步强调正当程序的重要性，尤其是借助智慧警务所提供的各种信息化技术开展侦查工作，更要求侦查活动符合正常程序的要求。但是，从目前大数据、人工智能等技术在侦查过程中的应用来看，侦查活动主要在以下两个方面违反正当程序的要求：

一方面，整体运行机制不透明，导致侦查过程中，利用大数据技术所采集的数据是否存在偏差、采集数据所依据的标准是什么、分析数据所采用算法或涉及的模型是什么等这些都无从考察，从而难以保证侦查机关的决策分析的正确性，进而有可能导致错拘错捕案件的发生。

另一方面，当事人的知情权无法保障。在大数据背景下侦查线索的来源决策机制不透明的情况下，当事人无法获悉其是否被列入为高危分子或者嫌疑人员、被公安机关采取侦查措施的依据何在，进而也没有机会对侦查机关的大数据分析结果提出辩解意见，况且他们根本不具备质疑“大数据”的专业知识。[①]

① 王燃：《大数据侦查》，清华大学出版社 2017 年版，第 172 页。

第二章　我国儿童失踪的现状考察和应对措施

儿童是一个家庭的希望和一个国家的未来，但是儿童的力量较弱，辨别能力不足，很容易被欺骗，甚至被绑架。失去孩子的家庭面临的痛苦是无法言喻的，即使在孩子失踪多年后再次回到原生家庭，这种伤痛也无法弥合。多年来，儿童失踪在世界任何一个国家都是一个发生率高、民众普遍关注的社会问题。我国也非常关注儿童失踪问题，在 2007 年就建立了“宝贝回家”全国性民间寻亲网站，官方则在 2016 年建立了第一个儿童失踪紧急反应平台——公安部儿童失踪信息紧急发布平台“团圆”系统。

一、我国儿童失踪的数量和特征分析

在对中国的失踪儿童数量进行分析之前，首先对“中国每年的失踪儿童有 20 万左右，找回来的大概只占到 0.1%”这一说法进行辟谣。2013 年，中广网引述中国之声《央广夜新闻》6 月 1 日的报道，最先提到中国每年失踪儿童有 20 万。由于该数据之庞大，找回率之低，而儿童失踪问题一直又是社会痛点，因此该谣言被腾讯网、搜狐教育等多家权威媒体广为报道，甚至专业性的论文和期刊也进行了引用。但是，对谣言所提到的数据进行粗略的计算就会发现，这个数据根本不可靠。根据国家统计局 2016 年的数据，全中国共有 39860 个乡镇，按照年“失踪 20 万”计算，平均每年每个乡丢 5 名儿童，去掉几乎可以忽略不计的 0.1%的找回率，十年时间每一个乡镇就会有 50 名丢失后永远找不回来的儿童。虽然这个数据很难让人信服，但这个谣言的扩散确实提高了人们对儿童失踪问题的关注。

（一）中国儿童失踪问题的历史发展（见图 1）

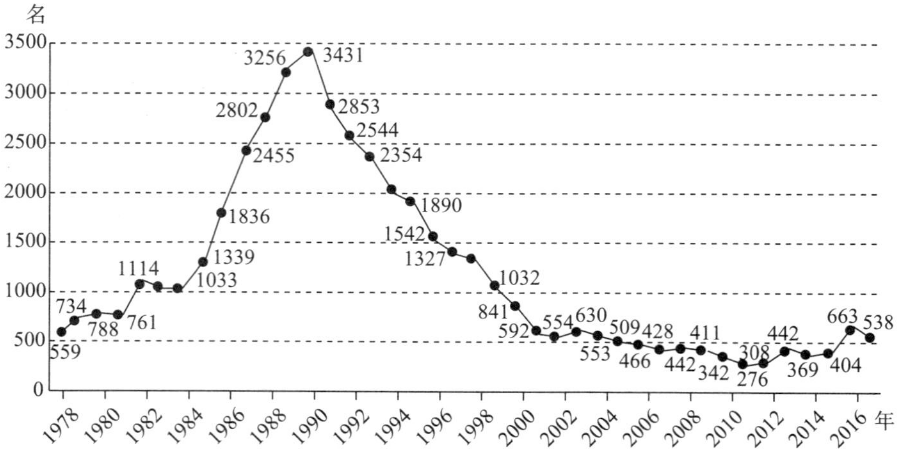

图 1　1978—2016 年我国每年失踪儿童数目①

网易新闻数据分析部门曾对“宝贝回家”网站截至 2018 年 8 月 12 日所发布的 35850 条寻找失踪儿童的信息与 36020 条失踪儿童寻找父母的信息进行分析。

从 1980 年到 1990 年，儿童失踪的数量呈指数型上升，到 1990 年，当年失踪的儿童有 3431 名，平均每天有 9 名儿童失踪，达到历史最高值。这一现象的突变归根于当时中国的“计划生育”政策。1982 年，为了控制中国总体人口基数，国家将“计划生育”定为基本国策。但在中国当时的整体社会环境下，或是为了要一个男孩，或是意外怀孕……有很多的超生家庭。而一旦超生，就要面临高额的社会抚养费，甚至孩子不能上户口。在严格的政策下，很多超生家庭选择将孩子送养或是遗弃。数据也说明了该问题，在 35850 个被父母寻找的孩子中，因家长送养导致失踪的有 13360 人，约占 1/3。但是遗弃和送养孩子带着强烈的时代印记，这一因素在往后的时间中对儿童失踪的影响会越来越小。而拐卖、拐骗儿童导致的儿童失踪更加难以根除。

20 世纪 80 年代，我国正处于社会紧急转型期，加上就业岗位匮乏而待业人数众多的返城知青和大量的农村剩余劳动力，大大增加了社会的不

---

① 《被拐卖的中国儿童最终都去哪了?》，载网易新闻，http://new.163.com/18/0827/01/DQ690H8B000181IU.html。

稳定因素，给拐卖儿童犯罪埋下隐患。同时，受传宗接代思想的影响，出现了一些对儿童特别是对未成年男童有迫切需求的家庭。各个地方都出现了直接采取暴力手段绑架、拐卖、拐骗儿童的恶性案件，其犯罪对象一般为五六岁的男童。在传宗接代思想较为严重的山东、河南、河北、山西、广东、福建、浙江等地区，拐卖和收买男童的情况最为严重。

从 1990 年到 2000 年，从图 1 中可以看到，中国的失踪儿童数量每年都在 200 到 400 之间的一个幅度减少。很大程度上是因为 20 世纪 90 年代对拐卖人口犯罪的打击上升到了一个新阶段，关键的节点是 1991 年 9 月 4 日，全国人大常委会颁布了《关于严惩拐卖、绑架妇女儿童的犯罪分子的决定》（以下简称《决定》）。该《决定》中，严厉的处罚有效遏制了拐卖儿童案件的发生，在此后的十年里，中国的儿童失踪数量都呈一个稳定的下降趋势。

进入 21 世纪，大量的个体工商户、私营企业主逐渐形成新的阶层，中产阶级概念雏形初现。伴随社会阶层分化而来的还有经济收入和经济地位的差距在不断扩大。原本隐藏的社会利益矛盾显现。在 2000 年后拐卖儿童犯罪在七年之内缓慢下降，但是在 2008 年之后，拐卖儿童的案件数量又开始持续上升。为了抑制拐卖儿童犯罪，2010 年最高人民法院、最高人民检察院、公安部、司法部联合发布《关于惩治拐卖妇女儿童犯罪的意见》（以下简称《意见》），《意见》披露：

2008 年，全国法院共审结拐卖妇女、儿童犯罪案件 1353 起，比 2007 年上升 9.91%；判决发生法律效力的犯罪嫌疑人 2161 人，同比增长 11.05%，其中，被判处五年以上有期徒刑、无期徒刑乃至死刑的 1319 人，同比增长 10.1%，重刑率为 61.04%，高出同期全部刑事案件重刑率 45.27 个百分点。

2009 年，全国法院共审结拐卖妇女、儿童犯罪案件 1636 起，比 2008 年上升 20.9%；判决发生法律效力的犯罪嫌疑人 2413 人，同比增长 11.7%，其中被判处五年以上有期徒刑、无期徒刑乃至死刑的 1475 人，同比增长 11.83%。2009 年，全国法院共审结拐卖妇女、儿童犯罪案件 1636 起，比 2008 年上升 20.9%；判决发生法律效力的犯罪嫌疑人 2413 人，同比增长 11.7%，其中被判处五年以上有期徒刑、无期徒刑乃至死刑的 1475 人，同比增长 11.83%。

根据图 1 显示，在 2008 年之后拐卖儿童的案件又开始上升，与之形成鲜明对比的是，2010 年的数据显示，同样是传统类型的其他严重犯罪，如绑架、抢劫和重大盗窃案件却表现出明显的下降趋势，分别下降14.04%、14.19%和7.49%。针对这个情况，在2011年，公安部在全国范围内实行儿童失踪快速查找机制，要求县、市、区公安机关接到儿童失踪警情之后立刻开展寻找工作。2015年8月《刑法修正案（九）》明确规定，对收买儿童的行为一律追究责任，删除旧法中可以免除处罚的规定，改变了以前对收买人口行为人处罚偏轻的现状。

（二）失踪儿童的特征分析

1. 年龄特征（见图2）

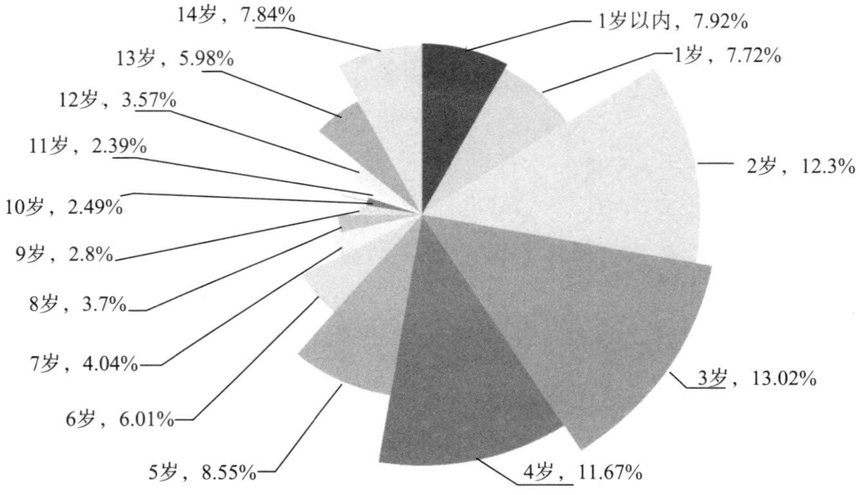

图2 1978—2018年失踪儿童年龄分布①

0~4岁半的儿童失踪数量最多。根据“宝贝回家”网站截至2018年8月12日所发布的信息，我们对失踪儿童的年龄进行了统计，在剔除父母的遗弃和送养的数据后，发现在20082例失踪儿童中，0~4岁的失踪儿童占比超过50%，在这个区间中，2~4岁的失踪儿童占比最大，为36.99%。0~1岁的失踪儿童占比为15.64%。这个年龄阶段的儿童还没有形成完整的记忆力，走失后，很难找到回家的路。帕特里夏·鲍尔发现，尽管不少3岁孩子对过去一年发生的事有记忆，但是这些记忆只能维持到5~6岁，从7岁开始早期记忆会迅速衰退，到了8~9岁，大部分记忆只剩下35%，并且7岁以下的儿童缺乏时空的概念，记忆形式不

---

① 图中数据来源为“宝贝回家”网站从1978年截至2018年的3万多条失踪儿童数据。

成熟。[1] 基于该年龄阶段儿童的记忆特征，他们在拐卖市场上比较受买家欢迎，更加大了他们被拐的概率。另一个原因是这个阶段的儿童，处于心理学上的第一反抗期，具备了自我意识和自我行走的能力，并且开始对外界产生探索欲和好奇心，尤其是在面对一些新鲜事物的时候，很容易产生好奇心理从而被成功吸引住。人贩子也会利用孩子的好奇心对其进行拐骗。

6~10 岁的儿童失踪数量较少，且随着年龄的增加，失踪数量也在递减。一方面是因为这个年龄阶段的儿童大都已经具备较好的辨认能力和防范意识，在与家人外出的情形下，基本不会出现走失的情况。即使是走失，也可以向周围人寻求帮助，找到父母。加上接受了家庭和学校的安全教育，不会轻易地被人贩子骗走。另一方面，这个年龄阶段的儿童，对父母和家庭都还保留着较为强烈的依赖情绪，更难以挑战父母的权威，离家出走的可能性也较小。因此从整体来看，这个阶段的儿童失踪数量偏小。

11~14 岁是儿童失踪的另一个高峰。主要原因在于，这个年龄阶段的儿童处于我们日常常说的叛逆期，在心理学中称第二次心理反抗期，又称为“心理断乳期”，在国外被称作“为从父母的束缚中解放出来而战斗的时期”或“心理烦恼期”。这个阶段的孩子在生理和心理上都会发生明显的变化，他们渴望被认同，却又处于一个很单一的环境中。他们渴望独立、自主，对于父母的管教会开始反抗，如果父母与孩子之间没有良好的沟通，可能会激化代际矛盾，甚至导致孩子离家出走。公安部儿童失踪信息紧急发布平台上 2016 年 5 月到 2018 年 12 月的失踪儿童数据也反映了上述事实，超过 50%的失踪儿童是离家出走。

---

① Hughes D. Trafficking for Sexual Exploitation：The Case of the Russian Federation. Geneva：International Organization for Migration，2002. 22.

2. 性别特征

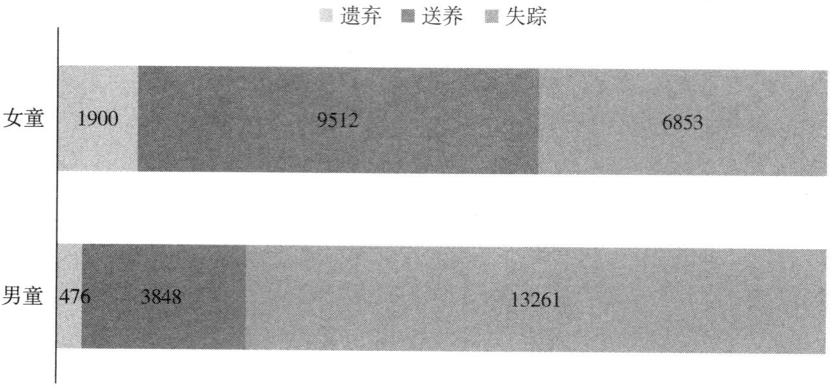

图 3　1978–2018 年儿童失踪原因及数量①

从图 3 来看，男童的总数为 17585，女童的总数为 18265，数据基本持平。但从失踪的原因来看，女童的遗弃和送养约占其总数比例的 2/3，男童的遗弃和送养的所占的比例不到总失踪人数的 1/4。数据上的巨大差别来源于重男轻女的观念，导致女童被送养甚至遗弃，而由于男童的收买市场巨大，所以男童的失踪数量特别庞大。

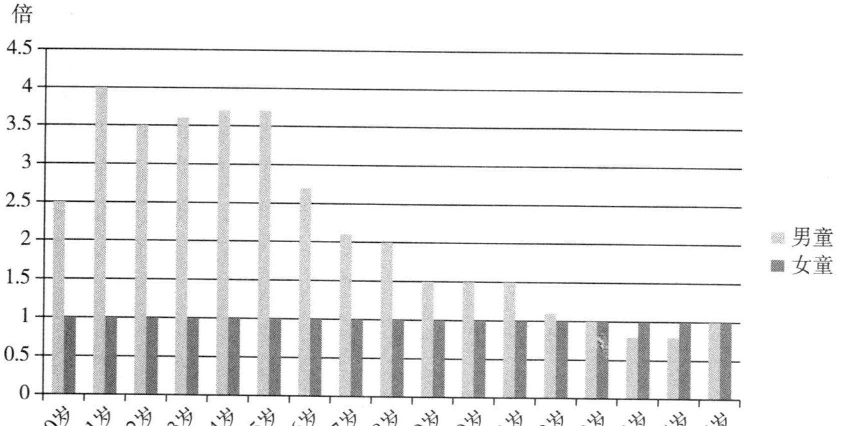

图 4　儿童失踪性别比例②

---

① 《被拐卖的中国儿童最终都去哪了？》，载网易新闻，http：//news. 163. com/18/0827/01/DQ690H8B000181IU. html。

② 周俊山、陈小燕：《中国失踪儿童的特征分析》，载《犯罪研究》2019 年第 2 期，第 10 页。

从图 4 的数据中可以看到，男童和女童失踪年龄阶段不太一样。在 0~8 岁这个阶段，失踪男童为失踪女童的 2~4 倍，9~11 岁这个阶段，失踪男童为失踪女童的 1.5 倍，而在 12~16 岁之后男童与女童的比例趋于平衡。因为处于 0~8 岁这个阶段的男童在收买市场上很受欢迎，这个年龄阶段的孩子不记事，对于想收买一个男童来传宗接代的家庭是一个很好的选择。如果男童的年龄再大一些，对于这样的收养家庭来说就不具有很强的吸引力。而随着年龄的增长，男女的失踪比例越来越接近，一方面是因为收买家庭会随着男童年龄的增加需求变小；另一方面随着年龄的增加，女童的失踪比例也会相应增加。这是因为这个阶段的女童会被人贩子盯上，同时这个阶段离家出走的女童面临的风险也要高于男童，她们极易被拐卖为人妻或被迫卖淫。

3. 地区特征（见图 5）

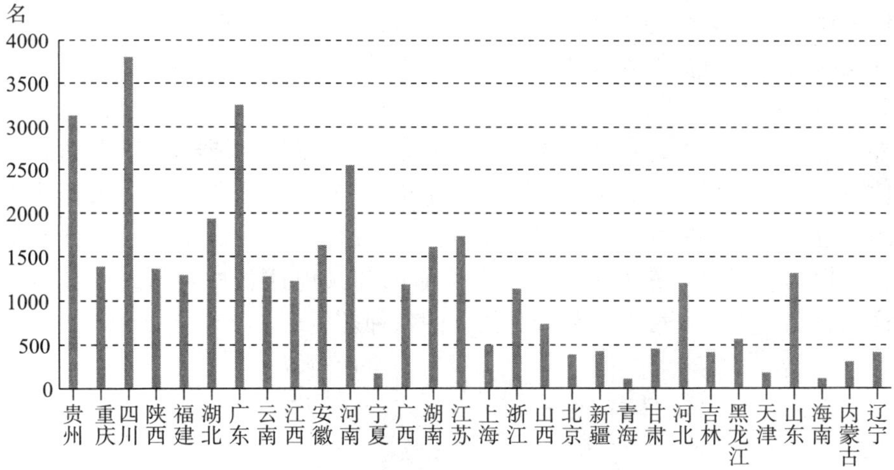

图 5　1978—2018 年儿童失踪数目地区分布

根据“宝贝回家”网站发布的信息，我们对各个省份的失踪儿童的数据进行了一个简单的整合。在儿童失踪总数方面，贵州、四川、广东三个省份所占的比例最高，重庆的儿童失踪数量也不低。西南地区的儿童失踪较多主要归结于经济方面的原因。西南地区相对落后，成年人多去往经济较发达的广东、上海等地打工赚钱，有很多留守儿童，老人很难照顾周全，对儿童的看管较为松散，这就造成了西南地区儿童失踪的数量很大。除此之外，山东、河北、河南等人口大省也是儿童失踪的高发地区。

从整体来看，南方儿童失踪的情势要严重于北方。南方的情势表现为：西南地区大于东南沿海地区，大于华中地区。但是海南地区的失踪儿童人数仅 111 人，这与海南省的地理位置有直接关系。海南省与大陆不是直接相连，对于不法分子来说，去海南拐卖儿童不是一个好的选择。而北方，尤其是东北、内蒙古、青海、宁夏等地，儿童失踪的数量很低。这可能与北方人的性格有关。相对于南方的拐卖、盗窃型犯罪，北方更多的是暴力型犯罪。因此北方本地的人贩子数量不如南方。此外，北方曾经的计划生育政策执行得比南方好，许多家庭都是独生子女，孩子在家庭很受重视，走失的情况也更加少一些。

二、我国儿童失踪的主要类型

儿童失踪的情况很复杂，其中最受关注的是儿童拐卖问题，但是最常见的儿童失踪却是儿童离家出走、迷路走失和意外死亡等。儿童的失踪总体来说可以分为两种类型：非犯罪型失踪和犯罪型失踪。[①] 犯罪型儿童失踪是指失踪儿童被他人残忍杀害或者家庭成员以外的人对未满 18 周岁的儿童进行绑架、诱拐、诱骗。非犯罪型儿童失踪是指儿童因离家出走、意外死亡、丢失走失、家庭纠纷等原因而导致的失踪。根据公安部儿童失踪信息紧急发布平台从 2016 年 5 月到 2018 年 12 月登记的 3595 名失踪儿童的信息，将失踪儿童主要分为离家出走、外出玩耍、迷路走失、意外身亡、拐卖、绑架、熟人带走、未交代原因和其他这几种类型（见图 6），这里我们主要研究最常见和最受关注的六种类型。

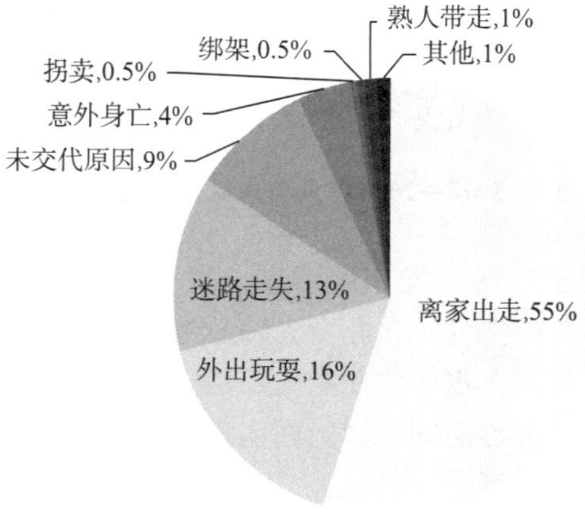

图 6　2016 年 5 月至 2018 年 12 月儿童失踪原因分类

① 亚森·努尔买提：《基于互联网的失踪儿童搜寻影响因素研究》，中国科学技术大学 2019 年硕士学位论文。

（一）离家出走

离家出走型的儿童失踪是儿童基于自己的意愿离开自己原本的生活圈的行为。无论是在思想上还是实际行动中，对于失踪儿童的父母来讲，呈现的结果就是孩子不见了，而且无法联系到孩子，也不能找到孩子的一种状态。图 6 中的数据显示，失踪的儿童中，有 55%的是离家出走。可以说，每个与父母发生争执或矛盾的孩童，都曾萌生过离家出走的念头。事实上，从公安部儿童失踪信息紧急发布平台也可以知道，几乎所有离家出走的儿童都是与父母有过争执，为了赌气离家出走。

2020 年 3 月 29 日下午 3 时，11 岁女孩叶某某于湖南省张家界市永定区解放路走失，4 月 2 日，公安部儿童失踪信息紧急发布平台发布叶某某的失踪信息。在 4 月 3 日中午，当地一家办事处找到叶某某，经查，叶某某因与父亲赌气离家出走。

2020 年 4 月 4 日晚上 8 时，10 岁男孩何某某于四川省南充市南部县东坝镇失踪，4 月 5 日上午 9 时，在公安部儿童失踪信息紧急发布平台发布失踪信息，几日后 10 时左右在当地一家酒楼被找到，据查，何某某是因在家被教育离家出走。

2020 年 4 月 8 日，江西省赣州市崇义县解放路，11 岁女孩钟某某于晚上 11 时失踪，4 月 9 日凌晨 1 时，在公安部儿童失踪信息紧急发布平台上发布信息，4 月 9 日中午 1 时被找回，经查系钟某某与家人发生口角后赌气离家出走，在离家出走期间并没有受到不法侵害。

2020 年 4 月 4 日，湖北省黄冈市红安县，10 岁男孩王某某在晚上 6 时被家人发现失踪。当日晚上 7 时在公安部儿童失踪信息紧急发布平台上发布失踪信息。并于当日稍晚时间在本县找到。据查，王某某因与家人发生争吵离家出走，在走失期间没有受到不法侵害。

通过以上实例不难发现，离家出走的孩子多与父母发生冲突。而儿童离家出走已经成为儿童失踪的主要类型。离家出走的特点表现如下：

第一，突发性。由于儿童自身能力的限制，考虑事情时不会进行长时间的周密计划，在规划离家时没有长时间计划过程，通常是某一件小事就会触发他们的离家行为，因此在家里可能留有的有价值信息较少，在家长的眼里就表现为孩子突然不见了。

第二，潜伏性。虽然儿童作出离家出走这个行为本身很突然，但导致这一行为发生的原因是复杂多样的。在儿童之所以会作出离家出走的决定，是长期的家庭沟通不良的导致的。虽然对于父母来说孩子的离家出走是突然的，但是从家庭关系、家庭教育的角度可以窥到儿童离家出走的必然性。

第三，短暂性。多数儿童离家出走并不是真的不想回家，可能只是想用自己的离家出走来换取自己想要的东西，比如家庭的关爱、父母的担忧，真正想一走了之的儿童是绝对少数。根据公安部儿童失踪信息紧急发布平台发布的信息可知，离家出走的儿童都会在几天内甚至是当天回家或是被找到，且一般不会受到不法侵害。

（二）外出玩耍

外出玩耍是指在儿童监护人不知道的情况之下，离家玩耍，并且在正常归家时间没有归家的情况。虽然儿童的独自外出玩耍属于非犯罪型的失踪，但是独自在外玩耍的儿童也面临较高的风险。不仅会有被拐、被绑架的风险，还有儿童在缺少成年人的监护下，儿童自己很难评估自己周围的危险。比如，河道旁、公路中间。从图 6 中的数据可以看到，外出玩耍在儿童失踪的案件占比约为 16%，是除离家出走之外比例最高的一种情况。这与儿童的安全意识低、家庭安全教育缺失有着直接关系。

2018 年 5 月 9 日，石家庄赞皇县见守村，一名 7 岁的小男孩小涛失踪。小涛父母报警称小涛放学后外出玩耍，但是后来一直没有归家，自己在周边寻找几个小时都没有找到。最后在民警和村民的帮助下，在村里的一个土洞中找到了被困的小涛。土洞原本栽着一根电线杆，电线杆废弃之后没有及时回填，找到小涛的时候，他被死死卡在 1 米多深、直径约 30 厘米的土洞里。

2019 年 3 月 2 日上午 9 时，安保回升淮南市田家庵区曹庵镇 4 岁女童庞某琪与一名同龄孩童外出玩耍，一夜没有归家。3 日上午 9 时许，庞某琪的遗体在走失地点东边的水渠底部找到。经过法医的初步检验，衣着完整，皮肤无伤痕，没有被性侵的痕迹。

以上种种，都是儿童独自外出可能面临的危险。儿童由于年龄小、自制力差，时间观念、安全意识、记忆力相对于成年人来说都要差很多，在独自外出的时候会面临更多的安全问题。儿童独自外出发生意外的概率与儿童的年龄也有关系，年龄越大，安全意识越强，发生的概率就越低。当然，外出玩耍的儿童最终多数都是平安归家了。只是作为一种儿童失踪的类型，在目前来说占比相对较大，目前仍然是一个值得关注的问题。

（三）迷路走失

公安部的统计数据显示，因为迷路找不到父母而失踪的儿童，占总数的13%。因迷路失踪的情况，常发于3~6岁的儿童，此时的他们对世界充满好奇，又处于心理学上的第一次叛逆期，父母越不让他做的事就越可能会做。比如，父母告诉孩子待在一个地方不要走动，等妈妈去上个厕所回来，往往孩子不会那么听话地就在原地等待。这个时候的孩子本身的认知能力有限，与父母走丢后不能及时找到家人，很容易发生危险。这种类型的儿童失踪与外出玩耍型失踪具有一定的相似性，都是由于意识上没有离家的意愿，而且面临的风险也几乎都是相同的。都是由于客观原因才导致脱离社交圈，不同的是，前者是仅由儿童本身主体客观原因，后者是儿童本身（能力不足，如不认识路）和外界因素（道路复杂）共同作用的结果，但是迷路走失不存在强力逼迫的情形，所以仍然属于主动失踪。

2019年6月30日，江苏省灌云县公安局杨集派出所民警接到瓜农李大爷的报案，称在其瓜棚旁边发现一名八九岁的走失男童，经过询问后得知男孩母亲的名字，后通过户籍找到他的妈妈。找到男孩妈妈之后才得知，因为小男孩的妈妈忘记当天是孩子“散学式”的日子。小男孩未等到妈妈来接，就尝试自己回家，然后就迷路了。这个小男孩的幸运不是每一个走失的儿童都能碰到的。现实中还有许多惨烈的案例。

2018年6月，中国儿童防走失平台接到儿童走失预警，6岁的小女孩红红在山西吕梁市吴城镇意外走失，经过志愿者的搜寻，找到了孩子，但遗憾的是发现的时候小红红已经溺水身亡。2017年，在江西奉新2岁女童悦悦走失，当地出动了大量人力搜寻，一位明星博主也通过微博悬赏3万元作为奖励，来帮助征集线索。但不幸的是，在悦悦走失的第16天，警方称找到了悦悦的尸体。2016年，四川省一5岁男孩走失，父母寻找2天未果，最后在交通监控中发现，孩子走失后被一辆飞驰的汽车撞飞，最终抢救无效身亡。

孩子的体力和应急能力都显著弱于大人，一旦走失，可能会面临我们想象不到的危险，即使最后有惊无险，孩子平安回来了，但是一次走失带来的恐惧都会造成不小的伤害。

（四）意外身亡

在儿童意外身亡这类案件中，占比最多的是溺水死亡。据国家卫健委和公安部的统计，溺水是造成中小学生意外死亡的“第一杀手”，是儿童非正常死亡的最大原因。我国国家卫生和计划生育委员会统计显示，全国每年约有5.7万人死于溺水，每年少年儿童溺水死亡人数占总溺水死亡人数的56.04%，小学生溺水死亡人数占溺水死亡学生人数的68.2%，也就是说，在中国平均每天有156人溺亡，平均每天有88个孩子因溺水死亡。孩子本身安全意识淡薄，自我保护和救护知识缺乏，遭遇溺水后如果没有被及时救助，就很有可能溺亡。

2018年8月5日15时左右，同母亲来青岛游玩的双胞胎姐妹裴某谨、裴某桐在青岛市黄岛区万达公馆A区走失。报警后，多方搜寻孩子的踪迹均没有结果，由于走失地点没有监控，所以当时孩子是否下水也无从得知。最后经过公安、边防、山海情救援队的加强搜索以及热心人士的不懈努力，终于在6日11时30分许，在海中找到一个女孩的遗体，经父母确认，是双胞胎姐妹中的姐姐。当天下午3时40分，另一个女孩在海里被搜索到，也已无生命体征。

2020年1月18日2时许，江西省抚州市崇仁县4岁男孩付某轩与6岁男孩付某皓失踪。两天后，在当地村民家屋前的水坑中发现了两人，但是二人均已没有了生命体征。

我国儿童在意外溺水方面的几个显著的特点：一是地区性。儿童溺水事件较多发生于农村地区，因为在农村地区无论是儿童受教育程度还是基础设施完备性均没有城市充足，安全教育没有较好的进行，该受到的保护也没有很好的履行，这就使农村地区的儿童溺水的概率更大。二是性别差异。溺水儿童多为男童，男孩较女孩而言更加贪玩好动，在好奇心或是好胜心的驱动下，尤其在多名儿童结伴玩耍时，极易忽略安全保护，涉入危险领域，相对于女孩子的胆小心细，男生的溺水人数要明显多于女生。三是在溺水死亡的儿童中，留守儿童数量居多。留守儿童主要是跟随爷爷奶奶、外公外婆生活，在假期期间，留守儿童暂时离开学校，父母在外务工，老人年迈精力不够、照顾不暇，平时缺少对孩子的安全教育，安全意识的缺乏、认知能力的不成熟让他们无法意识到危险的存在。

（五）拐卖

依据公安部儿童失踪信息平台发布的3595条失踪信息，遭遇拐卖和绑架的儿童共有45人，占比约1%；有306例的儿童失踪没有交代原因，占9%；50例原因为其他，占比为2%。从数据上看，拐卖儿童的案件在儿童失踪的案件中占比很低，但是由于拐卖儿童解救困难，对家庭和社会情感伤害大，人们对这种现象深恶痛绝，加上许多影视作品喜欢以拐卖为主题进行创作，以至于在人们谈及“儿童失踪”的时候，会不由得想起儿童拐卖。目前，儿童拐卖的犯罪形式逐渐从之前的个人单线作案，发展为组织团伙作案。

2006年至2008年，蓝某山采取欺骗手段，单独或伙同他人在广西宾阳县、巴马县等12个县，钦州市、凭祥市、贵港市、河池市等地，先后将3名3岁至10岁男童拐带至福建大田县、永春县，将其出卖，非法获利共计50余万元。

2011年，公安部在调查中发现以蔑某飞为首的犯罪团伙长期从云南、广西等地购买婴儿卖至山东等地；同年12月，又发现以苑某海为首的另一犯罪团伙从山西省朔州市、忻州市收购婴儿，使用“第三地”交易的方式向山东临沂市、聊城市贩卖；同期，贵州省公安发现两个集收购、运输、贩卖婴儿为一体的“家族式”犯罪团伙，在六盘水六枝特区、毕节市织金县等地收购婴儿，并利用铁路运输到河南滑县一带贩卖。公安部对此高度重视，决定将3起案件并案侦办，并定名为“2011·11·18”特大拐卖专案。公安机关顺藤摸瓜，发现专案涉及山东、贵州、山西、河北、河南、浙江、江苏、湖北、广东、广西、四川、重庆、云南、天津14个省、区、市。抓获犯罪嫌疑人608名，成功解救儿童178名。

一谈起“儿童失踪”，人们就极易想到“拐卖”，只要是和拐卖相关的话题都会成为社会大众关注的热点。拐卖儿童罪的行为可表现为：拐骗、绑架、购买、出售、转让、运输及偷盗婴幼儿。针对年龄较大的儿童通常采取哄骗的方式，而年龄较小的则惯用偷窃、强抢。“儿童拐卖”问题在我国确实呈现严峻的形势，《中国法律年鉴》对我国近几十年来被拐妇女儿童案件的数据进行了统计，下文中主要对2000年至2017年发生的案件数量进行描述。我国拐卖妇女儿童案在2000年达到一个制高点，共23163起，后因为19世纪90年代及2000年后打拐行动的猛烈开展，在2001年至2008年逐步减少。然后又在2009年至2013年逐步递增，在2013年到达第二个高峰点，这一年发生拐卖妇女儿童案件20735起，2014年至今又开始降低（见图7）。

我国拐卖儿童案件的一些特点，首先，性别和年龄存在联系。在被拐儿童中，男孩年龄偏小，女孩年龄偏大，这主要是由于被拐儿童存在不同作用。被拐男孩主要被送到缺少孩子同时受到重男轻女愚昧思想影响的家庭，这种情形下孩子越小越好；而被拐女孩则主要被送到卖淫场所被逼迫进行性交易，或者是卖给贫困地区的单身汉作为童养媳。其次，利益驱使。从犯罪诱因来看，利益的驱动是案件发生的主要原因，无论是犯罪人为了图钱，还是收买人图人，双方都得到了希望得到的利益。最后，有社交基础。拐卖案件一般发生在有社会交往的基础上，例如，同乡或者邻里

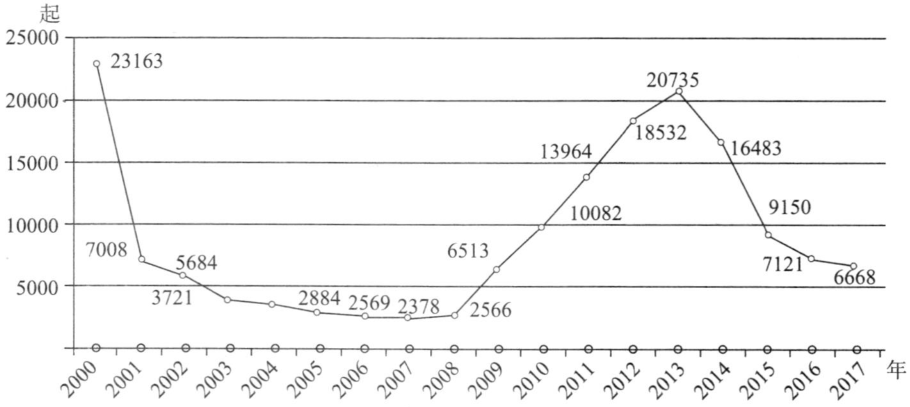

图 7　2000—2017 年我国拐卖妇女儿童案件数目

关系，对被拐儿童的家庭有一定的了解，如果是针对儿童进行的，也会在前期先取得被拐儿童的信任，再实施进一步的犯罪行为。同时我国拐卖儿童案件的实施也存在多种形式。主要有采取哄骗、偷窃、强抢的方式进行的拐卖，通过“自生自卖”的方式进行的拐卖，通过寻找中间人的方式进行的拐卖以及其他方式的拐卖。

拐卖儿童犯罪问题不仅仅是一个简单的执法问题，同时是贯穿于经济、法律、文化等多方面的社会问题。由于 1997 年“拐卖人口罪”的入刑和 2000 年的严打使人口拐卖案件数量在 2001 年至 2008 年逐步减少。尽管社会在不断发展和进步，法律也在不断完善和健全，但仍存在少数人铤而走险，拐卖儿童犯罪在最近几年又重新呈现上升的态势，形势依然严峻。

（六）绑架

犯罪嫌疑人绑架儿童一般是为了勒索钱财，因此犯罪嫌疑人在选择对象时会有一定的指向性。一般来说，家庭情况较好的儿童会成为犯罪嫌疑人的目标。犯罪嫌疑人在选择行为对象时会根据儿童的穿着来判断儿童的家庭情况，更多情况下是犯罪嫌疑人对儿童的家庭经济情况有一定的了解，可能是邻居，有的甚至是亲戚关系。

2018 年 11 月 2 日，河池都安安阳镇某小区，一个 3 岁小男孩被一蒙面男子入室绑架。当时男孩与妈妈彭女士在一起，犯罪嫌疑人先是用手捂住彭女士的嘴巴，后用药水将彭女士迷晕，等彭女士清醒过来，孩子和蒙面男子都已经不见了踪影。

儿童被绑架大多数情况属于利用小孩对父母相要挟，通常是要求赎金或其他绑架者想要获得的利益。在我国真实发生的因绑架案而失踪的案件中，75%的孩子被家人或熟人绑架，只有25%的孩子受害于陌生人；绝大多数绑架案的凶手都是男性，而2/3的受害者是女孩。绑架案本身就属于极强的暴力行为，对儿童的伤害较大。绑架案件发生后，儿童处于一个风险极高的状态，因为敢于进行绑架的人都是穷凶极恶之辈。所以对于遭遇绑架而失踪的儿童，是最迫切地需要启动儿童失踪信息紧急发布的对象。相比之下，被拐卖的儿童可能会被带离自己生活的省、市，而被绑架的儿童，一旦犯罪嫌疑人没有成功勒索到钱财，他们随时可能伤害绑架的儿童的生命。

三、我国儿童失踪的现有应对措施

“国际失踪与受虐儿童服务中心”在对各个国家进行儿童失踪救济工作的时候，主要会考察六个方面的工作情况，包括关于失踪儿童的国家层面立法、儿童失踪后的立即调查措施、关于失踪儿童的国家数据库、儿童失踪后的报告机制、儿童失踪后的紧急反应机制、关于刑法对父母诱拐的预防。中国一直对儿童失踪问题非常重视，但各个国家都有自己特有的问题，处于各自的发展阶段以及独特的国情。因此，在某些方面，中国有措施，但未成体系，例如，中国的报告机制偏向于传统，主要还是向公安局报案，报案的方式有现场报案和电话报案两种。在国外部分国家，报告机制还有官方网站。在某些方面，中国还未涉足，例如，刑法惩戒父母诱拐。但是在面对儿童失踪的问题上，无论是我国的民间组织、社会公众还是政府部门，都在作出自己的努力，提供各种方式和渠道，为建立一系列相关配套机制，搜寻儿童提供强有力的支撑。

（一）关于儿童失踪的国家层面的法律规定

就目前而言，中国对失踪儿童的保护主要还是处于一个比较被动的局面，在对儿童失踪这一问题上，主要是着重打击拐卖儿童的犯罪行为。中国有一部笼统的保护未成年权益的《中华人民共和国未成年人保护法》，但是对于儿童失踪的问题仅有第四十一条规定：禁止拐卖未成年人。《刑法》中对于拐卖儿童以及收买儿童的行为都设立了严厉的刑罚，以及国务院和公安部也出台了救助被拐卖儿童的意见、通知以及专项活动。

我国现行《刑法》第二百四十条规定，拐卖妇女、儿童的，处五年以上十年以下有期徒刑，并处罚金；情节严重的，处十年以上有期徒刑或者无期徒刑，并处罚金或者没收财产；情节特别严重的，处死刑，并处没收财产。第二百四十一条规定，收买被拐卖的妇女、儿童的，处三年以下有期徒刑、拘役或者管制。

2000年，最高人民法院、最高人民检察院、公安部等六部门联合发布《关于打击拐卖妇女儿童犯罪有关问题的通知》，2006年《刑法修正案（六）》中增设的“组织残疾人、儿童乞讨罪”和2009年《刑法修正案（七）》中增设的“组织未成年人进行违反治安管理活动罪”等罪名，都大大完善了拐卖儿童犯罪的刑法规制体系。2010年3月15日，最高人民法院、最高人民检察院、公安部、司法部联合制定了《关于依法惩治拐卖妇女儿童犯罪的意见》（以下简称《意见》），该《意见》明确指出：“以非法获利为目的，出卖亲生子女的，应当以拐卖妇女、儿童罪论处。”这是国内法规首次对“自生自卖”作出明确规定。这一规定的出台，使我国打拐的法律更加全面、系统。应当说，目前拐卖儿童犯罪的刑法规范体系已基本建立，形成了以拐卖儿童罪为核心，收买被拐卖的儿童罪、组织儿童乞讨罪等为辅助的刑事法网。

（二）立即调查措施

2017年12月30日14时许，9岁女孩肖某某在四川省成都市青羊区金鹏街109号走失，肖某某的父亲在她走失后立即向当地公安机关报警，接警后，民警立即展开调查，在了解走失儿童的特征和衣着之后，调取了相关路段的监控进行查找，在31日11时许找到。

立即调查措施是指一旦警方接到儿童失踪的报案，不论是否存在拐卖或是绑架等高度危险的情况，也不论失踪的时间、失踪的地点，只要是失踪，就立即采取调查措施。中国的刑事诉讼有一个特点就是立案和调查是分开的，立案之后才会对案件进行调查。关于儿童失踪之后的立案，人们对此有很深的误解，认为只有在儿童失踪24小时之后警方才会受理立案。其实早在2010年时，就由公安部联合最高人民法院、最高人民检察院、司法部等出台了《关于依法惩治拐卖妇女儿童犯罪的意见》明确规定：“接到儿童或已满14周岁不满18周岁的少女失踪报案的，不论案件是否属于自己管辖，都应当首先采取紧急措施。”也就是说，只要家长报案，不论失踪时间长短，警方都会立案。并且在意见中，明确使用“失踪”而不是“被拐”的表述，这也为家长省去了很多麻烦，不必证明儿童是“被拐”。因为儿童“失踪”3小时内是寻找孩子的黄金期间，孩子在失踪后，家长由于紧张、急切，很难提供证据证明孩子究竟是单纯失踪还是被拐，如果不立即采取措施，有可能会因此错失寻找孩子的最佳时机。因此只要一接到儿童失踪报案，公安机关就迅速出动，全面快速查找，有利于保障儿童安全，提高寻找失踪儿童的成功率。并且在 2009 年 4 月，我国公安部在"打拐"专项活动中明确提出，凡是涉及儿童的失踪案件，一律都要立案为刑事案件进行调查。这也表明了我国政府对儿童失踪案件的高度重视和势必办好案件的决心。

（三）失踪儿童的国家数据库

2006 年，来浙江务工的重庆敖某夫妇 4 岁半的儿子在浙江温州走失。独自寻找 4 年，杳无音信。在 2011 年 1 月，敖某夫妇向温州警方报警求助，技术室法医立即采集了夫妇二人的血样，送去浙江省公安厅 DNA 室进行对比，但是由于当时国内 DNA 的数据采集工作并不普及，并未找到他们的儿子。直到 2015 年，福建的一名男童与敖某的 DNA 数据匹配成功，经过确认，发现该男孩就是敖某夫妇多年前走失的儿子。

建立数据库的目的就是将线下的一对一寻亲变成线上的多对多匹配寻亲。在数据库建立之前，即使警方经过艰辛的努力，从人贩子手中夺回失踪儿童，但最后却因为无法找到儿童的父母而不得不将其安置在福利院。建立数据库之后，孩子走失的家长在立案之后，会在数据库中储存自己的 DNA 信息、面部信息、地址信息以及联系方式等。警方找到失踪的儿童之后，同样在数据库中输入儿童的 DNA 信息。有了这个数据库，只要将所有丢失孩子的父母的血样以及找回来的失踪儿童的血样采集到，就可以在全国范围内迅速准确地查找，既减轻了公安机关的工作量，丢失孩子的家长也不用再去全国到处跑着找孩子了，只要让当地公安机关采集自己的血样输入比对库中，就可以在家中坐着等结果了，不管自己丢失的孩子在全国任何地方，只要他的血样也被输入比对库中，公安机关马上就会知道并通知父母。

公安部于 2009 年 5 月 19 日正式启用"全国公安机关查找被拐卖/失踪儿童信息系统"和"全国公安机关查找被拐卖/失踪儿童 DNA 数据库"（又称全国"打拐 DNA"数据库），任何失踪儿童的家长在报案时，警方都将填写有关的失踪儿童信息表并将失踪儿童基本信息录入此系统，这样失踪儿童的父母就可以在警方的陪同下，到县级公安司法鉴定中心免费采集血样，再将此血样送到公安司法鉴定机构进行检验。不仅如此，如果发现有儿童涉嫌被拐卖，首先将儿童与其家长的 DNA 进行检测比对，如果比对不成功或数据不吻合，就会把这些孩子的DNA录入全国“打拐DNA”数据库，与之前录入的丢失孩子家庭成员的DNA进行全国远程比对，其识别准确率可以达到99.99%以上，一旦数据相吻合，就为失踪家庭找回孩子大大节约了时间和精力。

公安部要求对五类人员必须采集血样进行DNA检验，并将数据录入全国数据库，这五类人员包括：已经确认被拐卖儿童的亲生父母，自己要求采血的失踪儿童亲生父母，解救的被拐卖儿童，来历不明、疑似被拐卖的儿童，来历不明的流浪、乞讨儿童。这既是公安信息系统化的成果，也是公安科技进步的表现。这项项目启用当年，就成功帮助98名被拐儿童找到亲生父母。

在2015年公安部第一研究所与普嘉逸环（北京）健康科技有限公司联合共同建立了“全国儿童DNA数据库”，为所有0~14岁儿童预存DNA信息，并由公安部第一研究所进行统一管理。与2009年的全国“打拐DNA”数据库不同的是，这个数据库更注重的是预防儿童被拐卖与走失，做到“提前采样预防”，走失后“快速精准查找”，对维护社会稳定和保障儿童人身安全具有重要意义，也为防止儿童丢失增添一份科技力量。

“全国儿童DNA数据库”本着“政府监测管理、企业市场运作”的模式，在全国开展适龄儿童DNA信息采集、检测、存储服务。采集的所有儿童血液样本，均送交至公安部第一研究所进行检测，检测使用的STR检测法，精准度高达99.999999%，确保了所有儿童预存DNA信息的唯一性。

（四）紧急反应机制

紧急反应机制是针对某些紧急情况的儿童失踪，相应的责任机关会通过警方、社会公众，以及媒体发布该失踪儿童的信息的一种机制。越早启动紧急措施，失踪儿童被找到的概率就越大。紧急反应机制需要一个权威的国家机关牵头、社会各个部门的协同以及完备的制度才能有效地运行。中国已经开始重视儿童失踪后的紧急反应，但是相对于美国的“安珀警戒”，中国的紧急反应机制目前还是一个新鲜事物。

2015年11月21日，依托微信构建的“中国儿童失踪预警平台”成立，该平台借助了成熟的移动互联网技术和GIS地理信息系统，结合国外先进经验，贴合我国基本情形和特点。通过关注“CCSER儿童失踪预警平台”公众号，完成身份信息认证，就可以在该平台录入儿童的基本信息，建立防丢失档案。在儿童失踪之后，家长就可以在平台上发布失踪的预警信息，同时儿童失踪的信息会自动推送给警方。不仅如此，该平台可以通过案例分析的模式，预测推演出一套信息推动时空规则，形成三层保护圈，并在此地理范围内向大众推送相关信息。但是由于该平台报警流程不规范、没有合理保护失踪儿童和失踪家庭的信息、有可能被犯罪嫌疑人利用以及技术不足等诸多缺陷已经不再使用。

2016 年 5 月 15 日，有中国版“安珀警戒”之称的公安部儿童失踪信息紧急发布平台“团圆”系统上线。该平台是我国儿童失踪信息发布的权威渠道，由公安部刑事侦查局打拐办在阿里巴巴集团的技术支持下开发，发动群众搜集拐卖犯罪线索，用于全国各地一线打拐民警即时上报各地儿童失踪信息。

与“宝贝回家”网站相比，除发布主体不同之外，公安部儿童失踪信息紧急发布平台发布的失踪信息都是比较紧急的情况，所发布信息的时间也都非常近。公安部儿童失踪信息紧急发布平台属于应急类措施，在发布儿童失踪信息时，一般距离儿童失踪时间很短，失踪儿童或犯罪嫌疑人尚未形成稳定的状态，警方和孩子家长可以通过追踪、围堵、发动群众的方式寻找到。时间短、任务急是应用该平台寻找失踪儿童的显著特点。而在“宝贝回家”网站上登录的寻子或寻亲信息，大多属于离家时间过长、利用“团圆”系统没有找到的这种类型，短则几个月，多则十几年、几十年。在这种状态下的失踪儿童，具有长期稳定的生活，不再被带着四处游走、躲藏，并且失踪主体或周围人具有寻家或帮其寻家的意识和努力。

（五）非官方途径寻找失踪儿童

1. 利用网络媒体

我国疆域辽阔，要在千万人中寻找到失踪的儿童，无异于大海捞针。在寻找的过程中，一个人的力量极其有限，一旦孩子丢失超过了黄金搜索期，找回的概率就会大大降低。每年我国失踪儿童数量不在少数，但是单兵作战永远比不上各方共同作战有效。在 2007 年，“宝贝回家”网站就将这些丢失孩子的家庭和知情的相关人士联合起来，在遍布全国各地的城市间拉开一张巨大的搜索网。家长就会在孩子丢失后在“宝贝回家”的网站上发布失踪儿童的信息，网站上的信息是公开的，所有人都可以看到。同时，“宝贝回家”网站广泛与各个互联网公司展开合作，会在别的平台推送这些失踪儿童的信息。“宝贝回家”网站借助民间力量有组织地对失踪儿童进行搜寻，其主要宗旨是帮助寻找失踪儿童及为一些流浪乞讨的孩子寻家，为孩子、家长及志愿者提供一个信息沟通的平台。

2. 借助新闻媒体报道

新闻媒体相较于个人的自媒体来说影响力更大，也更具有权威性，并且有自己的固定用户。有部分家庭在孩子失踪后会选择利用新闻媒体，借助新闻的关注度在本地或者全国的新闻中发布寻人启事，并借此机会向知情人士征求相关信息，可以大大提高找到失踪儿童的概率。我国现有新闻媒体类型多样、数量巨大，并且新媒体发展进程也不断加快，用户还在持续增长中，人们利用琐碎的时间就可以获取大量信息，这也是让更多用户接触到相关儿童的失踪信息的一个客观基础。

四、我国儿童失踪现行应对措施的效果

（一）关于儿童失踪的国家层面的法律规定

在严厉打击拐卖的刑法规定和专项打击拐卖儿童之下，中国的打拐行动取得了卓越成效。但是中国在儿童失踪方面目前还没有一部专门的法律。儿童失踪的国家层面立法是指专门针对儿童失踪问题而制定的法律。例如，美国在 1982 年制定的《儿童失踪法案》、1982 年制定的《儿童失踪援助法案》、1990 年制定的《安珀·海格曼儿童安全保护法》。我国仅有公安部的打拐专项活动和刑法中的零星规定是不足以系统解决儿童失踪问题的。若要对儿童失踪问题进一步解决，最好的办法就是要制定一部专门的儿童失踪法律，在这部法律中完善救济失踪儿童的各项措施，从而形成一套完备的体系。

（二）立即调查措施

总体来说，公安部联合各个部门出台的《关于依法惩治拐卖妇女儿童罪的意见》在很大程度上解决了儿童失踪后的立案问题。但是中国的公安机关既要负责治安管理，又要进行刑事案件的侦破，要求他们对儿童失踪的案件第一时间进行调查。但是要做到这样，确实存在严重的警力不足问题。对于失踪儿童，根据公安部出台的此意见，公安部门必须立即立案，但是是否及时地且有充足的警力去寻找失踪儿童却不得而知。

根据公安部儿童失踪信息紧急发布平台的信息，儿童失踪的找回率在98%以上。但是其中多数是非犯罪型的儿童失踪。而涉及拐卖的儿童失踪案件找回率非常低。根据 2018 年《中国法律年鉴》，在 2017 年时公安机关共立案刑事案件 5482570 起、治安案件 10436059 起，其中涉及拐卖妇女儿童的案件有 6668 起，占到 2017 年刑事案件总数的 0.12%，在这 6668 起拐卖妇女儿童案件中有 546 起拐卖儿童案被破获，拐卖的破获率

不足1%。也就是说，我国公安机关每年仍要处理上千万起案件，在这其中不乏抢劫、杀人、强奸等多种恶性案件，且比例均比拐卖妇女儿童案件所占比重大，在现行公安机关警力严重不足的情况下，不可能将所有精力都放在搜寻失踪儿童上，因为儿童失踪案件所占比重较小，公安机关在进行人力、物力等资源配置方面不得不考虑犯罪案件发生的基本情形，再按比例原则部署相应措施，这就使在对于失踪儿童案件方面所分配的警力明显不足。同时在一些经济欠发达地区，警力不足或经费困难使大量失踪儿童案件线索无法得到及时查证，错失拯救失踪儿童的最佳时机。

（三）失踪儿童的全国性数据库

据公安部透露，2009年4月以来，全国共破获各类拐卖案件34212起，打击处理拐卖犯罪人员36097名，解救被拐卖妇女23085名、被拐卖儿童13284名，通过全国“打拐DNA”数据库比对，为1040名解救儿童找到了亲生父母。“全国公安机关查找被拐卖/失踪儿童DNA数据库”是专门针对被拐卖的儿童的数据库，其优点是有较强的针对性。

“全国儿童DNA数据库”是为预防儿童被拐卖而建立的，数据库建成以来，为数万名的适龄儿童预存了DNA信息。该项目现已在浙江、上海、广东、山东、四川等17个省、市、区设立了执行机构。这个数据库目前正在全国各个地方推行，但是目前看来效果并不显著。这与该数据库的预防性功能有关，该数据库建立的目的是在儿童走失后，缩短公安部查找走失该名儿童的时间。也就是说，在收集儿童的DNA数据时，孩子还没有走失，加上拐卖案件的发生概率很小，不足以引起父母的重视。另外一个原因，也是主要的原因，“全国儿童DNA数据库”采集儿童数据需要自费，根据每个地方的经济情况略有不同，大致的价格是1500元。面对这样一个新兴事物还是自费的情况下，并不是多数父母的首要选择。因此这个数据库的DNA采集情况并不乐观。

（四）紧急反应机制

截至2019年11月，公安部儿童失踪信息紧急发布平台“团圆”系统上线三年来，担负起重要责任，共发布走失儿童信息4297条，找回4217名失踪儿童，找回率达98.1%，其他情况的1.9%未找回的儿童可能是失踪时年龄太小没有记忆，统计数据时暂未找回，也可能是儿童在失踪期间发生了意外。（见图8）。失踪儿童的家长和群众一般不用进入平台，其主要应用于公安机关打拐民警发布、查看案件。公安机关如果有关于失踪儿童的案件信息，可以借助“团圆”系统及时进行发布，并且在第一

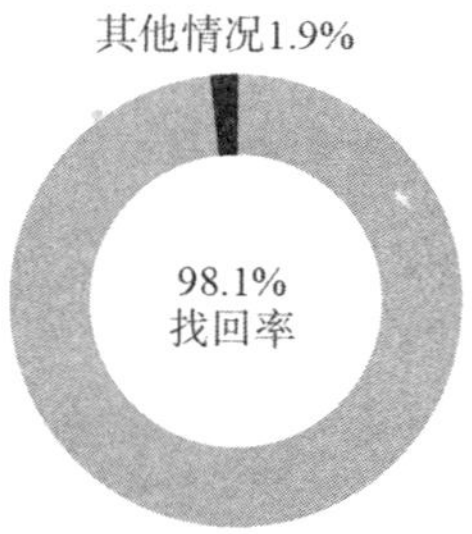

图 8　2016—2019 年“团圆”系统失踪儿童找回率

时间通过新媒体和移动应用终端，自动推送到儿童失踪地周围的相关人群（推送原则：以儿童失踪地点为中心，失踪 1 小时内，定向推送到方圆 100 公里；失踪 2 小时内，定向推送到方圆 200 公里；失踪 3 小时内，定向推送到方圆 300 公里；失踪超过 3 小时，定向推送到方圆 500 公里），以让更多的群众得知失踪儿童信息，发动群众参与到寻找失踪儿童的活动中，为警方提供相关线索，以此来更迅速地寻回失踪儿童，实现群防群治、全民反拐的良好局面。该平台的建立，有利于群众及时获取从官方渠道发布的准确信息，通过这种全民参与的形式，也可以更好地打击拐卖儿童犯罪活动，震慑犯罪嫌疑人，减少拐卖案件的发生。公安部儿童失踪信息紧急发布平台于 2016 年 5 月 15 日第一期正式上线，此后在 2016 年 11 月 16 日、2017 年 5 月 17 日、2018 年 5 月 24 日，该平台二期、三期、四期先后上线运行。截至第四期，已经有新浪微博、高德地图、支付宝、UC 头条、UC 浏览器、手机淘宝、YunOS 系统、腾讯 QQ、一点资讯、今日头条、百度地图、百度 App、360 手机卫士、滴滴出行、中央人民广播电台国家应急广播中心、腾讯新闻客户端、钱盾、宝宝知道、易到、OFO、宝宝树、新华社客户端、央视影音客户端、饿了么、点我达 25 家新媒体和移动应用接入该平台。

在最新的阿里巴巴“团圆”项目中，“团圆”系统上线了一个小程序，通过支付宝 App 搜索“团圆”就能进入“团圆”小系统，协助警方寻找走失儿童。在这个“团圆”小程序中，包含了“紧急寻人”“滴血寻亲”“如何防走失”等功能，通过“滴血寻亲”功能，可以一键导航附近公安机关免费 DNA 采集点，及时采血、将 DNA 信息录入公安部“打拐 DNA”数据库中。

（五）非官方途径寻找失踪儿童

1. 媒体传播缺乏正规性，实际效果差

新闻媒体虽说在一定程度上传播了失踪儿童的信息，但是媒体传播缺乏正规性，实际效果较差。失踪儿童的家长或热心人士在自行寻找丢失儿童时，为了发动更多群众、扩大搜寻的范围，会选择微信朋友圈、微博，甚至以发布新闻的形式让信息传播出去，但信息本身是否真实以及信息在传播的过程中是否会被恶意篡改，都需要我们进行探究。

2019 年掀起了全网寻找“梅姨”的一阵热潮，据新闻描述，该画像为广州公安厅公布，这名叫“梅姨”的中年妇女是涉嫌拐卖儿童的犯罪嫌疑人，她是拐卖过程的中间人，专门介绍买家。但是 11 月 18 日公安部儿童失踪信息紧急发布平台发微博称，新闻中所画的“梅姨”并非官方公布的信息，梅姨是否存在，以及画像中的人是否为“梅姨”本人都没有证据来证明。这则消息发出之后，又引起了广泛的讨论。后经记者确认，画像为退休民警“画像神探”林宇辉所画，在爱心人士着色后，由失踪儿童的家长扩散出。林宇辉表示：“画像的意义就是要散播出去，这对找‘梅姨’是有帮助的，是好事。无论是彩色还是灰白，他们的相似度是相吻合的。”很多网友表示通过这种全网搜寻“梅姨”的情形，让人们看到了全社会恨拐、反拐的价值共识。但由于大部分网民在这类案件中会比较容易相信影响力较大的新闻媒体，所以如果在新闻源头就发生这种模糊不清、模棱两可的事情，就会让群众对所转发的新闻提出质疑。

此外，在新闻媒体经过多次转发之后，很难保证原始的新闻不被修改。如果有恶意人士在转发的过程中随意篡改原有真实信息再扩散出去，被很多不知情的群众进行接力转发，就会误导大众，白白浪费精力和财力。因此信息的扩散务必要保证准确性和及时性，但应该如何保证却是一个尚未解决的问题。

2. 民间平台不成熟，社会公众对网络信息持消极态度

截至 2019 年 12 月 3 日，“宝贝回家”网站共成功帮助 3171 个家庭寻回了自己的孩子，让久离的人回到家人的怀抱，每一个成功的案例都在“宝贝回家”网站中有详细记录，并且这一数据还在不断更新中。①

不可否认的是“宝贝回家”网络平台的出现实现了从无到有的一个

---

① 众人拾柴火焰高——刘佑田回家，载“宝贝回家”网站 https：//bbs. baobeihuijia. com/thread-442965-1-5. html2019425。

飞跃，也为寻找到失踪儿童作出了艰辛的努力。但是尽管“宝贝回家”网站为寻找失踪儿童尽了很大努力，作出了很多贡献，但仍存在很多不足之处有待解决。首先“宝贝回家”在大多数情况下还是主要依靠志愿者参与寻找和网民提供相关信息，当有人在“宝贝回家”平台上发布寻人或者寻家信息后，相关志愿者会进行跟进将信息发布至有关志愿者群，由各地志愿者根据信息上反映的线索缩小划分区域和范围。基于这种寻找模式，只有失踪者本人有意愿寻家，主动将自己的基本信息登入网站，等待志愿者的帮助；或者失踪者周围群众有心替失踪人寻家，在网络上看到相关信息后，主动联系志愿者这两种情形外，对于流入到偏远地区和有限制地区的儿童（这里的限制地区，包括传统思想浓重的农村和常年不与外界联系的村落），就很难寻找到。换句话说，这种寻找方式不具有强制性。因为在这种缺少中间必要的联络人的状态下，既可能存在整个村庄相互包庇，不会主动揭发的状况，也可能是村落本身切断与外界周围的一切联系，有失踪儿童信息流出的希望就很渺茫。

其次是“宝贝回家”网站的整个宣传力度不够，仍然有很大一部分群体并不真正了解此网站，这就使在志愿者招募或是知悉相关信息的群众上存在很大不足，志愿者和热心人士参与进来是网站运行的主要特点，一旦人员缺失，寻找到失踪儿童的概率就会大大降低。

最后是网站运行本身存在缺陷，有一些技术性的问题还没有得到解决。2019 年 6 月 30 日，“宝贝回家”志愿者协会就发出通告称因该网站遭黑客攻击导致部分数据丢失，决定暂时闭站维护。在网站恢复访问前，“宝贝回家”只能通过微博、微信公众号等渠道继续发布寻子消息。希望会有安全公司无偿为“宝贝回家”网站提供技术支持，帮助这个免费寻人服务平台解决困难。由于被黑客攻击造成数据丢失，就有可能会错失很多关键信息，对寻亲家庭造成阻碍。

有资料表明，我国目前在寻找失踪儿童时还是主要依靠警方和失踪儿童的家人，社会群众的参与度依然很低，尚未形成“社会全覆盖”。在遇到失踪儿童案件时，确实有很多爱心人士积极参与寻找，为警方和失踪儿童的家人提供相关信息，但更多的群众在看到铺天盖地的信息时，只是象征性地关注一下，“略”表心意地进行转发，不会真正提供有价值的信息，或者只是在看到信息后盲目地进行跟从，没有真正的形成遍布全社会的追寻网。因此，社会群众在实际行动中仍然存在欠缺，如何调动全社会的积极性，使大家真正参与进来共同努力，仍然是一大难题。

第三章　我国儿童失踪紧急发布平台的运行现状

“儿童失踪”一直是社会关注的热点性问题，无论是对失踪儿童自身、家庭，还是社会，都是巨大的伤害。儿童失踪的原因有很多，常见的情形有走失、离家出走、绑架、拐卖、意外事件等。以往在遇到儿童失踪事件时，传统的做法是失踪儿童的父母通过报案、张贴寻人启事、发动亲戚朋友一起帮忙寻找或者将失踪儿童的信息上传到“宝贝回家”“百度寻人”“QQ 全城助力”及一些具有影响力的公益寻人节目，来寻找孩子。这些传统的方法及民间救济途径虽然在一定程度上帮助不少家庭重获幸福，但是其最大的弊端就是消息的滞后性及传播范围的有限性，“儿童失踪”尤其是因拐卖造成的儿童失踪，其解救有一个黄金期，超过这个时段，一旦孩子被带离原地，拐卖行为完全实行终了，儿童找回的可能性就会大大降低。传统的做法不宜将儿童失踪的消息及时向公众发布，且范围局限于儿童失踪的事发地，不利于广泛发动群众提供失踪儿童的消息，极易错过找回或解救儿童的“黄金期”。同时，在失踪儿童问题上为营造“警民互助、全民参与、全民打拐”的局面，笔者通过实地调研，考察分析民众对公安部儿童失踪信息紧急发布平台的关注度，以及从民众角度出发，分析哪些推送信息的途径可被接受，从而为构建符合我国国情的儿童失踪紧急反应机制提供建议（调查报告和调查问卷的数据和信息见附件 1、附件 2）。

一、儿童失踪紧急发布平台的启动与标准

构建我国儿童失踪紧急反应机制是为了贯彻落实国务院办公厅发布的《国务院办公厅关于印发中国反对拐卖人口行动计划（2013—2020 年）的通知》中关于“进一步完善集预防、打击、救助和康复为一体的反拐工作长效机制，健全反拐工作协调、保障机制，细化落实各项措施，依法坚

决打击、有效遏制拐卖人口犯罪，确保被拐卖受害人及时得到救助康复和妥善安置”。公安部儿童失踪信息紧急发布平台的上线运行，是公安机关在高科技手段的支撑下，充分依靠群众提供失踪儿童的消息或线索，借助新媒体的力量，警民、警企、警媒三方合作共同寻找失踪儿童的具体措施。从目前我国公安机关启动儿童失踪紧急反应机制的情况来看，只要符合标准就可在平台上发布相关失踪儿童的信息。

（一）启动的法律依据

2010 年 3 月 15 日，最高人民法院、最高人民检察院、公安部、司法部联合制定了《关于依法惩治拐卖妇女儿童犯罪的意见》（以下简称《意见》）。该《意见》第八条第一、二款及第九条明确指出，公安机关接到拐卖妇女儿童报案、控告、举报以及接到儿童失踪而报案的，无论案件是否属于自己管辖，都应当首先采取紧急措施。经审查，属于自己管辖的应当依法立案，不属于自己管辖的，依法移送有管辖权的公安机关处理。该《意见》的出台改变了以往警方在儿童失踪后 24 小时以内不予立案的规定，也意味着儿童失踪以后家长或监护人，可立即报案，警方在接警后第一时间内开展立案调查。

那么何时启动紧急应急机制，在平台上发布消息并推送到特定人群呢？对此，我国立法机关、司法机关及国务院办公厅并未发布相关法律法规及政策来规范该程序的实施。但是，根据时任公安部刑侦局副局长陈士渠的介绍，笔者将紧急反应机制的启动程序归纳为：首先，公安机关在接到儿童失踪的报案后，应当立即开展立案调查。其次，经调查发现确有失踪儿童的事实后，立即通过刑事侦查手段开展侦查工作。最后，经过侦查之后未发现其他线索，且通过专业判断认为需要发动群众注意周边情况，提供线索或消息，在失踪儿童案发地履行审批程序后，打拐警察可以第一时间通过“团圆”系统，把失踪儿童的详细信息予以发布。

可见，我国儿童失踪紧急反应机制的启动并不是在警方立案之后直接启动，大体需经过以下流程：失踪儿童父母报案、公安机关采取紧急措施、公安机关审查管辖权、立案、调查、侦查、审批、发布消息。其详细流程如图 1 所示。

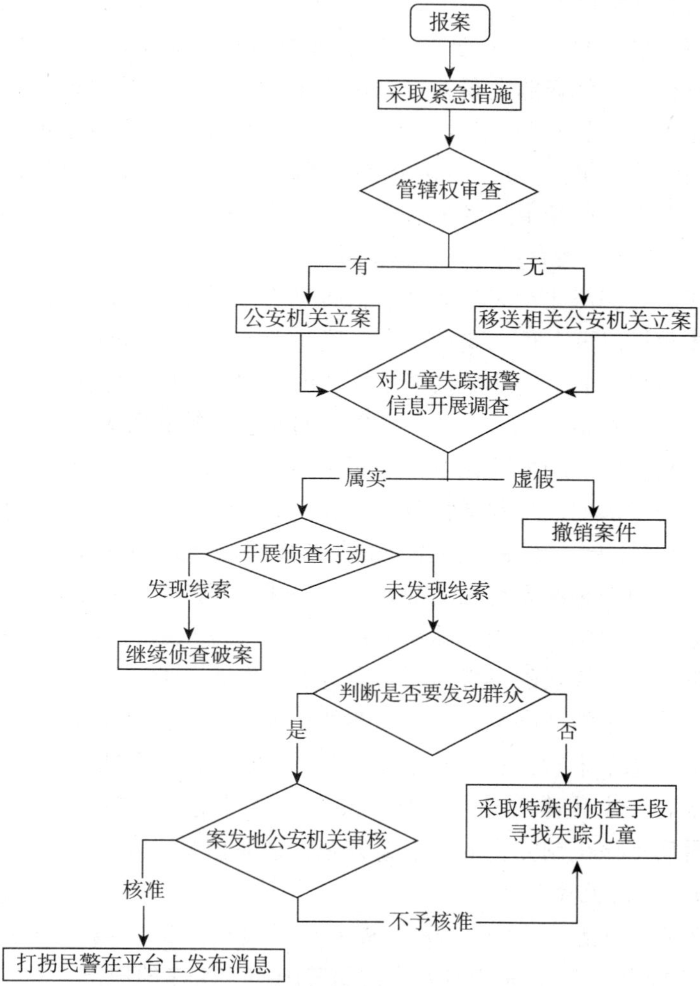

图 1　儿童失踪信息紧急发布流程

（二）信息发布主体

为保证所发布儿童失踪信息的真实性和可靠性，公安部儿童失踪信息紧急发布平台转变了以往民间救济途径中由报案者或其他群众直接登录相关平台，将身边所发生的失踪儿童的信息发布于平台之上。“团圆”系统的信息发布主体是民警通过名为“团圆 1.0”的手机应用系统及时上传各地儿童失踪信息。

但是，并非所有的民警都有信息发布的权限，据央视《新闻 1+1》

报道，只有县级以上公安机关且必须是加入“公安部打拐办”专用“钉钉群”，并且取得公安部认证的民警，才有资格在紧急发布平台发布失踪儿童的信息。从公安部发布的官方声明来看，全国现有6000余名一线打拐民警加入了“钉钉群”，并取得了公安部的认证，他们分布于部、省、市、县四级公安机关。这6000余名打拐民警有发布信息的权限，从而在一定程度上大大保障了所发布信息的准确性和权威性。

(三) 发布的案件范围及准入标准

从我国公安部儿童失踪信息紧急反应平台所发布的失踪儿童的信息来看，大体包括以下五种：离家出走、迷路走失、贪玩忘回家、溺水类的意外事故、被拐。通过这些数据很难推断出何种类型的儿童失踪案件信息是不通过该平台发布，几乎涉及儿童失踪的原因都被涵盖了。

那么是否所有的失踪儿童信息都通过该平台发布呢？答案是否定的。笔者根据公安部刑侦局副局长陈士渠在一篇新闻报道中就该问题的说明，进行如下总结：① 一是平台主要针对儿童失踪后经过侦查没有发现有价值的线索，且犯罪嫌疑人有可能带着儿童快速逃离的情形；二是对属于被拐范畴的案件，原则上应当立即在平台上发布失踪儿童的信息，但是对于警方已经掌握相关线索的案件，不再通过平台发布，而由警方采取相关侦查手段；三是对于涉及绑架、杀人的案件，也不在平台上发布。

从上述总结来看，我国儿童失踪案件启动紧急应急机制的准入标准很低，且没有一个具体的量化标准，发布的案件范围也较为广泛，种类繁多，是否启动该机制完全取决于警方是否掌握相关线索。

(四) 失踪儿童的年龄

关于儿童年龄的界定，联合国《儿童权利公约》第一条明确指出：儿童是指18周岁以下的任何人。按照我国相关法律的规定，不满14周岁的未成年为儿童，一般而言指的是0~14周岁的孩子。按照法律规定，公安部应当将“年龄为14周岁或以下”作为启动紧急应急机制的标准。在《国际儿童失踪日 儿童离家出走成为失踪的关键诱因》这篇报道中，计算机技术支持者刘好、陈炫婷二人利用爬虫技术，获取了公安部儿童失踪信息紧急发布平台自2016年6月12日至2019年5月20日期间所发布的儿童失踪信息，总计3585条，并对失踪儿童的年龄段进行了分析，如图2

---

① 《儿童失踪信息发布平台：失踪信息将秒送周边人群》，载合肥都市网，http：//www.hfwb. com. cn/2016/0516/28043. shtml。

所示。

从数据图 2 中可以看出，所发布的失踪儿童，年龄最小的为 1 岁，最大的为 14 岁，可猜测公安部儿童失踪信息紧急发布平台以“年龄为 14 周岁或以下”作为案件发布的标准。但由于公安部并未官方宣布纳入紧急发布平台失踪儿童的年龄标准，以“年龄为 14 周岁或以下”为发布标准不具有权威性和确定性。

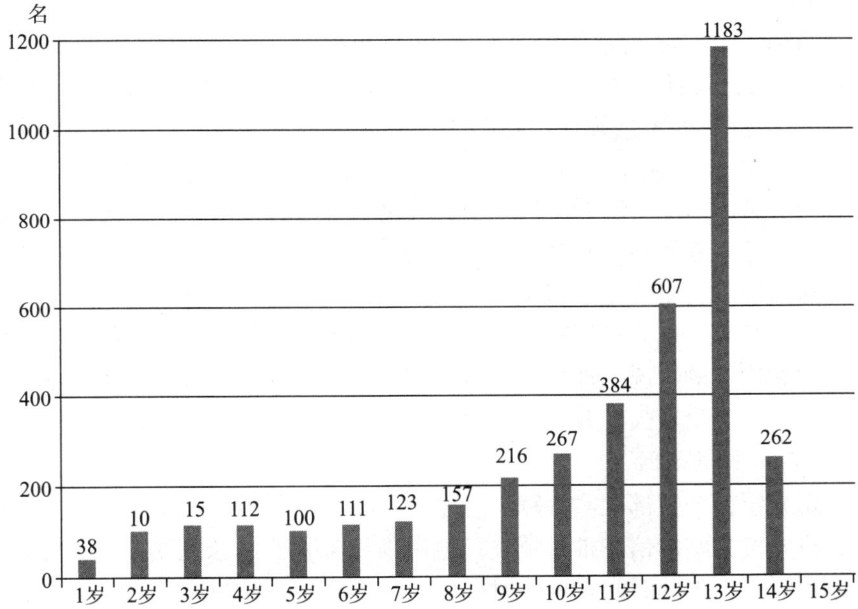

图 2　公安部儿童失踪信息紧急发布平台失踪儿童年龄分布①

二、儿童失踪紧急发布平台的推送途径及推送范围

2016 年 5 月 13 日下午 4 点，一名 2 岁的四川籍女童在河北衡水火车站附近走失，带走女童的是一名方脸、平头的男子。之后，儿童失踪信息紧急发布平台发布儿童失踪信息。5 月 15 日 0 点，在公安部打拐办统一指挥下，河北、河南两省公安机关通力协作，将犯罪嫌疑人马某某在河南省郑州市龙湖镇抓获，并安全解救了这名 2 岁的女童。这是公安部儿童失

① 《国际儿童失踪日　儿童离家出走成为失踪的关键诱因》，载澎湃新闻 · 澎湃号 · 澎客，https：//www. thepaper. cn/newsDetail_ forward_ 3525912，20190525。

踪信息紧急发布平台在试运行期间被拐卖儿童得到解救的第一起案例。

（一）推送途径

儿童失踪的信息一旦通过公安部儿童失踪信息紧急发布平台发布后，全国各地公安机关将会在第一时间通过新媒体及移动应用终端，将儿童失踪的消息精准推送至失踪地周边的相关人群，让更多的群众准确地获取相关信息，注意周边的情况，及时提供相关线索，协助公安机关尽快找回失踪儿童。

目前，公安部儿童失踪信息紧急发布平台“团圆”系统四期已于 2018 年 5 月 14 日正式上线运行。经过一期、二期、三期、四期的维护升级完善，已有 25 家新媒体与移动应用接入该平台，如新浪微博、高德地图、支付宝、UC 头条、UC 浏览器、手机淘宝、腾讯 QQ、今日头条、百度地图、百度 App、滴滴出行、中央人民广播电台国家应急广播中心、饿了么等。这些新媒体与移动应用终端的介入，进一步拓宽了儿童失踪信息的推送途径，使只要是手机上下载了这些应用程序的群众，且周围存在失踪儿童，只要一打开应用程序，就会自动弹出相关失踪儿童的信息，以便群众注意周边的情况。即使是没有下载移动应用程序的群众，在浏览网页时，身边一旦出现失踪儿童，网页上也会自动弹出相关失踪儿童的信息。

（二）推送范围

据介绍，公安部儿童失踪信息紧急发布平台利用新媒体及移动应用程序，将儿童失踪的信息推送至失踪地周围相关人群的原则是：“以儿童丢失地为圆心，失踪时间在 1 小时以内的，将儿童失踪的消息定向推送半径 100 公里；失踪 2 小时以内的，推送半径 200 公里；失踪 3 小时以内的，推送半径 300 公里；超过 3 小时的，推送半径 500 公里。”如图 3 所示。该原则规定的最长推送半径为 500 公里，也就表明，500 公里以外的人群如果不登录公安部儿童失踪的官方平台，是不能够在第一时间接收到失踪儿童信息的。

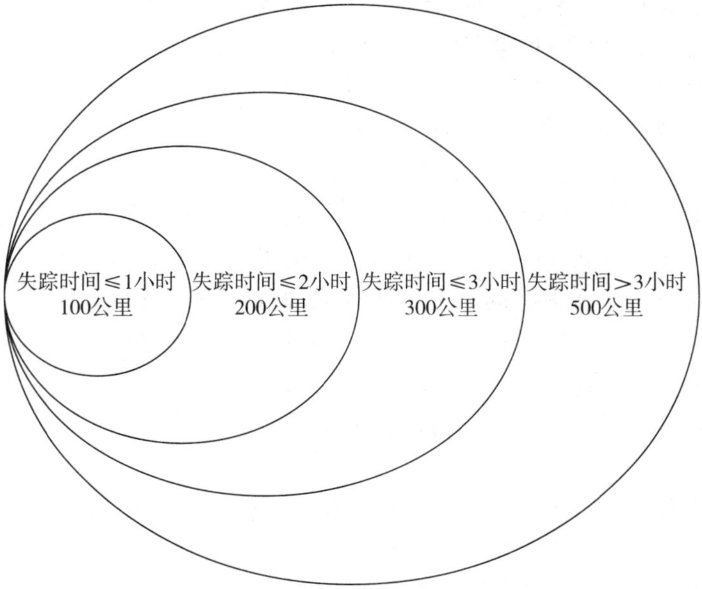

图 3　推送范围及时间

（三）公众对紧急反应机制的关注度及敏感性

对于公众是否知悉公安部儿童失踪信息紧急发布平台，笔者通过对特定及不特定对象共计 463 个对象开展线上线下调查。调查结果显示，平均有 63.675%的人不知道该平台。也就意味着，平均 10 个人中仅有 4 个人知道该平台的存在，公众对其认知度相对较低。这也从侧面反映出我国儿童失踪紧急反应机制的宣传力度相对薄弱，导致很多家长及群众不会主动去关注和寻找失踪儿童以及关注案件的进展程度。

由于对儿童失踪紧急反应机制的宣传力度不够，以及推送途径的单一性，导致在向公众推送失踪儿童信息后，该信息很有可能被公众误认为是虚假广告或诈骗信息，进而进行屏蔽或卸载相关应用程序，这在一定程度上减少了公众对失踪儿童信息获取的途径，从而导致公众对失踪儿童信息的敏感度较低。

（四）紧急反应机制与已有打拐系统的衔接

在儿童失踪紧急反应机制正式实施之前，我国公安机关在应对儿童失踪问题上，通过建立全国“打拐 DNA”数据库，帮助被拐儿童尽早回归家庭。该数据库是通过采集报案的失踪儿童父母的 DNA 样本及在街头流浪乞讨和被组织从事违法犯罪活动的未成年人的 DNA 样本，将其存储到统一的数据库中。一旦接到群众举报或警方自行发现在拐入地存在儿童涉嫌被拐卖的情形的，警方会将儿童的 DNA 与拐入地大人的 DNA 进行比对，比对结果吻合的，立即通知被拐儿童的父母认领孩子，比对结果不吻合的，会将该儿童的信息存入全国“打拐 DNA”数据库中，运用 DNA 远程比对技术等高科技手段，帮助失踪儿童尽早回归家庭。全国“打拐 DNA”数据库除用于打拐之外，还用于将来找到亲人时进行亲子鉴定。在应对儿童失踪问题上，所采取的这种措施极大地提高了打拐工作的效率，减轻了民警的工作负担。不过，这种措施通常发生在警方已经找到失踪儿童或者发现失踪儿童信息的情况下，通过 DNA 比对让其和父母团圆。对于警方未掌握任何有效线索的案件，这种方法就失去了效用。

儿童失踪紧急反应机制正式运行之后，通过在儿童失踪信息紧急发布平台增加“滴血寻亲”功能，打通了与全国“打拐 DNA”数据库之间相互衔接的渠道。通过平台发布警方尚未掌握任何线索的失踪儿童信息，充分发挥群防群治的优势，将该信息推送到相关人群，凭借群众提供的相关的线索或信息，开展侦查工作，并在找回失踪儿童后，通过全国“打拐 DNA”数据库，帮助儿童回归家庭。

三、儿童失踪紧急发布平台的运行现状（依据 2018 年 1 月—12 月的数据）

（一）儿童失踪信息紧急发布平台发布案件类型

笔者在统计公安部儿童失踪信息紧急发布平台 2018 年发布的儿童失踪信息时，将儿童失踪案件划分为犯罪型儿童失踪案件和非犯罪型儿童失踪案件。

犯罪型儿童失踪案件是指失踪儿童被他人残忍杀害或者未经同意，由家庭成员以外的人对未满 18 周岁的儿童进行绑架、诱拐、诱骗的案件。

非犯罪型儿童失踪案件是指儿童因离家出走、意外死亡、丢失走失、家庭纠纷此类原因而导致失踪的案件。

离家出走型：离家出走型失踪是指儿童因厌学、学习压力大离家出走；因贪玩在外玩耍或在同学家玩耍而离家出走；或因与家人闹矛盾而赌气离家出走。

意外死亡型：意外死亡型失踪是指儿童因在偏僻地区掉落山崖摔死或

因不慎掉入河中、水库溺水身亡或因意外导致窒息而死或因自身心理状态自杀而死而导致的失踪。

丢失走失型：丢失走失型失踪是指儿童因年龄小而缺乏家长看管而导致的失踪，或因不识路线迷路走失而导致的失踪。

家庭纠纷型：由孩子父母一方、与孩子有家庭关系的其他人或者孩子监护人扣留或隐匿不满 18 周岁的儿童，侵犯了儿童父母另一方或法定监护人的监护权，包括探视权。

（二）公安部儿童失踪信息紧急发布平台运行状况

自 2016 年 5 月以来，公安部儿童失踪信息紧急发布平台一期、二期、三期先后上线运行，得到了社会各界的关注支持。截至 2018 年 5 月 15 日，该平台共发布 3053 名儿童失踪信息，找回儿童 2980 名，找回率为 97.6%，其中，离家出走儿童 1705 名、迷路走失儿童 424 名、溺水等意外身亡儿童 140 名、解救被拐卖儿童 48 名。

2018 年度公安部儿童失踪信息紧急发布平台共发布 1188 名儿童失踪信息，截至 2018 年 12 月 31 日，未找回儿童 16 名，找回儿童 1173 名，找回率为 98.7%，其中，找回的失踪儿童中因离家出走而失踪的儿童有 834 名、因丢失走失而失踪的儿童有 153 名、因家庭纠纷而失踪的儿童有 6 名、因意外死亡而失踪的儿童有 53 名、因被害而失踪的儿童有 7 名、因被拐卖拐骗而失踪的儿童有 5 名。

从以上数据可知，目前我国儿童失踪最重要的原因是非犯罪型的儿童失踪，而犯罪型儿童失踪则比例很小。笔者根据公安部儿童失踪信息紧急发布平台官方微博 2018 年 1 月 1 日至 12 月 31 日发布的统计数据得出如下结果。

表 1　2018 年 1 月到 12 月公安部儿童失踪信息紧急发布平台发布信息涉及儿童数量及性别

月 性别	1月	2月	3月	4月	5月	6月	7月	8月	9月	10月	11月	12月	合计（名）
男	58	38	68	65	59	47	35	45	33	46	39	24	557
女	52	51	83	85	68	47	43	42	39	50	42	29	631
合计	110	89	151	150	127	94	78	87	72	96	81	53	1188

由表 1 可知，2018 年度公安部儿童失踪信息紧急发布平台所涉及的

儿童总数为 1188 名，其中男童 557 名，女童 631 名。其中 4 月女童失踪人数最多，为 85 名；3 月男童失踪人数最多，为 68 名；12 月男童和女童失踪人数最少，分别为 24 名和 29 名。平台发布信息中，上半年涉及失踪儿童的数量多于下半年，尤其是 3 月失踪儿童最多，为 151 名；12 月失踪儿童最少，为 53 名；1 月、4 月、5 月、6 月和 10 月较多，分别为 110 名、150 名、127 名、94 名和 96 名；7 月、8 月、9 月、11 月失踪儿童较少，78 名、87 名、72 名和 81 名。

由图 4 可知，2018 年公安部儿童失踪信息紧急发布平台发布失踪信息涉及儿童中女童所占百分比大于男童，分别为女童占 53%，男童占 47%，性别方面没有出现较大的差异。

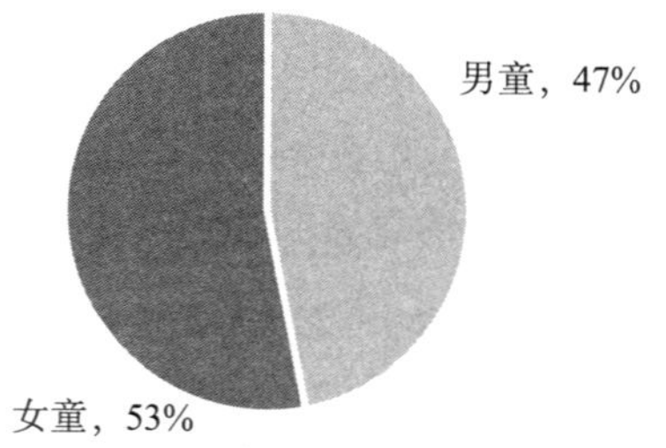

图 4　2018 年 1 月至 12 月平台发布失踪信息涉及儿童性别百分比

从表 2 可知，2018 年通过公安部儿童失踪信息紧急发布平台共找回失踪儿童 1113 名，未找回失踪儿童为 16 名。其中，4 月、6 月、7 月、9 月、11 月失踪儿童均已找回；1 月、3 月、8 月、10 月未找回失踪儿童均为 1 名；2 月、12 月未找回失踪儿童均为 2 名；5 月未找回失踪儿童最多，为 8 名。

表 2　2018 年公安部儿童失踪信息紧急发布平台每月找回生还失踪儿童数量及未找回的失踪儿童数量

月 数量（名）	1月	2月	3月	4月	5月	6月	7月	8月	9月	10月	11月	12月	合计（名）
找回生还儿童	104	79	146	141	113	89	72	81	67	93	79	49	1113
未找回儿童	1	2	1	0	8	0	0	1	0	1	0	2	16

通过公安部儿童失踪信息紧急发布平台 2018 年发布的儿童失踪信息可知，3 月通过公安部儿童失踪信息紧急发布平台找回的失踪儿童最多，为 146 名；4 月次之，为 141 名；1 月、5 月和 10 月找回的失踪儿童较多，分别为 104 名、113 名和 93 名；12 月通过公安部儿童失踪信息紧急发布平台找回的失踪儿童最少，为 49 名；2 月、7 月和 9 月找回的失踪儿童人数较少，分别为 79 名、72 名和 67 名。

通过公安部儿童失踪信息紧急发布平台 2018 年发布的儿童失踪信息可知，2018 年意外死亡的失踪儿童共 53 名，被害的失踪儿童共 7 名（见表 3）。其中 3 月、10 月、11 月、12 月意外死亡的失踪儿童人数较少，均为 2 名；6 月、8 月因意外死亡的失踪儿童人数均为 4 名；1 月、7 月、9 月因意外死亡的失踪儿童人数较多，均为 5 名；其中 2 月、4 月因意外死亡的失踪儿童人数最多，均为 8 名。2018 年被害死亡的失踪儿童共 7 名。其中 1 月、2 月、5 月、9 月、10 月、11 月、12 月均无失踪儿童被害；4 月、6 月、7 月被害的失踪儿童均为 1 名；3 月和 8 月被害的失踪儿童最多，均为 2 名。

表 3　2018 年公安部儿童失踪信息紧急发布平台每月意外死亡儿童数量及被害儿童数量

月 数量（名）	1 月	2 月	3 月	4 月	5 月	6 月	7 月	8 月	9 月	10 月	11 月	12 月	合计（名）
意外死亡	5	8	2	8	6	4	5	4	5	2	2	2	53
被害儿童	0	0	2	1	0	1	1	2	0	0	0	0	7

如表 4 所示，通过公安部儿童失踪信息紧急发布平台 2018 年发布的儿童失踪信息可知，找到时已死亡的失踪儿童中有 35 名男童，25 名女童；这些失踪儿童的找回地点都在本省市内或者家附近；找到时已死亡的失踪儿童中，年龄在 13 岁的最多，有 12 名，年龄在 10 岁和 11 岁的均有 6 名，年龄在 1 岁和 6 岁的最少，有 2 名。

表 4　通过 2018 年公安部儿童失踪信息紧急发布平台找回时已死亡的儿童

序号	发布信息时间	案件类型	儿童性别	失踪年龄	发布信息与找回儿童之间的时间	失踪地点与找回地点的距离	死亡原因
1	2018/12/20 14：42	意外死亡	男	13	2 天 10 分	本镇内	摔死
2	2018/12/20 17：33	意外死亡	女	14	4 天 2 小时 31 分	本县内	溺水身亡
3	2018/11/28 21：17	意外死亡	男	9	1 天 6 小时 60 分	本市内	死因不明
4	2018/11/20 20：24	意外死亡	男	1	15 小时 9 分	本村内	溺水身亡
5	2018/10/11 11：7	意外死亡	男	9	1 天 12 小时	本县内	溺水身亡
6	未知	意外死亡	男	11	未知	未知	溺水身亡
7	2018/9/26	意外死亡	男	8	3 天	本市内	溺水身亡
8	2018/9/24	意外身亡	男	6	3 天	本市内	溺水身亡
9	2018/9/18	意外身亡	女	2	1 天	本县内	溺水身亡
10	2018/9/12	意外死亡	男	4	1 天	自家楼下	窒息而死
11	2018/9/4	意外死亡	男	3	11 天	跨市	溺水身亡
12	2018/8/30 10：15	意外死亡	男	8	2 天	本市内	溺水身亡
13	2018/8/24 22：21	被杀害	女	8	1 天	本县内	未知

续表

序号	发布信息时间	案件类型	儿童性别	失踪年龄	发布信息与找回儿童之间的时间	失踪地点与找回地点的距离	死亡原因
14	2018/8/13 12：32	意外死亡	女	12	未知	未知	溺水身亡
15	2018/8/21 8：41	被杀害	女	9	1天1小时28分	本村内	先奸后杀
16	2018/8/16 10：30	意外死亡	男	6	5天22小时43分	本县内	溺水身亡
17	2018/8/19 9：29	意外死亡	男	10	2天	本村内	溺水身亡
18	2018/7/30 14：48	意外死亡	女	2	1天3小时	未知	溺水身亡
19	2018/7/20 3：25	意外死亡	女	1	6天50分	本市内	未知
20	2018/7/16 17：19	意外死亡	男	14	9天8小时	本市内	自杀身亡
21	2018/7/24 0：40	意外死亡	男	11	16小时60分	本县内	溺水身亡
22	2018/7/12 17：49	意外死亡	男	10	未知	未知	溺水身亡
23	2018/7/5 18：08	被杀害	女	12	2天15小时60分	本县内	未知
24	2018/6/30 16：42	意外死亡	男	13	1天23小时30分	本市内	溺水身亡
25	2018/6/30 16：42	意外死亡	男	13	1天23小时30分	本市内	溺水身亡
26	2018/6/19 15：37	被杀害	女	13	10天	本市内	未知

续表

序号	发布信息时间	案件类型	儿童性别	失踪年龄	发布信息与找回儿童之间的时间	失踪地点与找回地点的距离	死亡原因
27	2018/6/19 15：37	意外死亡	男	11	10 天 10 小时 0 分	本市内	溺水身亡
28	2018/6/7 9：35	意外死亡	女	13	2 天 20 分	本市内	溺水身亡
29	2018/2/9 19：57	意外身亡	女	4	66 天 22 小时	未知	溺水身亡
30	2018/5/2 16：38	意外身亡	女	13	4 天 22 小时 30 分	本县内	溺水身亡
31	2018/5/30 9：33	意外死亡	男	14	5 小时 27 分	未知	溺水身亡
32	2018/5/30 9：33	意外死亡	男	9	21 小时 60 分	本市内	溺水身亡
33	2018/5/21 9：53	意外死亡	男	3	6 天 9 小时 50 分	未知	溺水身亡
34	2018/4/23 18：3	意外死亡	女	12	4 天 12 小时 57 分	未知	溺水身亡
35	2018/4/12 22：42	意外身亡	男	10	4 天 17 小时 18 分	未知	溺水身亡
36	2018/4/19 15：28	意外身亡	女	11	2 天 17 小时 32 分	本县内	溺水身亡
37	2018/4/22 10：51	意外死亡	男	11	2 天 4 小时	本市内	未知
38	2018/4/23 14：47	意外死亡	男	13	2 天 18 小时	本市内	未知
39	2018/4/23 14：51	意外死亡	男	13	1 天 22 小时 60 分	本市内	未知

续表

序号	发布信息时间	案件类型	儿童性别	失踪年龄	发布信息与找回儿童之间的时间	失踪地点与找回地点的距离	死亡原因
40	2018/4/13 21：13	意外死亡	男	3	3 天 7 小时 30 分	本市内	溺水身亡
41	2018/4/14 21：50	意外死亡	女	2	1 天 2 小时 30 分	家附近	溺水身亡
42	2018/3/31 11：6	被杀害	女	13	22 小时 60 分	本市内	未知
43	2018/3/31 11：2	意外死亡	女	10	3 天 8 小时	本县内	未知
44	2018/3/26 17：21	意外死亡	男	3	1 天 3 小时	本市内	溺水身亡
45	2018/3/6 11：10	意外死亡	男	3	2 天 3 小时	本县内	溺水身亡
46	2018/3/31 11：26	被杀害	女	10	未知	本市内	未知
47	2018/3/31 11：6	被杀害	女	13	10 小时 54 分	本市内	溺水身亡
48	2018/2/12 11：29	意外死亡	女	13	3 天 50 分	本县内	溺水身亡
49	2018/2/15 20：49	意外死亡	男	5	6 天 9 小时 30 分	本县内	溺水身亡
50	2018/2/19 10：20	意外死亡	男	2	25 天 7 小时 45 分	本市内	溺水身亡
51	2018/2/15 10：52	意外死亡	女	10	未知	本县内	溺水身亡
52	2018/2/9 15：57	意外死亡	女	4	66 天 22 小时	本市内	溺水身亡

续表

序号	发布信息时间	案件类型	儿童性别	失踪年龄	发布信息与找回儿童之间的时间	失踪地点与找回地点的距离	死亡原因
53	2018/2/8 16：13	意外死亡	女	5	39 天 23 小时 26 分	本市内	溺水身亡
54	2018/2/5 22：1	意外死亡	男	13	26 天	本县内	溺水身亡
55	2018/2/2 22：21	意外死亡	女	9	9 小时 30 分	本县内	未知
56	2018/1/15 17：7	意外死亡	女	14	21 天 11 小时 30 分	本市内	溺水身亡
57	2018/1/9 17：36	意外死亡	男	4	1 小时	本县内	溺水身亡
58	2017/11/30 9：30	意外死亡	男	5	8 天 20 小时 30 分	本县内	溺水身亡
59	2017/11/17 9：34	意外死亡	男	8	5 天 7 小时 30 分	本县内	溺水身亡
60	2017/12/22 22：6	意外死亡	男	11	8 天 12 小时 60 分	本县内	未知

笔者根据公安部儿童失踪信息紧急发布平台 2018 年发布的儿童失踪信息进行统计可知，从发布儿童失踪信息到找回死亡的失踪儿童在 1 小时以内的仅有 1 起；3～6 小时以内的有 1 起；6～12 小时以内的有 2 起；12～24小时以内的有 8 起；24～48 小时以内的有 10 起；48～72 小时以内的有 9 起；从发布儿童失踪信息到找回死亡的失踪儿童在 72 小时以上的有 24 起（见图 5）。通过以上数据可以认为，失踪时间越长，找到失踪儿童的概率就越小，该儿童的生命危险就越大。因此，对于儿童失踪案件，应重视紧急性和迫切性，若发生儿童失踪案件，应及时发布儿童失踪信息，向广大人民群众征集线索，快速找到失踪儿童。

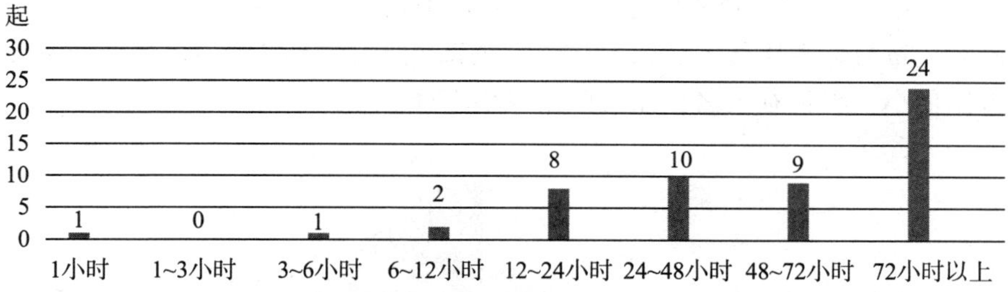

图 5　发布儿童失踪信息与找到死亡的失踪儿童之间的时间

如表 5 所示，通过公安部儿童失踪信息紧急发布平台 2018 年发布的儿童失踪信息可知，失踪儿童主要集中在 10～14 岁这个年龄段，有 920 名。其中，失踪儿童中年龄在 13 岁的最多，为 411 名；失踪儿童中年龄在 15 岁的最少，只有 1 名；2 岁及以下的失踪儿童较少，仅有 19 名。

表 5　2018 年公安部儿童失踪信息紧急发布平台儿童失踪时各个年龄段分布

年龄（岁）	数量（名）
1	5
2	14
3	25
4	31
5	31
6	21
7	33
8	40
9	68
10	84
11	106
12	214
13	411
14	105
15	1

由图 6 可知，失踪儿童中 2 岁及以下年龄段的儿童数量约占 2%；失

踪儿童中3~9岁年龄段的儿童数量约占21%；失踪儿童中10~14岁年龄段的儿童数量占比最大，约占77%；失踪儿童中15岁年龄段的儿童数量占比最小，因只有1名，几乎可以忽略不计。

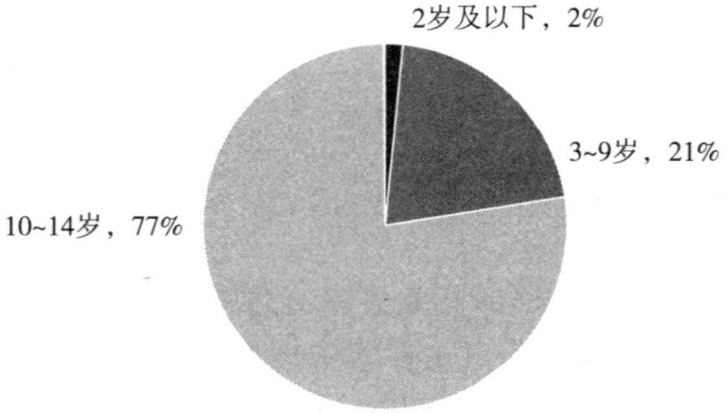

图6　2018年公安部儿童失踪信息紧急发布平台儿童失踪时各年龄段比例

从图7可知，每年我国儿童失踪数量最多的月份依次为3月、4月、5月，即春季，12月为全年最低。

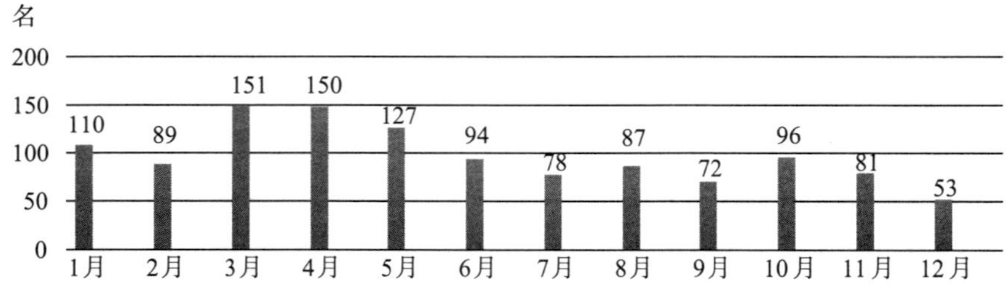

图7　2018年公安部儿童失踪信息紧急发布平台每月失踪儿童数量

从图8可知，2018年度省级行政区失踪儿童数量相差较大，其中四川省的失踪儿童数量最多，达到了244名；安徽省、福建省和云南省失踪儿童数量较多，突破了100人，分别为141名、112名和153名；而辽宁省、广东省、内蒙古自治区失踪儿童数量相对较少，只有几人甚至十几人，分别为8名、11名、6名；重庆市和山东省的失踪儿童数量最少，均为2名。

单位：名

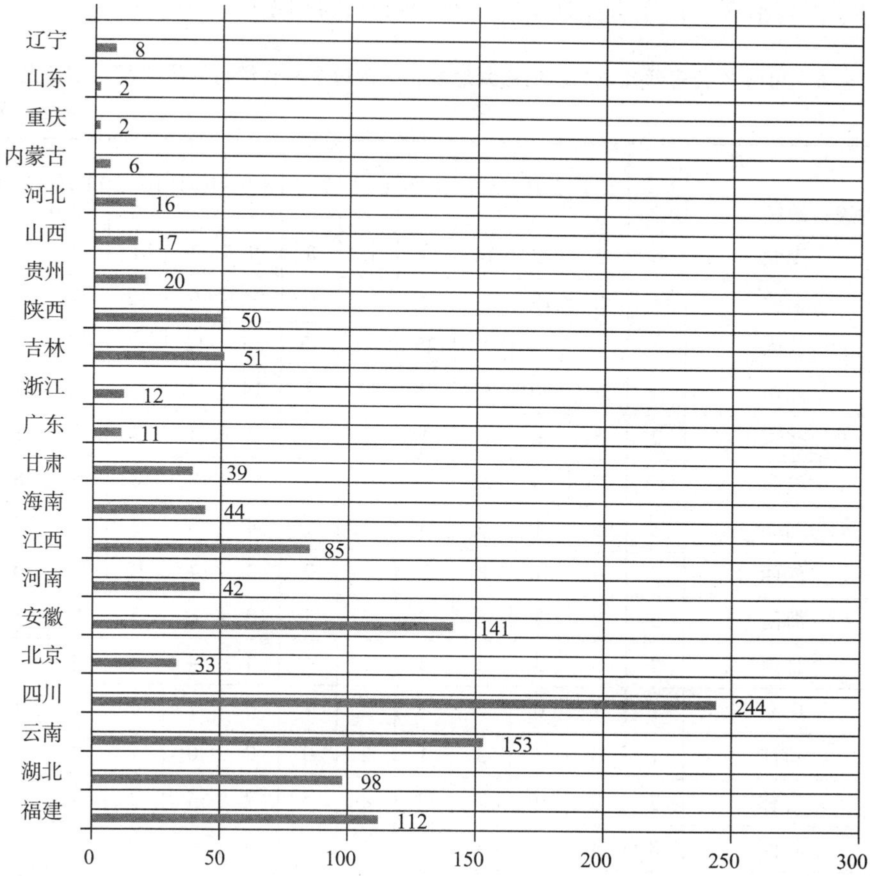

图 8　2018 年公安部儿童失踪信息紧急发布平台省级行政区失踪儿童数量

如表 6 所示，通过公安部儿童失踪信息紧急发布平台统计的数据可知，2018 年平台发布的儿童失踪信息中，湖北省在 3 月和 4 月儿童失踪数量较多，分别有 12 名和 14 名，9 月儿童失踪数量最少为 3 名；福建省在 4 月儿童失踪数量最多为 19 名，11 月没有儿童失踪；云南省在 5 月和 6 月儿童失踪数量较多，分别有 25 名和 20 名；四川省在 1~5 月儿童失踪数量较多，分别有 38 名、24 名、40 名、37 名和 28 名；安徽省在 3 月和 4 月儿童失踪人数较多，分别有 21 名和 23 名；北京市除 3 月儿童失踪人数多，其余月份数量方面相差不大；河南省 7 月儿童失踪人数最少，仅有 1 名；浙江省、广东省和甘肃省各个月份儿童失踪数量相对均衡，没有出现较大差异；吉林省 3 月儿童失踪数量最多为 10 名，12 月无儿童失踪；内蒙古自治区、山东省和辽宁省仅有少数月份出现儿童失踪事件。

表 6　2018 年公安部儿童失踪信息紧急发布平台每个月省级行政区失踪儿童数量

单位：名

省级行政区＼月份	1 月	2 月	3 月	4 月	5 月	6 月	7 月	8 月	9 月	10 月	11 月	12 月
湖北	6	9	12	14	9	6	8	9	3	4	11	7
福建	4	8	18	19	7	7	9	11	6	12	0	11
云南	7	7	10	9	25	20	13	15	12	11	17	7
四川	38	24	40	37	28	13	7	14	7	17	12	7
北京	2	3	8	5	1	1	2	3	4	3	0	1
安徽	12	13	21	23	13	16	5	8	8	8	6	8
河南	6	5	4	3	5	3	1	4	3	2	4	2
江西	7	4	10	8	9	6	7	3	4	12	10	5
海南	3	2	3	6	9	2	2	0	6	5	5	1
甘肃	2	3	3	2	6	5	4	3	4	5	0	2
广东	1	1	0	2	1	2	1	0	1	0	1	1
浙江	1	0	1	3	1	2	0	0	0	1	2	1
吉林	3	3	10	7	2	3	5	7	4	3	4	0
陕西	8	3	7	4	1	4	6	5	2	3	7	0
贵州	1	2	0	3	4	1	2	0	2	3	2	0
山西	4	0	2	0	1	0	1	2	3	4	0	0
河北	1	1	4	1	1	2	3	1	0	2	0	0
内蒙古	1	0	0	1	1	0	0	1	1	1	0	0
山东	0	0	0	0	0	0	0	0	0	2	0	0
重庆	0	0	0	2	0	0	0	0	0	0	0	0
辽宁	0	1	0	3	0	1	2	0	0	0	0	0

如图 9 所示，通过公安部儿童失踪信息紧急发布平台统计的数据可知，2018 年平台发布的儿童失踪信息中，失踪儿童中离家出走的案件有

834 起；失踪儿童因被害等刑事案件而失踪的有 7 起；失踪儿童中因意外死亡而失踪的有 53 起；失踪儿童中因丢失走失而失踪的有 153 起；因家庭纠纷而失踪的儿童有 6 起；失踪儿童中因拐卖拐骗而失踪的有 5 起；因其他原因而失踪的儿童有 130 起。

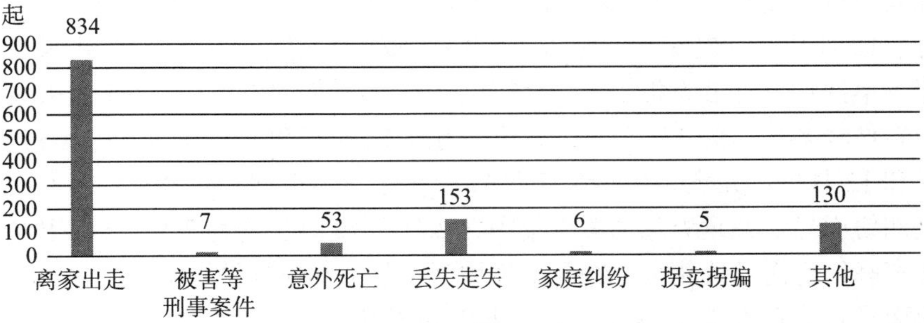

图 9　2018 年平台发布的儿童失踪信息中每个案件类型的数量

如图 10 所示，通过公安部儿童失踪信息紧急发布平台统计的数据可知，2018 年平台发布的儿童失踪信息中，失踪儿童中离家出走的占比 70. 2%；失踪儿童因被害等刑事案件而失踪的占比 0. 60%；失踪儿童中因意外死亡而失踪的占比 4. 50%；失踪儿童中因走失丢失而失踪的占比 12. 90%；因家庭纠纷而失踪的占比 0. 43%；因拐卖拐骗而失踪的占比 0. 42%；因其他原因而导致儿童失踪的占比 10. 95%。

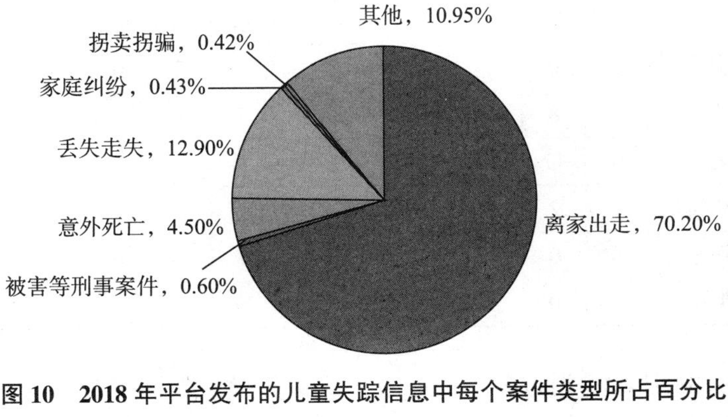

图 10　2018 年平台发布的儿童失踪信息中每个案件类型所占百分比

如表 7 所示，通过公安部儿童失踪信息紧急发布平台统计的数据可知，2018 年平台发布的儿童失踪信息中，失踪儿童离家出走案件在 5 月最多，为 106 起；1 月、3 月和 4 月较多，分别为 88 起、103 起和 94 起；

12 月最少，为 39 起，7 月、8 月和 9 月较少，分别为 51 起、51 起和 46 起。失踪儿童被害等刑事案件集中在 3 月和 8 月，均为 2 起；4 月、6 月和 7 月均为 1 起；其他月份则没有发生失踪儿童被害的刑事案件。失踪儿童意外死亡案件集中在 2 月和 4 月，均为 8 起；1 月、5 月、7 月和 9 月失踪儿童意外死亡案件较多，分别为 5 起、6 起、5 起和 5 起；10 月、11 月、12 月和 3 月失踪儿童意外死亡案件较少，均为 2 起。失踪儿童丢失走失案件在 4 月最为集中，为 45 起；2 月、3 月和 10 月失踪儿童丢失走失案件较多，均为 17 起；11 月未发生失踪儿童丢失走失案件；5 月、6 月和 12 月失踪儿童丢失走失案件较少，分别为 7 起、4 起和 6 起。因家庭纠纷而导致儿童失踪的案件集中在 2 月和 12 月，均为 2 起；1 月和 7 月因家庭纠纷而导致儿童失踪的案件均为 1 起；其他月份则未发生因家庭纠纷而导致儿童失踪的案件。失踪儿童被拐卖拐骗案件在 8 月最多，为 2 起，3 月、5 月和 7 月各发生 1 起失踪儿童被拐卖拐骗案件。

表 7　2018 年公安部儿童失踪信息紧急发布平台每月每个案件类型发布儿童失踪信息的数量

单位：起

案件类型 \ 月份	1 月	2 月	3 月	4 月	5 月	6 月	7 月	8 月	9 月	10 月	11 月	12 月
离家出走	88	62	103	94	106	68	51	51	46	59	63	39
被杀害等	0	0	2	1	0	1	1	2	0	0	0	0
意外死亡	5	8	2	8	6	4	5	4	5	2	2	2
丢失走失	16	17	17	45	7	4	8	10	10	17	0	6
家庭纠纷	1	2	0	0	0	0	1	0	0	0	0	2
拐卖拐骗	0	0	1	0	1	0	1	2	0	0	0	0
其他类型	0	0	26	2	7	17	11	18	11	18	16	4

如图 11 所示，通过公安部儿童失踪信息紧急发布平台统计的数据可知，2018 年平台发布的儿童失踪信息中，儿童失踪原因中贪玩占比 28%；与家人闹矛盾失踪占比 11%；因厌学而失踪占比 13%；其他原因占比 48%。

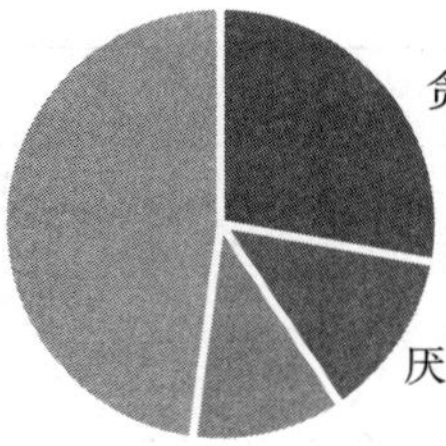

图 11　2018 年公安部儿童失踪信息紧急发布平台离家出走案件中儿童失踪原因

如表 8 所示，通过公安部儿童失踪信息紧急发布平台统计的数据可知，2018 年平台发布的儿童失踪信息中，因意外而死亡的失踪儿童中，有 42 名儿童是因溺水身亡。因此学校和家长应在平时的生活、学习中教育儿童远离水库、河边等水深区域玩耍。

表 8　2018 年公安部儿童失踪信息紧急发布平台失踪儿童意外死亡案件中死亡原因

意外死亡原因	摔死	窒息死亡	溺水身亡	自杀	其他意外死亡原因
死亡儿童数量（名）	1	1	42	1	8

如表 9 所示，通过公安部儿童失踪信息紧急发布平台统计的数据可知，2018 年平台发布的儿童失踪信息中，失踪地点在四川省的，找回失踪儿童的省份有陕西省、贵州省、重庆市和江苏省；失踪地点在安徽省的，找回省在江西省。失踪儿童找回省份均为失踪儿童失踪省份的相邻省份。

表 9　2018 年公安部儿童失踪信息紧急发布平台儿童失踪地点和找回地点的距离

失踪省级行政区	找回省级行政区
福建省	陕西省
福建省	重庆市
湖北省	四川省
湖北省	上海市
江西省	广东省

续表

失踪省级行政区	找回省级行政区
云南省	山东省
云南省	重庆市
河北省	山东省
河北省	浙江省
吉林省	山东省
吉林省	河北省
河南省	安徽省
陕西省	吉林省
陕西省	四川省
天津市	浙江省
安徽省	江西省
北京市	河北省
北京市	河南省
北京市	江苏省
四川省	陕西省
四川省	贵州省
四川省	重庆市
四川省	江苏省

通过公安部儿童失踪信息紧急发布平台统计的数据可知，2018 年平台发布的儿童失踪信息中，仅有数十起失踪轨迹跨省的儿童失踪案件，大多数儿童失踪案件，其失踪轨迹均在本省辖区内。

第四章 美国“安珀警戒”的建立与运行

“安珀警戒”是集美国执法部门、社会组织、民间力量为一体的救助因绑架、拐卖而失踪儿童的紧急反应机制。其起源于1996年得克萨斯州阿灵顿地区9岁女孩安珀·哈格曼（Amber Hagerman）被绑架之后惨遭杀害这一骇人听闻的案件之后，为预防类似案件的再次发生，得克萨斯州当地执法机构通过与达拉斯沃斯堡无线电管理协会合作研发了“安珀警戒”报警系统。随后该项计划得到了“全国失踪与受虐儿童服务中心”的支持，在该中心的倡议下，“安珀警戒”系统逐渐被其他各州所采纳，并且于2003年乔治·W. 布什总统签署的《全国“安珀警戒”网络法案》中规定由联邦政府出资，将各州的“安珀警戒”系统协调成一个国家网络。在“安珀警戒”建立之前，为应对失踪儿童问题尤其是遭到绑架或拐卖的失踪儿童，美国联邦政府及各州纷纷出台了相关的法律及制定了相关救助措施。这些救助措施的制定为“安珀警戒”在全美有效运行铺平了道路。

一、“安珀警戒”的建设基础

（一）“安珀警戒”建立前的法律基础

美国社会真正开始重视失踪儿童问题应当追溯到1979年5月25日发生的一起儿童失踪案件，即居住在纽约曼哈顿地区的6岁小男孩埃坦·潘斯在上学途中，被距离其家不到两百米的一家商店的员工佩德罗诱骗到地下室，随后佩德罗将其勒死并将尸体塞进塑料袋扔进垃圾堆里。但是，在当时因不同的司法辖区规定，美国警方要在儿童失踪24至72小时之后才会采取相关措施，以至于该案在当时并没有被及时侦破，甚至潘斯的尸体都未被警方找到。也正是由于该案暴露了美国警方在应对失踪儿童问题上低效无能的状态，才迫使美国政府加快了在失踪儿童方面的立法步伐。

“潘斯案”虽然加快了美国政府的立法步伐，但真正促使美国议会通过第一部有关失踪儿童专门法案的是1981年佛罗里达州6岁的亚当·约翰·沃尔什失踪案件。在亚当失踪之后其父母向警方报案，由于警方受当时案件启动时间的规定，并未进行及时寻找，以致亚当因错过最佳寻找时机而被残忍杀害。该案件发生之后，在他的父母及美国各界人士的关注之下，1982 年《失踪儿童法案》正式颁布施行，之后为了弥补该法案的不足，1984 年又出台了《失踪儿童援助法案》，该法案旨在呼吁在全美建立一条失踪儿童免费报警热线，以及全美失踪儿童信息汇总与甄别中心。在该法案出台之后的几年内，美国其他各州也发生过类似案件，如 1989 年明尼苏达州 11 岁男孩雅各·欧文·威特灵在家附近被一男子持枪挟持，至今下落不明；1994 年新泽西州 7 岁女孩梅根·妮可·康卡被其邻居奸杀。在这些案件发生之后，美国国会颁布了《梅根法案》《雅各·威特灵法案》，意图通过这些惨痛的代价唤醒社会公众加强对儿童的保护与救助。

在 20 世纪 70 年代以前，对于父母诱拐儿童的行为，美国将其视为家庭内部事项，未将其作为刑事案件立案侦查，但随着父母诱拐儿童事件的频发，美国政府开始转变这种观念。据美国司法部的一份报告，美国每年发生的国内和国际父母诱拐儿童案件已超过 2 万件。[①] 父母诱拐相对于陌生人诱拐而言，对于儿童的人身危险性小，但父母诱拐仍会侵犯儿童的权益，比如儿童的教育权，甚至是给儿童的生存权与发展权带来不利后果。因而，美国联邦政府为保障儿童权益不被侵犯以及惩治父母诱拐儿童的行为，1988 年 4 月 29 日，美国议会颁布了《国际诱拐儿童救济法案》，该法案对美国各州和联邦均有约束力。随后，在 1993 年，美国议会还通过了《国际父母绑架子女犯罪法案》，该法案的颁布将阻挠父母合法实施监护权的行为刑事化，并且将父母绑架儿童的行为定为联邦级“犯罪”。当然，除美国联邦层面将父母诱拐儿童的行为定性为严重犯罪以外，美国其他各州也纷纷出台了相关的法律，其中有涉及刑事的也有涉及民事的，而且均将父母诱拐儿童的行为定性为严重犯罪。

为了使联邦与州、州与州之间在救助失踪儿童方面实现信息共享，达到及时联动的目的，1990 年美国议会颁布了《全国儿童搜索援救法案》，该法案规定联邦、州及地方执法机构应当在接警之后将失踪儿童的信息报告给国家犯罪信息中心，并将失踪儿童的信息转发到其他各州。

综上，在 1996 年“安珀警戒”建立之前，美国主要颁布了《失踪儿

---

① 李忠东：《欧美：严惩国际儿童诱拐》，载《检察风云》2015 年第 8 期，第 58 页。

童法案》《失踪儿童援助法案》《梅根法案》《雅各·威特灵法案》《国际诱拐儿童救济法案》《国际父母绑架子女犯罪法案》《全国儿童搜索援救法案》法案，这些法案的颁布为"安珀警戒"的建立提供了实施依据。

（二）"安珀警戒"建立前的救助机构基础

1. 救助项目负责机构——美国少年司法制度与青少年犯罪预防办公室

美国少年司法制度与青少年犯罪预防办公室（Office of Juvenile Justice and Delinquency Prevention，OJJDP）是由美国总统与议会于1974年通过《少年司法与犯罪预防法案》之后设立的。该办公室隶属美国司法部，OJJDP设立的目的是在解决青少年犯罪问题和改善青少年司法方面发挥全国领导指挥作用。少年司法与犯罪预防办公室主要负责赞助研究和制定示范方案，向联邦、州和其他致力于减少青少年犯罪问题的组织和机构提供培训和技术援助。OJJDP主要由以下几个司构成：

一是研究与项目开发司。该司主要负责研究全美青少年犯罪的发展趋势，即阐明青少年犯罪是如何发展的，以及预防、干预和治理青少年犯罪的最佳方法。该部门同时负责开发建立一个青少年犯罪信息收集与共享的项目，该项目包含的要素主要有统计及系统开发。

二是培训与技术援助司。该司主要负责向联邦、州、地方政府的执法人员、司法人员、惩戒人员及私人机构、教育机构和社区组织提供培训及技术援助。

三是特别强调司。该司主要负责向公共部门、私营机构、组织及个人根据情况酌情提供资金，以便在有关领域，如慢性少年犯、以社区为基础的制裁以及青少年司法系统中少数群体比例过大等方面，推广预防、治疗和控制青少年犯罪的方法。

四是国家关系与援助司。该司负责向各州及地方执法机关提供资金，用以改善其少年司法制度。该司的方案包括公示补助方案、少年问责阻止补助方案等，用以监督各州遵守《联合发展计划法案》的情况。

五是儿童保护司。为解决失踪与受剥削儿童、被虐待或被遗弃儿童以及遭受家庭或社区暴力的儿童的问题，儿童保护司通过提供统一的领导与相应的资金，来促进相关政策和程序的有效落实。同时，该司还负责管理与制定与侵害儿童和儿童遭受暴力有关的方案，方案的内容主要包括对失踪儿童问题开展研究，就预防和应对儿童受害者、证人及其家人的方案提供信息、培训和技术援助，制定和发布有效的儿童保护举措，资助"全国失踪与受虐儿童服务中心”。

2. 救助机构——“全国失踪与受虐儿童服务中心”

“安珀警戒”建立之前，美国于 1984《失踪儿童援助法案》中规定在全美建设一条失踪儿童免费报警热线。该项规定在 1984 年被落实，由失踪儿童亚当的父母在美国联邦少年司法与儿童犯罪预防办公室资助下成立了非营利性组织“全国失踪与受虐儿童服务中心”（National Center for Missing and Exploited Children，NCMEC）。该中心相当于一个中枢系统，为救助失踪儿童提供了最大的保障机制，并由此打开了美国解决失踪儿童问题的关键之门。[①] 该中心发挥主要作用的职能部门有：

一是失踪儿童服务呼叫中心。在“全国失踪与受虐儿童服务中心”中共有 40 多个失踪儿童服务呼叫中心，该呼叫中心开设 24 小时全天候的免费寻人服务热线。在父母发现孩子失踪以后，向当地执法机关报警的同时也可向该中心寻求帮助。该中心在接到求助热线后会立即着手安排专门人员对与失踪儿童有关的信息进行收集和整理，并拟制出相应的报告以供执法机构参考。此外，该中心还可应失踪儿童父母的请求出动配有警犬的专业搜救小组。同时，失踪儿童服务呼叫中心会对这些来电反映的失踪儿童案例进行统一管理，并将相关情况录入全国失踪和受剥削儿童保护中心全国数据库和失踪儿童案例管理器。[②]

二是公共事务联络站。公共事务联络站主要负责向 39 个州失踪儿童信息交换所、130 个非营利性组织及儿童权益倡导者提供保护儿童权益的相关法律信息，以及提供失踪儿童的相关信息，还负责联络与协调新闻媒体、广播电台等参与到散布失踪儿童信息中来。此外该联络站还负责管理由沃尔玛超市发明的，用以针对在公共场所，如商场、超市、游乐园等场所发生的儿童被拐卖和绑架的紧急报警项目——“亚当代码”紧急报警系统。

3. 失踪儿童信息交换中心

美国各州失踪儿童信息交换中心是在“全国失踪与受虐儿童服务中心”的倡导下建立的。失踪儿童信息交换中心主要是在执法机关接到儿童失踪的报警之后，该机关必须立即汇编该失踪儿童的报告，就每一份儿童失踪报告而言，其内容必须包括：一是该儿童的姓名、出生日期、性

---

① Adrienne L. Fernandes-Alcantara. Missing and Exploited Children：Background，Policies，and Issues. Specialist in Social Policy，2015（4），p. 8.

② 童丹娜：《我国社会救助理论指导下的失踪儿童搜救法律制度研究——以美国为鉴》，浙江理工大学 2016 年硕士学位论文，第 37 页。

别、种族、身高、体重、眼睛及头发的颜色；二是该儿童的近照（如果有）；三是与该儿童最后接触的人、接触的时间及地点为人所知的接触日期及地点；四是失踪儿童的类型。该执法机关在接警之后的2小时内必须将失踪儿童的信息输入国家执法系统和国家犯罪信息中心网络中心，并将失踪儿童的信息报告给失踪儿童信息交换中心或者指定的接收此类信息的其他机构。

失踪儿童信息交换中心在接到失踪儿童报告后的职责包括：一是将报告输入国家犯罪信息中心的执法机关至迟应当在失踪儿童的信息输入国家执法系统和国家犯罪信息中心网络系统后的30天内，核实及更新补充相关资料。补充更新的资料包括现有的医疗和牙科记录及失踪前180天拍摄的照片。二是建立或者协助适当的调查或者搜查程序。三是向“全国失踪与受虐儿童服务中心”通报所接收的每一份失踪儿童报告。四是与州和地方儿童福利系统及“全国失踪与受虐儿童服务中心”保持密切联系，以便共享失踪儿童的信息及技术援助。

二、“安珀警戒”的发展历程

1996年1月13日下午，家住美国得克萨斯州阿灵顿9岁小女孩安珀·海格曼在家门口骑单车玩耍时，被一个开着黑色卡车的人绑架带走，之后下落不明。四天后，她的尸体在离她家3.2英里（5.1499千米）的一条河中被发现，但凶手至今仍未归案。1996年8月，绑架案发生后不久，海格曼的亲人及相关人士呼吁警方与媒体加深合作，共同应对儿童绑架案。其母亲戴安娜·西蒙尼希望可以建立紧急警报系统——当一个孩子被绑架时通知公众，如果社区知道，那么居民也可以协助搜索。西蒙尼接着写了一封信，她希望这个系统的建立可以纪念安珀·海格曼。这封信被当地执法部门使用，并创造了“安珀警戒”。

该系统的建立作为一个国家倡议的请求，最终被带到“全国失踪与受剥削儿童服务中心”，它后来被称为“美国失踪：广播应急响应”或“安珀警戒”。该项目系统允许广播公司和交通部门向公众发布有关最近儿童绑架案的信息，并使整个社区能够协助寻找和安全找回被拐儿童。起初，这只是一个地方性的志愿系统，仅在得克萨斯州达拉斯-沃斯堡地区进行，在建立的头几年里，发展并不尽如人意，但现在已经发展成为全国每个州的无缝系统。该项目自1996年启动以来，截至2018年12月31日，已经安全找回956名儿童。

（一）建立初期：效果不尽如人意

“安珀警戒”是在1996年安珀·海格曼案件发生之后，当地的居民担心类似案件再次发生，从而联络达拉斯的区域广播电台，建议其应当在各类新闻联播节目中插播关于被绑架儿童的新闻。该建议被达拉斯-沃斯堡无线电管理协会所采纳，并联合得克萨斯州当地的执法机构于1997年开始实施“安珀警戒”计划。由于该计划是先由州发起的，在建立的头几年内其执行情况并不理想，即在1997年至2001年期间，全美仅有4个州启动了该项计划。为了使该项计划能够在全美各州施行，2000年美国众议院通过了H. R. 605法案，该法案鼓励全美各州实施“安珀警戒”。该部法案的出台，使“安珀警戒”真正走进大众的视野，在全美范围内引起人们的重视。

2002年，布什总统主持了第一次“关于失踪、被剥削和逃跑儿童的白宫会议”（White House Conference on Missing, Exploited, and Runaway Children），强烈支持“全国‘安珀警戒’网络法案”，让执法部门与当地的媒体自愿合作，帮助寻找被绑架的儿童，扩大“安珀警戒”系统。同年，司法部部长设置了第一个“安珀警戒”协调员，负责统筹全国的“安珀警戒”系统。2003年，布什总统签署了《全国“安珀警戒”网络法案》，该法案使“安珀警戒”计划正式成为一个全国性计划。

该法案还明确了“安珀警戒”协调员的职责，“安珀警戒”协调员负责协助州和地方执法机构制定和加强“安珀警戒”计划，并促进各州及“安珀警戒”系统之间的区域协调，其任务主要包括协助“安珀警戒”网络发展、支持全国“安珀警戒”计划和工作的开展、帮助消除“安珀警戒”网络中的地理空白、提供区域“安珀警戒”网络协调、制定关于发出“安珀警戒”标准的指南。同时，该法还规定由少年司法与犯罪预防办公室出资，用来培训各州及地方执法机构、广播电台等部门散布失踪儿童的信息，以追回被绑架的儿童。为了避免“安珀警戒”形同虚设，美国司法部于2004年发行了“安珀警戒”发布标准，该标准仅作为各州的一个指引，并没有要求各州必须按照该标准执行。

（二）中期发展：全国性体系形成

在美国政府及非政府组织的推动下，“安珀警戒”系统在全美迅速发展，2005年1月，夏威夷设置了全州范围的“安珀警戒”系统，至此，

"安珀警戒"系统遍布全美50个州。[①] 这也标志着覆盖全美各州的全国性"安珀警戒"系统已初步建成。

为了让"安珀警戒"系统更加顺畅地运行，美国司法部联合无线协会、无线基金会及"全国失踪与受虐儿童服务中心"、Syniverse公司开发了"安珀警戒"计划的子系统，即无线"安珀警戒"程序。这是一个基于短信文本的系统，要求手机用户在网上注册并指定他们想要接收警报的区域，随后不论其实际位于哪个区域，其都能够接收到指定区域的警报。截至2012年12月31日，该系统已转为支持无线紧急警报。

为协助执法机关应对儿童失踪或者绑架案，美国司法部于2005年11月在全美范围内启动"儿童绑架应急队伍（Child Abduction Rapid Deployment Team，CART）"培训计划。该培训计划既可以当作"安珀警戒"系统运行的一部分，也可以在遇到儿童失踪案件达不到"安珀警戒"发布标准时协助执法机关展开行动。该计划的内容主要包括向联邦、州、地方执法机构和其他社会组织提供培训和技术援助，通过该方案的有效落实，加强联邦、州、地方执法机构及其他社会组织之间的协作配合，从而保护及寻回被绑架儿童。

随后，为扩大"安珀警戒"的影响力，美国联邦政府通过加强与美国"全国失踪与受虐儿童服务中心"的合作，授予"全国失踪与受虐儿童服务中心"负责二级散布机构散布失踪儿童的权限，以此拓宽失踪儿童信息发布的渠道。

截至目前，"安珀警戒"系统已经在美国全境50个州、华盛顿特区、波多黎各自治邦及美属维京群岛推行，形成了全美覆盖的局面，美国失踪儿童紧急反应机制也由此形成。

（三）后期完善：影响力逐渐扩大

"安珀警戒"起初只是在电台、电视台、广告牌上散布失踪儿童的信息，但是随着互联网的兴起，"安珀警戒"的发布渠道也随之拓宽。

通过美国"全国失踪与受虐儿童服务中心"与谷歌、Facebook互联网警报联合会及家庭户外广告协会等公司达成协议，建立了"安珀警戒"二次散布机制。当"全国失踪与受虐儿童服务中心"收到司法部"安珀警戒"协调员认可的"安珀警戒"时，它可以通过综合公共警报和警报

---

① "安珀警戒"，参见百度百科，https：//baike. baidu. com/item/%E5%AE%89%E7%8F%80%E8%AD%A6%E6%88%92/3644137。

系统（Integrated Public Alert and Warning System，IPAWS）向手机用户发送无线紧急警报，也可向其他二次信息散布机构如谷歌、Facebook 等互联网服务提供商、网站及社会媒体发布失踪儿童的信息，然后在发布警报的州内，将警报传递给目标地区的公众，如果失踪儿童信息交换中心希望将警报发送到其他州，则必须请求其他州的“安珀警戒”协调员启动。“全国失踪与受虐儿童服务中心”与“安珀警戒”协调员密切合作，以此来避免合作商重复传播或者传播虚假的失踪儿童信息。

从“安珀警戒”的实施效果来看，二次散布机制在找回被绑架及拐卖儿童方面是有效的，通过这种一级、二级分配机制大大增加了被绑架及拐卖儿童被寻回的机会。

综上所述，可以看出美国“安珀警戒”的运行是与其建立前美国政府在救助失踪儿童方面所做的努力分不开的，前期所做的努力为“安珀警戒”的建立、运行及发展提供了资金保障及技术保障，同时也为协调全美各州之间“安珀警戒”信息共享、执法机构及其他社会组织之间的配合提供了统一的协作平台。

三、“安珀警戒”的启动标准与特点

“安珀警戒”系统是执法机构、广播机构、运输机构和无线行业之间达成的自愿合作伙伴关系，旨在启动发布最严重的儿童绑架案的紧急通报。紧急警报的目的是立即动员整个社区来协助搜索和安全找到孩子，这同使用紧急广播和电视警报系统来发布龙卷风和危险天气状况的警告相类似。2004 年，“全国失踪与受虐儿童服务中心”开始建立一个由互联网信息提供商、卡车行业协会、社交网站、数字广告牌及无线业界代表组成的网络，以进一步加强各州/地区的“安珀警戒”的报警能力。“安珀警戒”程序现在已经发展到使用所有可用的技术来提醒公众。最近，无线紧急警报和社交媒体上的定向分发继续改进和扩大了“安珀警戒”计划的范围。

在政府和非政府组织的推动下，“安珀警戒”系统在全国迅猛发展，2005 年 1 月，夏威夷设置了全州范围的“安珀警戒”系统。至此，“安珀警戒”系统遍布全美 50 个州。本书中所涉及的“安珀警戒”具体数据内容均来自美国“全国失踪与受虐儿童服务中心”发布的《2018 年“安珀警戒”案例分析》。

（一）“安珀警戒”的定义与标准

“安珀警戒”（AMBER Alert），是在美国和加拿大当国内确认发生儿童绑架案时，通过各种媒体向社会大众传播的一种警诫告知。

当执法机构接到被拐卖儿童的通知时，它必须首先确定该儿童的案件是否符合“安珀警戒”标准。美国司法部建议的指导方针是：

第一，有理由相信，执法部门已经发生了一起绑架案。

第二，拐卖的是 17 岁以下的儿童。

第三，该执法机构认为，该儿童面临严重的身体伤害或死亡的危险。

第四，有足够的关于受害者和绑架的描述信息供执法部门发布，协助找到孩子的“安珀警戒”。

第五，孩子的名字和其他关键数据元素，包括拐卖儿童的国籍，其已经被输入国家犯罪信息中心。

“安珀警戒”可能涉及一个或多个儿童，在州/地区、区域或地方级别发出。一旦启动了“安珀警戒”，该警报会根据发起国家的“安珀警戒”协调器的请求在另一个州/地区发出，从而创建一个多个州/地区的启动。在整个州/地区发布州/地区警报，也在多个县发布区域警报，也可以在一个县或较小的地理区域发布地方警报。虽然“安珀警戒”可以在多个州/地区发布，但从未在全国范围内发布。根据执法部门的调查，“安珀警戒”在地理上是有针对性的。

在“安珀警戒”案件开始时，执法部门将该案件归类为以下四种类型之一：

第一，家庭诱拐（Family Abduction，FA）或非家庭诱拐（Nonfamily Abduction，NFA）：一个家族绑架的定义是由父母或其他与孩子有家庭关系的人或其代理人，违反监护权利，获取、保留或隐瞒未满 18 岁的孩子，包括父母和监护人探望的权利。

第二，非家庭诱拐：一个非家庭诱拐是指家庭成员以外的人未经授权而诱拐、监禁或隐藏 18 岁以下的孩子。

第三，丢失、受伤或以其他方式失踪（Lost，injured，or otherwise missing，LIM）：定义为任何 18 岁以下的失踪孩子，在没有足够的事实来确定其失踪原因或任何 10 岁或 10 岁以下独自失踪的儿童。

第四，危险的离家出走（Endangered Runaway，ERU）：任何 11 ~ 17 岁的孩子失踪并且其父母或合法监护人不知道其下落的。

执法部门可能会根据案件调查过程中发现的新信息，对“安珀警戒”进行重新分类。例如，当发出“安珀警戒”时，执法人员可能认为该儿童是非家庭诱拐的受害者，但在案件结束时可能确定孩子事实上是一个危险的离家出走行为。

执法人员偶尔会遇到不应发出“安珀警戒”的情况，后来确定这些案件不是没有根据、就是一个骗局：

当个人谎报孩子失踪或者孩子谎报自己失踪，骗局就会发生，以用来误导执法部门。

当根据当时的可用信息报告一个孩子失踪，但调查确定这个孩子从未失踪时，就会发生毫无根据的情况。

当满足下面列出的任何一个标准时，案例就被归类为已经解决：

第一，返回父母或合法监护人家中。

第二，仍在执法部门的监管之下。

第三，正在与父母或合法监护人联系，但不会返回家中，且父母或合法监护人及执法人员对情况满意。

只有在发现尸体并确定身份的情况下，儿童案例才会被“全国失踪与受虐儿童服务中心”标记为寻回/死亡。当儿童的安全找到是由于发布了“安珀警戒”的直接结果时，他们的寻回就被认为是一个成功的案例。

（二）“安珀警戒”的特点

1. 紧急性

紧急性是“安珀警戒”的显著特点之一。紧急性包括两个方面：一是指事件本身的紧急性。即失踪人员可能面临严重的人身侵害，事态紧急。二是指官方的紧急快速反应。即失踪信息一经验证，就必须即刻散布出去，以求在最短的时间内解救失踪儿童。

2. 强制性

紧急性要求“安珀警戒”必须具备强制性，否则无法快速反应。强制性主要来自法律规定辅以行政权威，“保护法案”已对政府职责作出规定。此外，执法机构与参与主体达成一定的协议，一旦符合条件，执法机关就应启动“安珀警戒”，并要求参与主体在接收到执法机关发送的信息后即时散布出去。此外，州和地方各区领导人还会通过制定政策和标准来监督“安珀警戒”的实施。

3. 规范性

参与主体较多加上“强制性”这一特性，必然会催生“规范性”。“规范性”集中体现在实质规范与形式规范两个方面。所谓实质规范，是指对“安珀警戒”的适用条件进行规范，只有满足这一实质条件才会启动“安珀警戒”。所谓形式规范，是指对信息审查的主体和职责、散布信息的主体和职责以及信息散布的频率、时间、途径等具体事项都作出了具体规定。而且上述规范将大量不符合条件的失踪案件过滤掉，使对公众正常生活的干扰降到可接受的范围内。

4. 有效性

强制性和规范性两大特点决定着“安珀警戒”的有效性。所谓“有效性”体现在两个方面：其一，信息散布的有效性。信息散布的官方虽然也与营利性组织或机构合作，但是官方与参与主体之间签订的一系列相对完备的协议以及基金会和政府财政预算两大资金来源等措施，足以确保该机制的有效运作，从而大大降低了信息在散布过程中的损耗。其二，儿童寻回的有效性。信息有效散布最直接的结果就是提升儿童寻回的概率，正因如此才促成了97.7%的超高儿童寻回率。

5. 权威性

司法部助理总检察长被指定担任国家“安珀警戒”协调员进行信息验证以及决定是否启动“安珀警戒”。此举使得“安珀警戒”的发布和传播在一定程度上具备了官方色彩，同时也提升了“安珀警戒”的权威性。

四、“安珀警戒”的运行现状与效益分析（依据2018年1—12月的数据①）

从2018年1月1日到12月31日，美国共发布了161个“安珀警戒”，涉及203名儿童。

在“全国失踪与受虐儿童服务中心”发布的“安珀警戒”中，有97个家庭诱拐、56个非家庭诱拐、6个受伤或其他方式失踪和2个危险的离家出走。11例后来被确定为骗局，12例被确定为没有根据。

在2018年1月1日至12月31日发布的161个“安珀警戒”中，有155个案例失踪儿童得以找到，其中28个是由于发布“安珀警戒”而成功找到的。截至2019年2月26日，本报告的统计数据已最终确定，2018年发布的“安珀警戒”仍有11名儿童失踪、7名儿童死亡。

（一）“安珀警戒”的发布范围及地域发布数

1. 安珀警戒的发布范围

在2018年发布的161个“安珀警戒”中，有70%（$n=112$）的“安

---

① 数据来源：National Center for Missing & Exploited Children：2018 AMBER Alert Report，https：//www.justice.gov/。

珀警戒”在州/地区范围内发布，30%（$n=49$）的“安珀警戒”没有在各地方发布，而在全国范围内发布（见图1）。

图1　2018年“安珀警戒”的范围

2. 州/地区的“安珀警戒”

2018年1月1日至12月31日，37个州共发出161次“安珀预警”。得克萨斯州发布的“安珀警戒”最多，为14%（$n=23$），其次是俄亥俄州，为9%（$n=15$）。发布数量第三的是加利福尼亚州，为7%（$n=11$）。3个州发布的“安珀警戒”占该年度美国“安珀警戒”发布总数的30%（$n=49$）（见表1）。根据2018年美国的人口状况来看，加利福尼亚州、得克萨斯州和俄亥俄州分别位列第一、第二和第七；从经济状况来看，也是上述的排名。

表1　按州/地区划分的“安珀警戒”的数量和百分比

州/地区	数量	百分比
得克萨斯州	23个	14%
俄亥俄州	15个	9%
加利福尼亚州	11个	7%
佛罗里达州、纽约州	每州9个	每州占比6%
科罗拉多州、北卡罗来纳州	每州7个	每州占比4%
俄克拉荷马州、田纳西州、弗吉尼亚州	每州6个	每州占比4%
亚利桑那州、阿肯色州	每州5个	每州占比3%
佐治亚州、密歇根州、华盛顿州	每州4个	每州占比2%
伊利诺伊州、堪萨斯州、路易斯安那州、马里兰州、密苏里州	每州3个	每州占比2%
亚拉巴马州、爱达荷州、印第安纳州、艾奥瓦州、密西西比州、蒙大拿州、西弗吉尼亚州、威斯康星州	每州2个	每州占比1%

续表

州/地区	数量	百分比
康涅狄格州、明尼苏达州、内布拉斯加州、新泽西州、新墨西哥州、北达科他州、南卡罗来纳州、犹他州、怀俄明州	每州 1 个	每州占比 1%
阿拉斯加州、特拉华州、哥伦比亚地区、夏威夷州、肯塔基州、缅因州、马萨诸塞州、内华达州、新罕布什尔州、俄勒冈州、宾夕法尼亚州、波多黎各、罗得岛州、南达科他州、美属维尔京岛、佛蒙特州	每州 0 个	每州占比 0
共计	161	~100%

注：~100%是因为各部分百分比是四舍五入取的整数，所以算出来不是 100%，"~"表示约等于。

3. 跨州/领地"安珀警戒"

"安珀警戒"发出后，绑架者可将儿童带离发出警报的执法机关的管辖范围。在某些情况下，发出"安珀警戒"的州/地区的"安珀警戒"协调员可能会请求将"安珀警戒"扩展到另一个州/地区。2018 年，7 次"安珀警戒"被延长，超过了最初发出警报的州的限制。例如，原始警报地在佛罗里达州，后延伸到佐治亚州；原始警报地在堪萨斯州，后延伸到密苏里州；原始警报地在路易斯安那州，后延伸到密西西比州。原始警报地在密歇根州，后延伸到印第安纳州；原始警报地在密苏里州，后延伸到堪萨斯州。这种跨地区的"安珀警戒"特点是原始地与延伸地一般在地理位置上相邻的两个州（见表 2）。

表 2　多个州/地区的"安珀警戒"列表

原始地	延伸地
佛罗里达州	佐治亚州
堪萨斯州	密苏里州
路易斯安那州	密西西比州
密歇根州	印第安纳州
密苏里州	堪萨斯州
内布拉斯加州	怀俄明州
弗吉尼亚州	北卡罗来纳州

在上述7个跨地区发出“安珀警戒”后，有4名儿童在原始警报发出州被发现，占比为44%；2名儿童是在警报发出延伸州找到，占比为22%；3名儿童既没有在“安珀警戒”原始发出地找回，也没有在扩展地找回，占比为33%（见图2）。

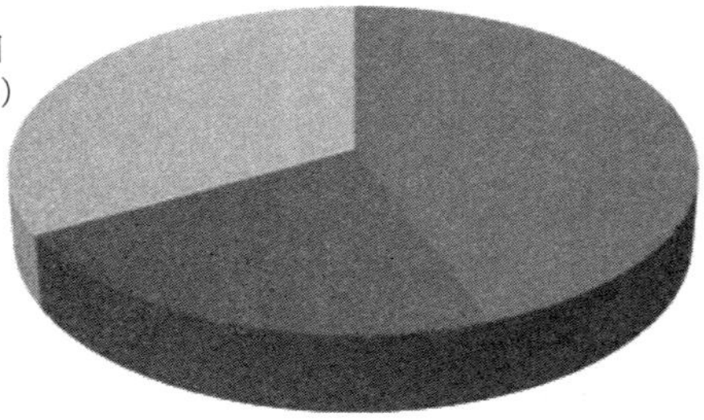

图2　2018年在多个州/地区的“安珀警戒”被找到

（二）“安珀警戒”的发布类型及每月发布数

1. 案例类型划分

在2018年，因家庭诱拐原因发布的“安珀警戒”案例有60%（$n=97$）；因非家庭诱拐（如绑架、拐卖）发布的“安珀警戒”案例有35%（$n=56$）；因走失、受伤或其他方式失踪发布的“安珀警戒”有4%（$n=6$）；因危险的离家出走发布的“安珀警戒”有1%（$n=2$）（见图3）。

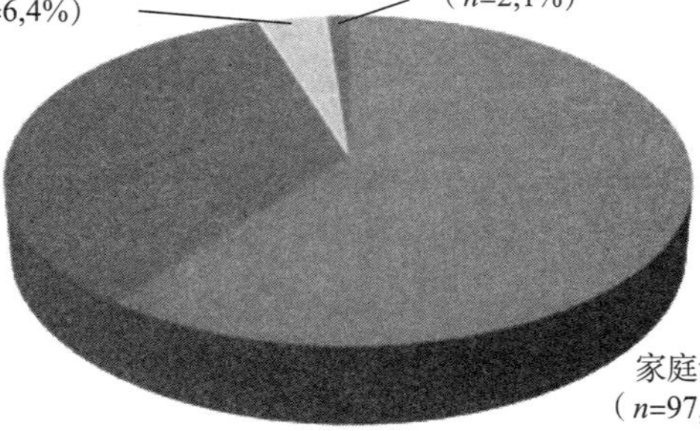

图3　2018年按案例类型划分的“安珀警戒”

2. 每月案例数

2018年，每月发出的“安珀警戒”数量从2月的最低3次到5月的最高 22 次不等。4 月到 9 月共发布 102 例“安珀警戒”，10 月到 12 月和 1 月到 3 月共发布 59 例（见图 4）。总体来看，天气温暖的时候发布警报的数量更多。

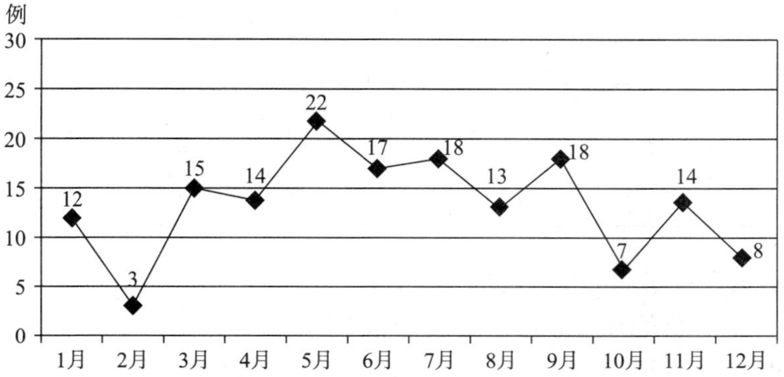

图 4　2018 年每月的“安珀警戒”案例数

3. 每月的案例类型数目

2018 年 7 月，家庭诱拐（$n=13$）的“安珀警戒”发布频率最高。6 月非家庭诱拐（$n=8$）最高。走失、受伤或其他方式失踪的“安珀警戒”（$n=3$）是 5 月最频繁发布的警报类型。危险的离家出走的唯一警报（$n=1$）是在 3 月和 4 月发布的，其他月份没有危险的离家出走（见表 3）。

表 3　按月分类的案例数

单位：例

	家庭诱拐	非家庭诱拐	走失、受伤或其他方式失踪	危险的离家出走	共计	百分比
1 月	7	4	1	0	12	7
2 月	3	0	0	0	3	2
3 月	12	2	0	1	15	9
4 月	7	5	1	1	14	9
5 月	12	7	3	0	22	14
6 月	9	8	0	0	17	11
7 月	13	5	0	0	18	11
8 月	6	7	0	0	13	8

续表

	家庭诱拐	非家庭诱拐	走失、受伤或其他方式失踪	危险的离家出走	共计	百分比
9 月	12	6	0	0	18	11
10 月	5	1	1	0	7	4
11 月	7	7	0	0	14	9
12 月	4	4	0	0	8	5
共计	97	56	6	2	161	100

4. 每月按案例类型分类的儿童人数

2018 年发布的 161 起“安珀警戒”案件中有 203 名儿童涉案。其中，66%（$n=133$）的为家庭诱拐，是所有类型中占比最多的。31%（$n=62$）的为非家庭诱拐。3%（$n=6$）的为走失、受伤或其他方式失踪，1%（$n=2$）的为危险的离家出走。

7 月，家庭诱拐的儿童最多（$n=20$）。在因非家庭诱拐导致的儿童失踪案件中，6 月和 11 月是最多的，涉案儿童共 18 名。5 月走失、受伤或其他方式失踪（$n=3$）的最多。而危险的离家出走的案例只发生在 3 月和 4 月，涉案人数也均为 1 人（见表 4）。

表 4　每月按案例类型分类的儿童人数

	家庭诱拐	非家庭诱拐	走失、受伤或其他方式失踪	危险的离家出走	共计	百分比
1 月	7	4	1	0	12	6
2 月	3	0	0	0	3	1
3 月	17	3	0	1	21	10
4 月	11	5	1	1	18	9
5 月	18	7	3	0	28	14
6 月	14	9	0	0	23	11
7 月	20	6	0	0	26	13
8 月	8	7	0	0	15	7
9 月	17	7	0	0	24	12

续表

	家庭诱拐	非家庭诱拐	走失、受伤或其他方式失踪	危险的离家出走	共计	百分比
10 月	5	1	1	0	7	3
11 月	8	9	0	0	17	8
12 月	5	4	0	0	9	4
共计	133	62	6	2	203	~100

注：~100%是因为各部分百分比是四舍五入取的整数，所以算出来不是 100%，“~”表示约等于。

5. 确定为骗局的案件

当个人谎报儿童失踪或儿童本人谎报失踪，而实际上儿童并未失踪的，谎报以误导执法部门时，案件就被认定为骗局。

2018 年发布的“安珀警戒”中，共 7%（$n=11$）后来被确定为骗局，共涉及 13 名儿童。82%（$n=9$）的骗局最初以非家庭诱拐的形式记录在案，18%（$n=2$）的骗局是以家庭诱拐的形式被纳入（见图 5）。

一般来说，非家庭诱拐的情况要比家庭诱拐的情况危急一些，相对来说发布警报也会顺利一些。在 82%（$n=9$）的骗局中，假信息由孩子的父母提供。出现这种情况大致有两种原因：一是儿童走失的具体情况不清楚，确实无法判断到底是被陌生人拐走还是被家庭成员带走。二是儿童的父母在儿童失踪后，找到孩子的心情更加急切，为了获得更好的寻人资源，会故意将情况说得危急一些。

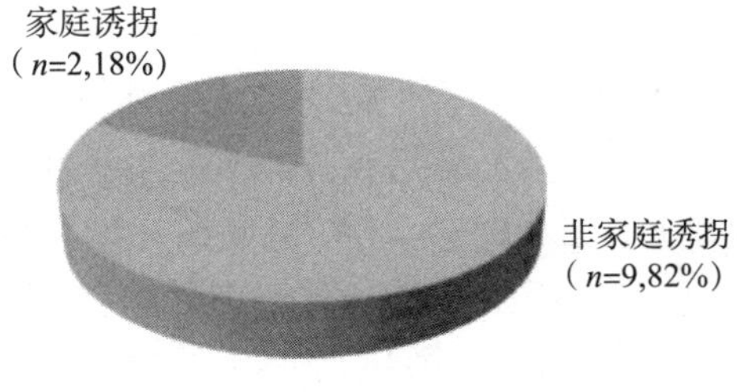

图 5　2018 年按案例类型划分的骗局

在 11 个被确定为骗局的案例中，有 6 个案例已经知道有关儿童失踪的具体地点。在这些知道具体失踪地点的案例中，50%（$n=3$）的儿童是在商店里失踪的，33%（$n=2$）的儿童是在家里失踪的，此外，17%

（$n=1$）的儿童是在街上失踪的。

6. 认为没有事实根据的案件

根据当时的可用信息，若一名儿童被报告失踪，但之后根据调查确定儿童从未曾失踪时，该儿童失踪案件就会被认定为无根据。在2018年，美国发布的161个“安珀警戒”中，涉及14名儿童的12次“安珀警戒”被确定为无根据，占2018年“安珀警戒”总数的7%。而这些无根据的案例中，最初有75%（$n=9$）的案件被认定为非家庭诱拐，有25%（$n=3$）的案件被认定为家庭诱拐（见图6）。

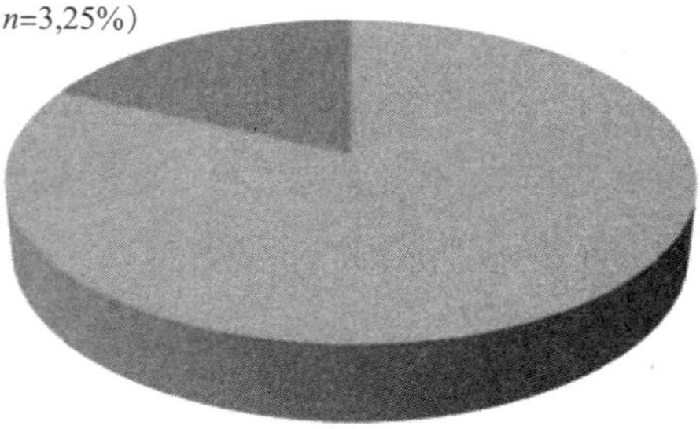

图6　2018年纳入时按案例类型分类的无事实根据案例

（三）失踪儿童与绑架者的数目和特征及其之间的关系

1. 失踪儿童的数目和特征

从失踪儿童的性别上看，发布“安珀警戒”的男童与女童人数基本持平，女童略多于男童。根据2018年公布的161起案件涉及203名儿童的“安珀警戒”中，女童（$n=105$）占总人数的52%，相比之下，启动“安珀警戒”的儿童中，男童占48%（$n=98$）。

从失踪儿童的人种上看，在“安珀警戒”中有36%（$n=73$）是黑人儿童，33%（$n=66$）是白人儿童，19%（$n=39$）是西班牙儿童，8%（$n=17$）是混血儿童，3%（$n=6$）是亚洲儿童，1%（$n=2$）是印第安儿童（见图7）。总体来看，发出警报的案件中，白人儿童发出的“安珀警戒”率为33%（$n=66$），少数民族儿童占67%（$n=137$）（见图8）。仅从发布的警报来看，失踪儿童中白人儿童占比为1/3，黑人儿童占36%，看起来白人儿童与黑人儿童的差别并不大。但是，美国的总人口中，白人所占比例约为60%，黑人约为20%，在总人口相差3倍的情况之下，黑人儿童的失踪比例仍然要高于白人儿童。

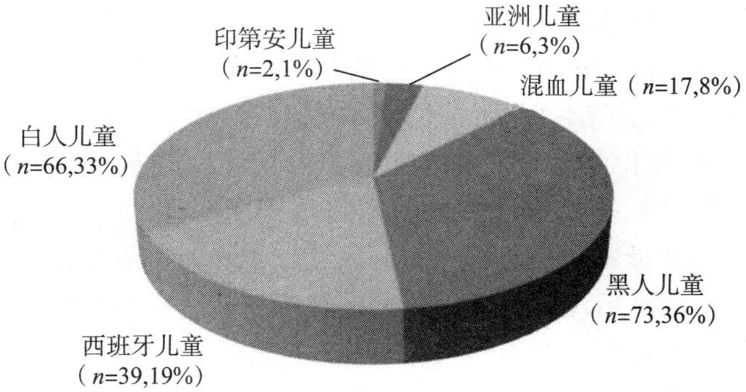

图 7　2018 年儿童种族的“安珀警戒”

图 8　2018 年儿童种族：白人和少数民族的“安珀警戒”

从失踪儿童的年龄来看，随着年龄的增长，失踪儿童的数量减少。在已知年龄的失踪儿童中，5 岁及以下的男童和女童占 65%（$n=132$）。与我国不同的是，美国在这个年龄阶段失踪的儿童中，男童和女童的数量差别并不大，男童略多于女童。在所有报告失踪的儿童年龄阶段中，1 岁以下的女童（$n=24$）最常出现“安珀警戒”，而 1 岁的男童（$n=20$）最常出现“安珀警戒”（见图 9）。

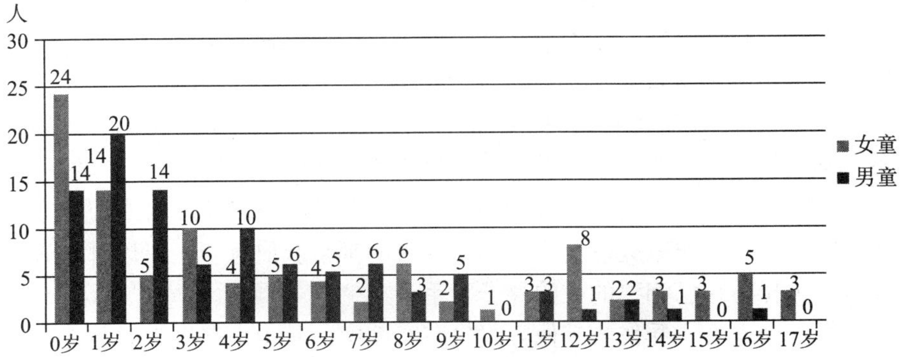

图 9　2018 年失踪儿童的年龄

2. 绑架者的数量和特征

从 2018 年发布的 161 个“安珀警戒”来看，其中，147 起“安珀警戒”案件确认儿童遭遇绑架，共涉及 163 名绑架者。在这 163 名绑架者中，与我们常识相悖的是大多数绑架者为女性，占 54%（$n=88$），46%（$n=75$）为男性。发生这种情况的原因是美国存在的一种中国很少见的情况，那就是父母诱拐。美国社会的风气较中国而言更加开放，离婚率也更高，许多人离婚后没有争取到孩子的抚养权就会采取一些非法的方式。

绑架者的人种中，有 39%（$n=64$）的绑架者是白人，33%（$n=54$）的绑架者是黑人，17%（$n=28$）的绑架者是西班牙人，7%（$n=11$）的绑架者是混血儿，2%（$n=3$）的绑架者是亚洲人，2%（$n=3$）的绑架者是美国印第安人。

3. 与孩子有已知关系的绑架者

在 2018 年发布的“安珀警戒”涉及的 163 名绑架者中，有 106 名绑架者与儿童有关系或者已经知道与儿童的关系。一个儿童绑架的案例可能涉及多名绑架者，因此，绑架者的数量可能超过任何案件类型的案件数。在一个“安珀警戒”案件中涉及的多个绑架者可能与被绑架者有不同的关系。例如，一个诱拐孩子的母亲可能会利用她的男朋友作为帮凶。这个男朋友也会被认为是家庭诱拐中的诱拐者，尽管他和孩子没有关系。

在 97 起家庭诱拐案件中，91 名涉案绑架者与儿童有已知的关系。他们包括 1 名阿姨、49 名父亲、5 名祖母、31 名母亲、2 名母亲的男朋友，1 名亲戚、父母的其中 1 名和 1 名继父。这种有亲戚关系的家庭诱拐比起非家庭诱拐更容易得手，他们更加了解儿童的自身情况、家庭情况等。同时，被家庭成员诱拐的儿童面临的生命、健康的威胁要小许多。占比最大的两类是父亲和母亲，这种关系在很大程度上说明，诱拐也许只是一个名目，真正的目的是争夺抚养权。在一些少数的家庭诱拐案例中，绑架者和孩子的确切关系是未知的。

在 56 起非家庭诱拐案件中，14 名涉及的绑架者与儿童有已知的关系。其余的案例，要么没有关系，要么关系未知。绑架者包括 1 名保姆、4 名男友、2 名前男友、1 名前女友、2 名朋友/同学、3 名家人的朋友和 1 名母亲的男友。非家庭诱拐型的绑架的目的都是获取赎金，所以绑架者一般也会选择与自己相熟的人的孩子下手。

在 6 个走失、受伤或其他方式失踪案例中，其中 1 名绑架者与孩子们有已知的关系。其中 1 例包括 1 名朋友/同学（见表 5）。

表 5　绑架者与儿童的关系

与孩子的关系	家庭诱拐（名）	家庭诱拐占比（%）	非家庭诱拐（名）	非家庭诱拐占比（%）	走失、受伤或其他方式失踪（名）	走失、受伤或其他方式失踪占比（%）	共计（名）	总占比（%）
阿姨	1	1	0	0	0	0	1	1
保姆	0	0	1	7	0	0	1	1
男朋友	0	0	4	29	0	0	4	4
前男友	0	0	2	14	0	0	2	2
前女友	0	0	1	7	0	0	1	1
父亲	49	54	0	0	0	0	49	46
朋友/同学	0	0	2	14	1	100	3	3
家人的朋友	0	0	3	21	0	0	3	3
祖母	5	5	0	0	0	0	5	5
母亲	31	34	0	0	0	0	31	29
母亲的男朋友	2	2	1	7	0	0	3	3
亲戚	1	1	0	0	0	0	1	1
父母其中一方	1	1	0	0	0	0	1	1
继父	1	1	0	0	0	0	1	1
共计	91	~100	14	~100	1	100	106	~100

注：~100%是因为各部分百分比是四舍五入取的整数，所以算出来不是 100%，“~”表示约等于。

（四）“安珀警戒”运用的各时间和位置间隔

1. 报告失踪和启动警戒之间的时间间隔

在 121 起案件中，从孩子被报告失踪到“安珀警戒”启动之间的时间信息是可用的。统计中排除了骗局和没有事实根据的案件，因为在这些“安珀警戒”案件中，儿童被确定没有失踪，如果将这些案件纳入分析范围，可能会对我们得出的结论造成一些偏差。

有 41 个“安珀警戒”是在孩子被报告失踪后的 3 小时内发出的，约占比 33.9%。有 32 个案例是在报告该儿童失踪后的 3~6 小时内发布的“安珀警戒”，约占比 26.4%。有 24 个案例是在儿童被报告失踪后的 6~12 小时内发布的，约占 19.8%（见图 10）。有人提出，儿童失踪后的前 3 小时是寻找到失踪儿童的黄金 3 小时，错过这 3 小时，寻回的概率也会小很多。所以，一旦确定儿童失踪案件符合发布“安珀警戒”的条件，都会在 3 小时之内甚至更早的时间发布。

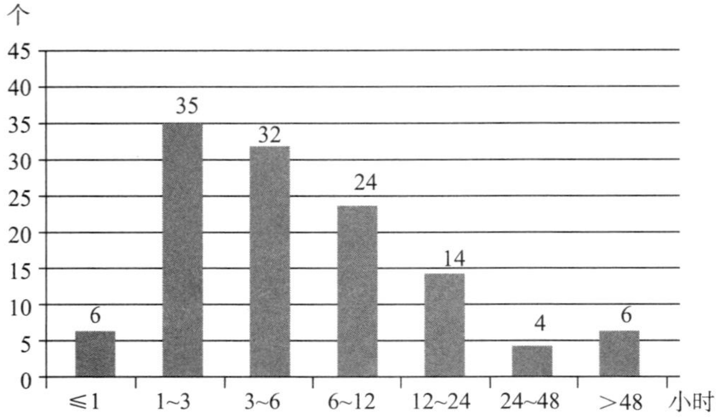

图 10　2018 年报告丢失和启动之间的时间间隔

2. 报告失踪和被找到之间的时间间隔

在 117 个案件中，儿童被报告失踪后到执法部门和“安珀警戒”找到这之间的时间信息是可用的。用这个数据可以来分析“安珀警戒”的效率。统计中排除了骗局和没有根据的案件，因为在这些警报案件中，儿童被确定没有失踪，为了结论的精确性，要排除这些骗局和下落不明的案件。

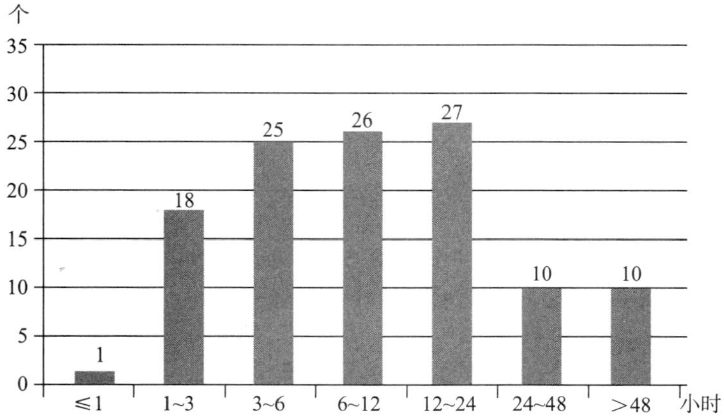

图 11　2018 年报告失踪和被找到之间的时间间隔

在发出“安珀警戒”后的3小时甚至更短的时间内，有19个案例中的儿童被寻回。在报告失踪后的3~6小时内，有25个案例中的儿童被寻回。在报告失踪后的6~12小时内，有26个案例中的儿童被寻回。在报告失踪后的12~24小时内，有27个案例中的儿童被寻回（见图11）。在报告失踪后的3~24小时内，有78名儿童被找回，在所有案例中占66.7%。报告失踪之后，会根据案件的紧急情况，决定是否启动“安珀警戒”。

3. 启动和找到之间的时间间隔

在警局报告儿童失踪之后并不会立即启动“安珀警戒”。从启动“安珀警戒”到找到之间的时间信息共有132例统计记录在案。统计中排除了骗局和没有根据的案件，因为在这些“安珀警戒”案件中，儿童被确定没有失踪。“安珀警戒”是美国儿童失踪后的紧急反应机制，成立的目的就是最快找到失踪的且存在高风险的儿童。

在启动“安珀警戒”后的3小时甚至是更短的时间内，有68个案例中的儿童被找到，占总案例的51.5%。在启动“安珀警戒”后的3到6个小时之内，有24个案例中的儿童被找到，占总案例的18.2%。在启动“安珀警戒”后的6到12个小时内，有16个案例中的儿童被找到，占总案例的12.1%（见图12）。

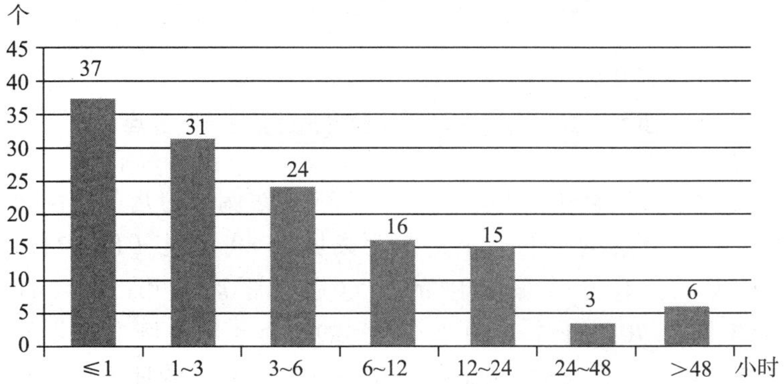

图12 2018年启动和找到之间的时间间隔

4. 行程的距离

2018年，儿童失踪时的地点和被找到的地点之间的距离在120个“安珀警戒”案例中都是已知的。这些统计数字中没有包括未报告的、无事实根据的和主动的案例，因为这些案例中没有找到孩子。下面报告的距离是估计值，因为它们是通过使用城市和州之间的距离来计算的。因此，对于儿童从被绑架城市被找回的情况，不计算距离。

被找到的120个案例中，有54个案例的失踪地点和被找到地点都在同一城市；在45个案例中，失踪地点和被找到地点不是同一个城市，但两地之间相距100英里（160.9344千米）以内；在17个案例中，失踪地点和被找到地点之间的距离从101英里（162.5437千米）到500英里（804.672千米）不等；在4个案例中，失踪地点和被找到地点之间的距离从501英里（806.2813千米）到1000英里（1609.344千米）不等；在任何案例中，距离都不超过1000英里（1609.344千米）。有12个案例无法计算出距离，其余29个案例要么是假的，没有事实根据的，要么是主动的。总体来说，在这些被找回的案例中可以看到，大部分的儿童失踪的案例都是在本地或者距离较近的城市找到的（见图13）。

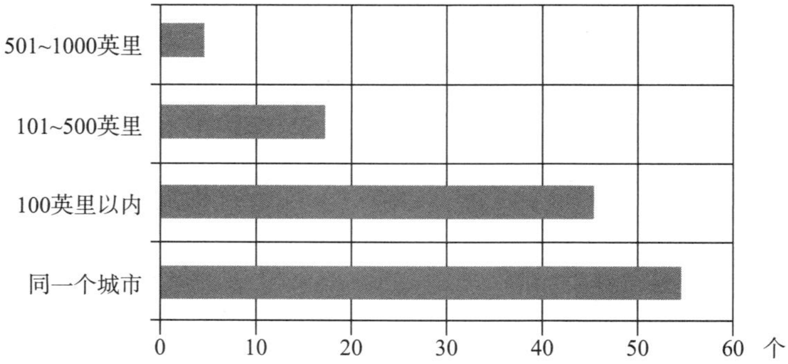

图13　2018年丢失位置和被找到位置之间的距离

在发出的97个家庭诱拐警报中，有35个案例中的儿童是在同一城市发现的。有32个案例中的儿童是在距离城市80英里（128.7475千米）的地方发现的，有9个案例中的儿童是在距离城市135~418英里（217.2614~672.7057千米）的地方找到的。有4个案例中的儿童是在距离城市523~930英里（841.6869~1496.6899千米）的地方解救的。有8个案例中的儿童找到的距离无法计算，因为有的儿童失踪的地点无法确定。其余9个案例中是骗局和无事实根据的案例。

在发出的56个非家庭诱拐警报中，有15个涉及的儿童是在同一城市发现的。在11个案例中，城市外的距离从1英里（1.6093千米）到95英里（152.8876千米）不等。在8个案例中，距离从101英里（162.5437千米）到423英里（680.7525千米）不等。在3个案例中，距离无法计算。其余 19 个案例是活动的、骗局的和没有事实根据的案例。

2018 年，针对走失、受伤或其他方式失踪案例发布了 6 次预警，其中 4 次发生在同一城市。在 1 个案例中，距离是 78 英里（125.5288 千米）。其余 1 个案例为活动性。

2018 年有 2 个案例被列为危险的离家出走。在 1 个案例中，距离是 31 英里（49.8896 千米）。另一种情况的距离无法计算（见图 14）。

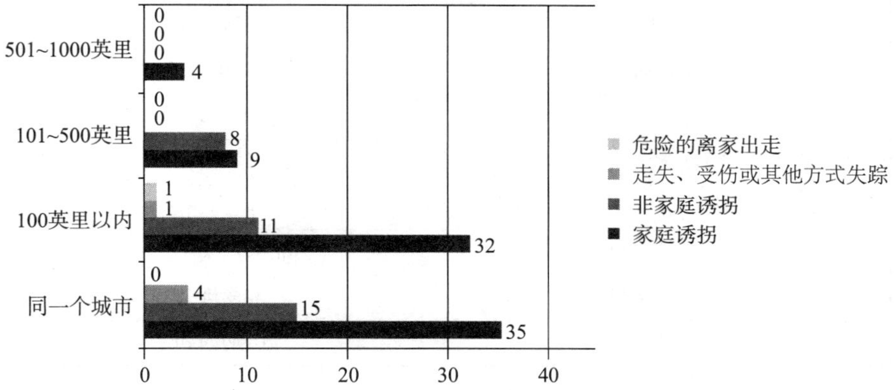

图 14　2018 年按案例类型划分的移动距离

5. 首次启动“安珀警戒”的州/地区以外的寻找

在某些情况下，绑架者可能会带着孩子离开最先启动“安珀警戒”的州/地区。也就是说，警方在儿童开始失踪的地方发布了“安珀警戒”，绑架者在知道情况后会立即离开发布警戒的地区。在 2018 年发布的 161 个预警中，仍有 6 个处于活动状态。16%的案例（$n=25$）在原失踪地之外被找到。在这 25 个案例中，68%（$n=17$）为家庭诱拐、32%（$n=8$）为非家庭诱拐。多数是家庭成员会将儿童带到更远的地方，目的就是防止被原来家庭的人带走。而非家庭诱拐的人将儿童带离是为了逃避“安珀警戒”启动后的全城搜寻，但是在非家庭诱拐中，会将儿童带离原本州的人还是少数，因为这会增加成本（见表 6）。

表 6　在“安珀警戒”首次激活的状态之外的寻找

“安珀警戒”启动州	儿童找回州
堪萨斯州	明尼苏达州
路易斯安那州	密西西比州

续表

“安珀警戒”启动州	儿童找回州
内布拉斯加州	科罗拉多州
纽约州	宾夕法尼亚州
俄亥俄州	佐治亚州
俄亥俄州	卡罗来纳州
田纳西州	佐治亚州
得克萨斯州	佛罗里达州
得克萨斯州	新墨西哥州
得克萨斯州	田纳西州
弗吉尼亚州	纽约州
弗吉尼亚州	北卡罗来纳州
弗吉尼亚州	俄亥俄州
弗吉尼亚州	田纳西州

6. 失踪的位置

2018 年共有 127 个案例提供了最后一次知道涉案儿童所在地的信息。在这 127 个案例中，64%（$n=81$）的儿童最后一次出现在家中。可见在大多数失踪案件的儿童，如果父母能够尽到父母的监护责任，失踪的总体情况就会减少很多。排名第二的地方是商场，有 11%（$n=14$）的儿童最后一次出现在商场。另外有 6%（$n=8$）的儿童最后一次出现在学校。这些地点，一般也是儿童活动最多的地方（见表 7）。

表 7　失踪的位置

失踪位置	数量（个）	百分比（%）
政府机构	1	1
家	81	64
酒店/旅馆	1	1
医疗机构	1	1
办公楼	1	1
其他	6	5

续表

失踪位置	数量（个）	百分比（%）
公园	2	2
宗教机构	1	1
商场	14	11
学校公交站	1	1
学校	8	6
社会服务机构	4	3
街道	5	4
交通运输地	1	1
共计	127	~100

注：~100%是因为各部分百分比是四舍五入取的整数，所以算出来不是100%，“~”表示约等于。

7. 被找到的位置

共有132起案件提供了有关孩子在哪里被找到的信息。2018年，有38%的儿童（$n=50$名）在家中被找到，在家中找到的儿童，多是被家庭成员诱拐的儿童。17%（$n=23$名）在街上被找到，这类失踪儿童的生活水平和状态是最不稳定的，基本生活也许都不能保障。11%（$n=14$名）在汽车上被找到，这种情况很可能是儿童失踪后还在运输的过程中（见表8）。

表8　被找到的位置

被找到位置	数量（个）	百分比（%）
家	50	38
汽车上	14	11
游泳场	2	2
政府机构	1	1
酒店/旅馆	7	5
执法站	9	7
医疗机构	1	1
办公楼	1	1

续表

被找到位置	数量（个）	百分比（%）
其他	2	2
户外/开放区域	5	4
公园	3	2
停车场/车库	5	4
餐馆	1	1
商场	6	5
学校	1	1
街道	23	17
交通运输地	1	1
共计	132	~100

注：~100%是因为各部分百分比是四舍五入取的整数，所以算出来不是100%，“~”表示约等于。

8. 国际绑架

美国的“安珀警戒”在寻找失踪儿童方面的成功经验在世界各地都产生了一定的影响。为了解救涉及国际绑架的儿童，欧洲许多国家也陆续设立了“安珀警戒”的紧急反应机制。中国也在2016年启动了“团圆”系统。2018年，一个涉及4名儿童的“安珀警戒”被激活，这是一起国际绑架案。得克萨斯州启动了“安珀警戒”，3名西班牙裔男童和一名西班牙裔女童被他们的母亲绑架。这些儿童在墨西哥被找到，他们的年龄从11个月到12岁不等。

(五)“安珀警戒”的效益

1. 成功的案例

在2018年度发布的161个“安珀警戒”的报告中，总共有28个预警涉及34名儿童成功被找到，其中有20个是家庭诱拐，这些都是这些“安珀警戒”发布的直接结果，属于“成功的案例”(见表9)。

成功的“安珀警戒”寻找是指在发出警戒后，使儿童直接被安全找回。如果执法部门的调查显示失踪案件是没有事实根据的，或者整个案件就是一个骗局，那么这个案件就不被认为是一个成功的案例。

表 9　成功的案例

类型	数量（个）	所占比（%）	解救儿童数量（名）	所占比（%）
家庭诱拐	20	71	25	74
非家庭诱拐	7	25	8	24
走失、受伤或其他方式失踪	1	4	1	3
危险的离家出走	0	0	0	0
共计	28	100	34	~100

注：~100%是因为各部分百分比是四舍五入取的整数，所以算出来不是 100%，“~”表示约等于。

“安珀警戒”成功案例中，最常见的原因是，个人或执法部门在“安珀警戒”中识别出犯罪嫌疑人的车辆 29%（$n=8$），其次是绑架者听到“安珀警戒”后释放儿童，释放儿童的比例为 25%（$n=7$）。余下被找回的儿童中，包括社会成员向警方提供信息，或是社会成员接触到“安珀警戒”，认出犯罪嫌疑人或者被绑架的儿童。总体来讲，在“安珀警戒”通报的信息中，最有用的就是犯罪嫌疑人使用的车辆和失踪儿童的面部信息（见表 10）。

表 10　案例成功的原因

成功案例的概要	案件数量（起）	案件比例（%）	儿童数量（名）	儿童比例（%）
个人或执法部门在“安珀警戒”中识别出犯罪嫌疑人的车辆	8	29	9	26
绑架者听到“安珀警戒”后释放儿童	7	25	10	29
社会成员向警方提供信息	5	18	7	21
社会成员认出犯罪嫌疑人或者被绑架的儿童	4	14	4	12
个人或执法部门识别出犯罪嫌疑人或被绑架儿童	4	14	4	12
共计	28	100	34	100

2. 发出“安珀警戒”的五年比较

从 2014 年到 2018 年，“安珀警戒”的数量总体下降了 13%。2014 年有 186 个警报涉及 239 名儿童，2015 年有 182 个警报涉及 224 名儿童，2016 年有 179 个警报涉及 231 名儿童，2017 年有 195 个警报涉及 263 名儿童，2018 年有 161 个警报涉及 203 名儿童。从发布的警报数量上看，失踪儿童的数量也在减少。只是在 2017 年出现了例外，2017 年发布的“安珀警戒”和失踪儿童数量都在增加（见图 15 和图 16）。

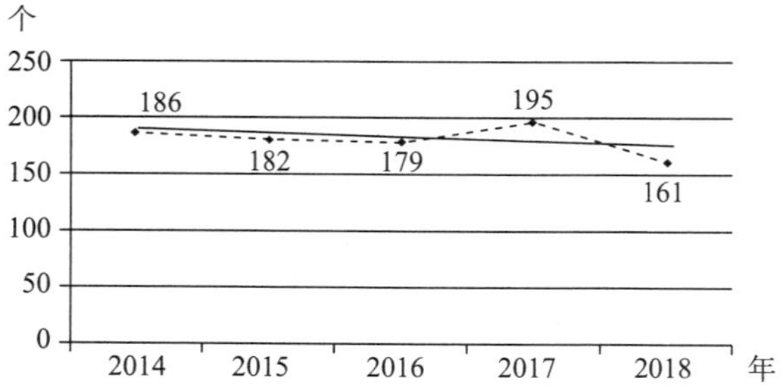

图 15　2014 年至 2018 年“安珀警戒”的数量

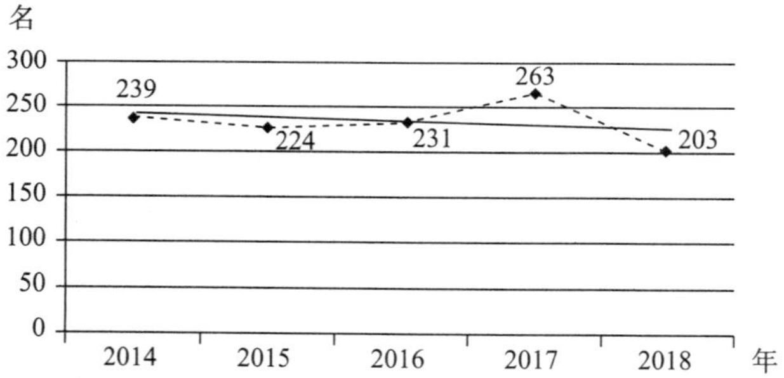

图 16　2014 年至 2018 年“安珀警戒”涉及的儿童数量

3. 跨州/领地“安珀警戒”

2014 年至 2018 年，多个州/地区发布的“安珀警戒”数量有所不同。2014 年跨地区发布“安珀警戒”的案例是 14 个，2015 年的数字降至 9 个，2016 年又出现反弹，增加到 21 个。2017 年和 2018 年分别下降到 13 个和 7 个。这种跨州或地区的失踪案件也是少数，每年发生的数量有些波动是正常的，没有太大的规律可循。

4. 按月计算的案例数

表 11　2014 年至 2018 年每月案例数

单位：个

	1 月	2 月	3 月	4 月	5 月	6 月	7 月	8 月	9 月	10 月	11 月	12 月
2014 年	20	14	13	17	16	13	9	21	16	18	10	19
2015 年	11	9	19	8	17	15	19	17	18	22	14	13
2016 年	8	17	14	19	18	12	11	18	20	17	14	11
2017 年	20	11	17	19	20	18	18	23	16	13	10	10
2018 年	12	3	15	14	22	17	18	13	18	7	14	8
共计	71	54	78	77	93	75	75	92	88	77	62	61

表 12　2014 年至 2018 年案例和百分比按月增加/减少

单位：个

	2014 年	百分比变化（%）	2015 年	百分比变化（%）	2016 年	百分比变化（%）	2017 年	百分比变化（%）	2018 年
1 月	20	−45	11	−27	8	150	20	−40	12
2 月	14	−36	9	89	17	−35	11	−73	3
3 月	13	46	19	−26	14	21	17	−12	15
4 月	17	−53	8	138	19	0	19	−26	14
5 月	16	6	17	6	18	11	20	10	22
6 月	13	15	15	−20	12	50	18	−6	17
7 月	9	111	19	−42	11	64	18	0	18
8 月	21	−19	17	6	18	28	23	−43	13
9 月	16	13	18	11	20	−20	16	13	18
10 月	18	22	22	−23	17	−24	13	−46	7
11 月	10	40	14	0	14	−29	10	40	14
12 月	19	−32	13	−15	11	−9	10	−20	8
共计	186	−2	182	−2	179	9	195	−17	161

根据 2014 年至 2018 年五年间每个月的详细数据，可以看到儿童失踪

的数量与月份存在一定的关系。在第二季度和第三季度发布的“安珀警戒”数量要多于第一季度的发布数量。例如，2018 年，在第二季度和第三季度共发布 102 次“安珀警戒”，约占当年总发布量的 2/3；2017 年，在第二、第三季度共发布 114 次“安珀警戒”，约占当年总发布量的 58.5%。2014 年至 2016 年也表现为这样的规律，但是 2018 年这种月份上的差异是最明显的。同一年的每个月份之间进行比较，以及不同年份的相同年份之间进行比较，没有特定的规律（见表 11 和表 12）。

5. 纳入时的案例类型

被纳入家庭诱拐的案例数量从 2014 年的 116 个下降到 2018 年的 97 个，下降了 16%。其中在 2015 年升到 121 个，在 2016 年回落了一些，为 107 个，在 2017 年又进行了一次回弹，为 128 个。

2014 年非家庭诱拐发布了 60 次警报，2015 年降至 47 次，2016 年再次上升至 60 次。2017 年，发出警报的次数降至 50 次，2018 年增至 56 次。总体来看，从 2014 年到 2018 年，非家庭诱拐下降了 4 次。下降率为 6.7%。

从 2014 年和 2017 年的最高 10 次警报到 2016 年和 2018 年的最低 6 次警报，受伤或其他方式失踪收集的案例总数各不相同。

2014 年，危险的离家出走没有收到任何警报。从 2015 年到 2017 年，危险的离家出走的数量基本保持不变（$n=6$、6 和 7），然后在 2018 年降至 2 次警报（见图 17、表 13）。

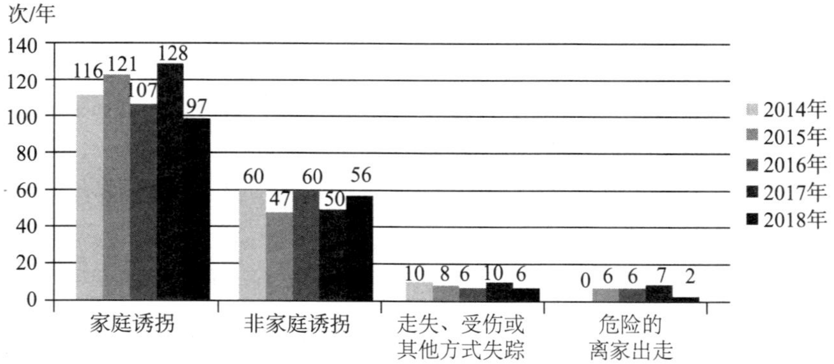

图 17　2014 年至 2018 年期间警报的案例类型

表 13 2014 年至 2018 年案例和案例类型增加/减少的百分比

单位：次

类型＼年	2014 年	百分比变化（%）	2015 年	百分比变化（%）	2016 年	百分比变化（%）	2017 年	百分比变化（%）	2018 年
家庭诱拐	116	4	121	-12	107	20	128	-24	97
非家庭诱拐	60	-22	47	28	60	-17	50	12	56
走失、受伤或其他方式失踪	10	-20	8	-25	6	67	10	-40	6
危险的离家出走	0	0	6	0	6	17	7	-71	2
共计	186	-2	182	-2	179	9	195	-17	161

6. 骗局和没有事实根据的情况

总体来看，儿童失踪发布“安珀警戒”后，发现是骗局或是没有事实根据的情况的，每年数量不低于 20 件，不超过 30 件。总体上呈现一个下降的趋势，这其中也是“安珀警戒”在防止骗局方面作出的努力。2014 年和 2015 年的骗局数量相近，发布的“安珀警戒”分别为 15 件和 14 件。2016 年，骗局的数量下降到 8 件，2017 年上升到 14 件，然后在 2018 年下降到 11 件。2014 年至 2018 年，没有事实根据的数量相对稳定（n=11、13、13、14、12），每年波动数量不超过 2 件（见图 18）。

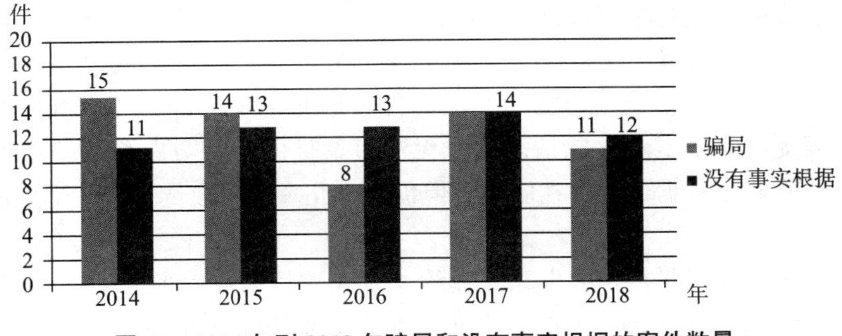

图 18 2014 年到 2018 年骗局和没有事实根据的案件数量

第五章　域外儿童失踪紧急反应机制概览

“失踪”一词在不同国家和地区有着不同的理解。这一概念在很大程度上取决于国家背景以及文化和社会影响者。由于缺乏对该词的一致定义，使我们难以全面了解这一问题的严重性，也难以确定如何才能最好地防止儿童失踪或不被绑架，或者如何在儿童失踪或被绑架时找到他们。

在国际层面，没有全球一致的战略解决儿童失踪和儿童被绑架的问题。现在的国际组织，例如《联合国保护所有人不遭受强迫失踪公约》《联合国儿童权利公约》等在某些方面能够解决儿童失踪的问题。但是，国际上没有一个通行的做法，没有对“失踪儿童”进行明确的定义，也无确定的机制来报告或者调查。基于篇幅的限制，本章仅选取部分具有代表性的国家加以介绍和阐述。

一、其他国家儿童失踪的数量与类型分析

（一）儿童失踪的数量

在国家的层面，少数国家对于儿童失踪案件的发生，有法定的措施和战略，在做法上各个国家存在一些差异。建立数据库收集和分析信息的国家更是少数。并且由于案件信息不准确、缺少报告、预估错误以及案件结束后的数据删减，导致数据库中的案件数据非常不准确。没有准确的数据，就无法完全了解失踪情况，也无法对案件的解决方案作出正确的判断。尽管收集数据信息存在问题，但仍要对儿童失踪数量进行一个大概的估计：

澳大利亚每年报告的失踪人数约 4 万人，其中约一半为年龄在 13 至 17 岁的未成年人，超过 60%的儿童会在 48 小时内被找到。[①]

---

① Bricknell S & Renshaw L 2016. Missing persons in Australia，2008 - 2015. Statistical Bulletins no. 1. Canberra：Australian Institute of Criminology. https：//www. aic. gov. au/publications/sb/sb001.

加拿大每年报告的失踪儿童约45288名；① 其中76%是离家出走的儿童，58%的失踪儿童会在24小时内找到。

德国每年报告的失踪儿童约9258名。②

印度是除中国之的外世界上人口最多的国家，每年报告的失踪儿童约为7万名。③

俄罗斯每年报告的失踪儿童约4.5万名。④

南非每年报告的失踪儿童约1460名。⑤ 南非的失踪儿童人数少的原因是经济欠发达国家的报告机制不够健全，导致报告出来的数据较少，并不说明南非的失踪儿童人数少。

西班牙每年报告的失踪儿童约2万名。⑥

土耳其每个月大约有4000人失踪，每年报告的失踪儿童约4.8万名。⑦

---

① GOVERNMENT OF CANADA, Canada's Missing - 2015 Fast Fact Sheet - MC/PUR Missing child subjects by province, sex and probable cause, at http://www.canadasmissing.ca/pubs/2015/index-eng.htm (last visited July 10, 2016) (on file with the International Centre for Missing & Exploited Children).

② Francisco Águila, Más de 80% de los desaparecidoes en 2012 fuero hallados en primoers 4 días de investigación, EL MERCURIO, Nov. 3, 2012, at http://www.emol.com/noticias/nacional/2012/11/02/567741/mas-de-16-mil-personas-extraviadas-fueron-halladaspor-carabineros-en-los-primeros-cuatro-dias-despues-de-su-desaparicion-en-2012.html; http://diario.latercera.com/2012/11/05/01/contenido/pais/31-122255-9-carabineros-localizo-al-83-de-las-personas-encargadaspor-presunta-desgracia.shtml (last visited February 10, 2016) (on file with the International Centre for Missing & Exploited Children).

③ BACHPAN BACHAO ANDOLAN, Missing Children of India-Synopsis, 2011 (on file with the International Centre for Missing & Exploited Children).

④ Interview with Pavel Astakhov MIA "Russia Today", Apr. 4, 2016, at http://www.rfdeti.ru/display.php? id=11071 (last visited July 10, 2016) (on file with the International Centre for Missing & Exploited Children).

⑤ South Africa Crime Statistics, at http://www.crimestatssa.com/resources.php (last visited July 22, 2015) (on file with the International Centre for Missing & Exploited Children).

⑥ Spain Joins EU Hotline for Missing Children, Sep. 22, 2010, at http://www.theleader.info/article/25040/spain-joins-eu-hotlineformissing-children/ (last visited Apr. 25, 2016) (on file with the International Centre for Missing & Exploited Children).

⑦ Hurriyrt Daily News, Police search for 4, 000 missing children every month in Turkey (Feb. 2, 2015), at http://www.hurriyetdailynews.com/police-search-for-4000-missing-children-every-month-in-turkey.aspx? pageID=238&nID=77789&NewsCatID=341 (last visited July 22, 2015) (on file with International Centre for Missing & Exploited Children).

英国每年报告的失踪儿童约 112853 名；[①] 英国并没有儿童失踪报告机制，因此英国没有官方的数据，该数据是根据各个地方警察局的数据统计得来。

2015 年，进入美国国家犯罪信息交换中心的失踪人口案件共有84961起，其中低于 18 周岁的 33852 起。澳大利亚儿童失踪占总失踪人口 40000 名的一半（见图 1）。[②]

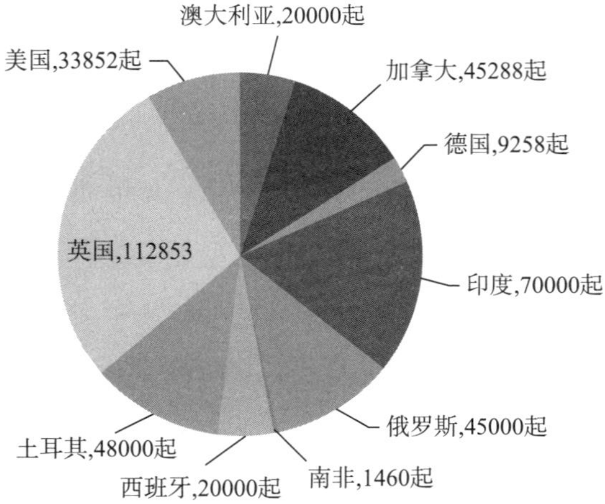

图 1　各个国家每年失踪儿童案件数量概况

这些数据说明了儿童失踪案件在全球的普遍性。尽管许多儿童最终被寻找到，但是一个家庭，甚至是一个社区都会因为儿童失踪的案件而改变。在儿童失踪和找回的整个期间，父母会倍感绝望，担忧、害怕，充满罪恶感。

每个国家都应该有立法和相关政策以保证当儿童失踪时有足够的资源去帮助他们找回失踪儿童。调查应当及时高效，为失踪儿童的找回提供更大的可能性。同时，执行部门、政府机构、非政府组织和公众协同工作的机制必须建立起来，不仅是为了预防，还为了能更加快速地定位到失踪的

---

① NATIONAL CRIME AGENCY，UK Missing Persons Bureau-Missing Persons Data Report 2014/2015 15，May 16，2016，at http：//www. missingpersons. police. uk/download/56（last visited July 19，2016）（on file with International Centre for Missing & Exploited Children）.

② FEDERAL BUREAU OF INVESTIGATION，NCIC Active/Expired Missing and Unidentified Analysis Reports，at https：//www. fbi. gov/filerepository/2015-ncic-missing-person-and-unidentified-person-statistics. pdf（last visited March 18，2016）（on file with the International Centre for Missing & Exploited Children）.

儿童，以防被侵害。

根据欧洲失踪儿童联合会 2018 年的年度报告，失踪儿童大致可以分为离家出走、父母诱拐、绑架、移民儿童失踪四种。无论是在国内还是在国外，儿童失踪很大一部分是儿童离家出走。2018 年根据澎湃新闻梳理的公安部儿童失踪信息紧急发布平台登记的数据，失踪儿童数量为 3595 名，97%以上都已找回，其中离家出走的孩子有 1973 人，占 55%。离家出走导致的儿童失踪已经占到我国失踪儿童的绝大多数。

父母诱拐型儿童失踪也占很大一部分比例，但是同儿童离家出走相比，儿童的生命危险性相对较低，父母诱拐主要是抚养权的争夺。父母诱拐大致分为两种类型：国内诱拐和国外的诱拐，一般而言，国外诱拐更好规制，因为出国需要护照，国家法律可以从这个角度对父母诱拐进行规制。

儿童绑架是一种严重的犯罪行为，但是目前，这样的刑事犯罪数量正在逐年减少。而且图 2 中的数据显示，完全陌生人的绑架占比小于熟人作案的概率。儿童绑架的另一个特点是失踪后的前几个小时是解救的关键期，如果不能在前几个小时的黄金阶段找回，儿童存活的概率就会大大降低，这也是为什么许多国家都建立了儿童失踪紧急报告机制的原因，在儿童失踪的前几个小时全力解救被绑架的儿童。

（二）儿童失踪的类型

1. 离家出走

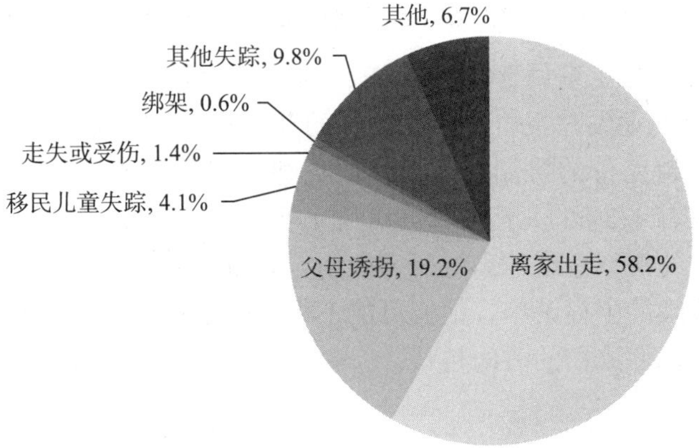

图 2　欧盟国家儿童失踪类型图①

① Figures and trends 2018，European Commission http：//missingchildreneurope. eu/Portals/0/Figures%20and%20Trends%202018. p. 4.

离家出走的儿童是指在父母不知情、不允许的情况下离开家庭。离家出走的原因有多种，不外乎不和谐的家庭关系，比如家庭暴力、虐待、性侵害等原因。欧洲失踪儿童理事会的报告显示，81%的儿童离家出走是由于家庭中的种种问题。此外，离家出走的儿童有很大的概率会选择再次离开家庭。据相关数据显示，87%的离家出走儿童离家出走的次数超过2次，2%的儿童离家出走的次数在3~5次。[①] 这些数据说明儿童被寻回后家庭的问题并没有得到解决，因此儿童才会一次次地选择离开家庭。

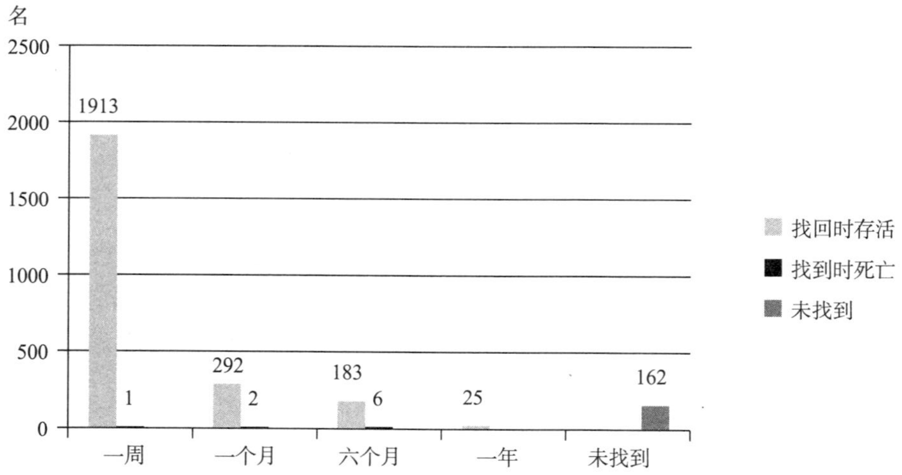

图3　欧盟国家离家出走儿童找回时间线[②]

离家出走的儿童属于主动失踪，因此被找回的概率也是比较大的，2018年欧洲儿童失踪报告显示，74%的儿童在离家出走后的一周内被找回，在越来越完备的机制之下，找回失踪儿童比以前变得简单许多。在2018年，仅有4.2%的儿童没有被找到（见图3）。[③] 儿童离家的时间越长，被发现死亡的概率也就越高。研究表明，儿童逃跑的次数越多，他们就越容易使用冒险的生存策略。他们可能不得不露宿街头，依靠乞讨和偷窃来维持生计，他们逃亡的时间越长，就会越容易受到性虐待和性剥削。

---

① Figures and trends 2018, European Commission http://missingchildreneurope.eu/Portals/0/Figures%20and%20Trends%202018. p. 4.

② Figures and trends 2018, European Commission http://missingchildreneurope.eu/Portals/0/Figures%20and%20Trends%202018. p. 4.

③ Figures and trends 2018, European Commission http://missingchildreneurope.eu/Portals/0/Figures%20and%20Trends%202018. p. 4.

2. 父母诱拐

父母诱拐指在父母其中一方或监护人一方不同意或不知情的情况下，另一方将儿童带离原来的居住地，家庭诱拐的情形一般存在于离异家庭争夺抚养权的案件中。当家庭冲突升级，就有可能导致父母绑架。当父母一方违背另一方的意愿将儿童带到或留在其正常居住地以外的国家时，就发生了父母诱拐。受理的 2032 起父母诱拐案件中，儿童的平均年龄是 5 岁，被拐的最小儿童不到 1 岁。父母诱拐案件的儿童中，有 42%是通过法院介入回归家庭，被父母诱拐案件中的儿童 16%通过媒体找回，19%在志愿者的帮助下找回。

在 1246 起新增案件中，有 226 名儿童（18%）回到父母身边。其中 122 名儿童在被诱拐后的 6 个月内回归。15 名儿童被发现死亡。这是一个令人不安的发现，它表明父母诱拐应该被引起重视，因为父母诱拐仍然可能对儿童使用暴力。从另一个角度讲，这是一个家庭的问题，这表明了调解的重要性。

为了防止和解决父母诱拐问题，欧洲失踪儿童组织建立了协调跨境家庭调解员网络（Cross-Boreder Family Mediators，CBFM）。CBFM 是一个不断壮大的网络，由来自 40 个国家的 193 名受过培训的跨文化调解员组成。这些调解员经过培训，能够直接与父母接触，找到反映具体家庭情况的解决方案，成功率高达 81%。

3. 儿童绑架

普通的绑架和拐卖案件，这类的儿童失踪在各个国家都属于刑法管辖的范畴，往往与人口贩卖联系紧密。虽然拐卖和绑架的案件性质恶劣，对失踪儿童的家庭伤害很大，但是这类案件发生的地区和被拐卖的儿童都有其特定性，发生的案件数量也在减少。

完全是陌生人的绑架案件其实并不是全部，因此预防儿童被绑架的工作，不仅针对陌生人，还应该预防熟人作案，并且告知其父母或监护人对不适当触摸、性虐待等行为提高警惕（见图 4）。

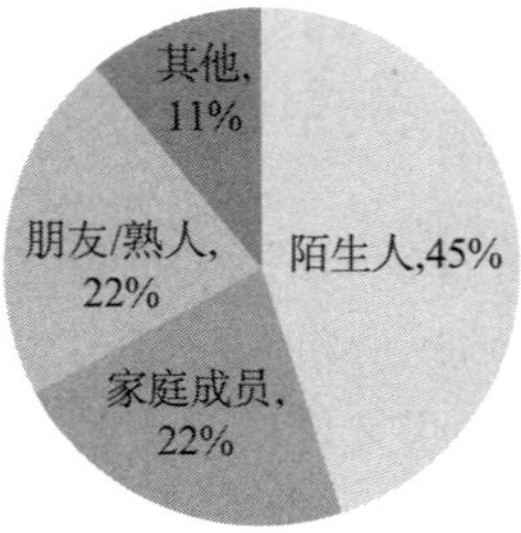

图 4　被绑架儿童和绑架者的关系 ①

图 5 显示，被绑架的儿童 41%（$n=14$）会在一年内被找回，59%（$n=20$）没有在 1 年内被找回。研究表明，特别是在这种类型的绑架，绑架后的头 4 个小时是最关键的时间。在这个时间段里，有效的沟通可以大大增加找回儿童的概率。

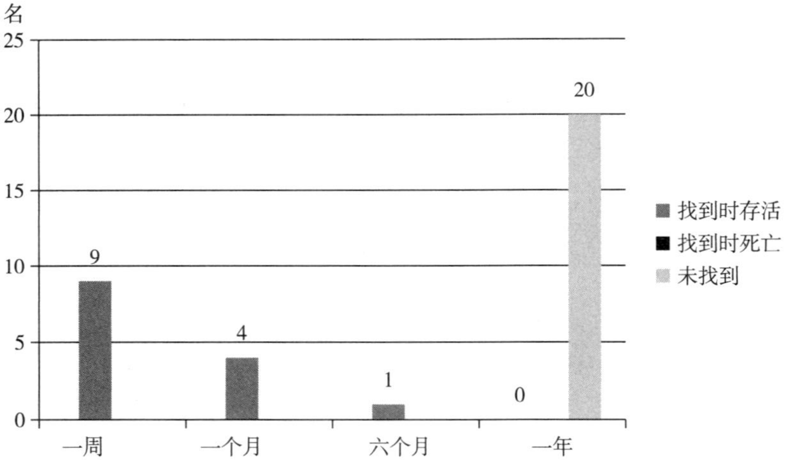

图 5　被绑架儿童被找回的时间线②

① Figures and trends 2018，European Commission http：//missingchildreneurope. eu/Portals/0/Figures%20and%20Trends%202018. p. 7.

② Figures and trends 2018，European Commission http：//missingchildreneurope. eu/Portals/0/Figures%20and%20Trends%202018. p. 7.

二、其他国家儿童失踪反应机制概述

（一）报告机制

报告机制是指当儿童失踪后，将失踪儿童的信息公布出来的一种机制。为了使这一机制能够有效运行，在国家层面必须有一个能让失踪儿童共享信息的平台，可以是执法机构或者是非政府组织管理的免费热线或者是网站。报告机制需要满足如下条件：

第一，该报告机制必须一周 7 天，每天 24 小时在线；儿童失踪没有固定的时间，因此这样的一个机构必须时时刻刻都在运转。第二，接收报告必须免费，儿童失踪案件是关乎一个家庭的重大事件，家庭的稳定是社会稳定的最小单元，因此接收报告应当免费。第三，公众可以直接进入，报告机制设置的目的就是使公众可以接触到失踪人员的相关信息，从而为找回失踪儿童提供群众力量，如果报告机制不能为公众所接触到，那么报告机制就会失去应有的意义。第四，由专业人员运行。失踪案件报告会形成一个庞大的系统，为更有效地发挥这个机制的效益，就必须有专业人员来运行和维护，以防被别有用心的人利用。

（二）案件调查机制

失踪案件中，儿童能否找回很大程度上在于启动案件调查的时间。根据一项美国的调查，在 735 起儿童失踪案件中，有 76.2%的儿童是在失踪后的 3 小时内被杀害。[①] 因此，在儿童失踪后的时间里，必须尽快启动案件调查程序。尽快地启动案件调查可以大大减少儿童被拐卖、遭受性侵害等的伤害。

一般而言，只要是相关失踪案件被认定为刑事案件，就会立即启动调查程序。下文所涉及的国家中，白俄罗斯、哈萨克斯坦、俄罗斯和美国都有关于失踪人员案件立即启动调查程序的相关法律规定。

（三）失踪和下落不明儿童的综合数据库

经验告诉我们，儿童在跨州或跨省甚至是跨国移动的情况下，对他们进行登记，在调查儿童失踪案件方面，对于找回失踪儿童极为有用。随着人口流动性的增强，入境登记对追踪儿童失踪起着重要作用。因此在各国

---

① Case Management for Missing Children Homicide Investigation（2006）7 and 13，Washington State Attorney General's Office，at http：//www.atg.wa.gov/child－abduction－murder－research（last visited April 3，2016）（on file with the International Centre for Missing & Exploited Children）.

的入境处建立一个国家登记处，由中央运行，以便跨管辖范围、边界和机构分享资料。

综合数据中心会记录下相关的儿童信息，尤其是照片信息，可以将照片与儿童失踪的数据库的照片进行对比，这种现代化、信息化的方式对失踪的儿童的找回有着举足轻重的作用。

（四）记录案件信息的案件管理系统

建立案件管理系统是任何机构处理儿童失踪案件工作的关键举措。一个好的案件管理系统必须跟踪关键信息，如正在调查的案件数量、谁负责每一项调查、采取了什么调查行动、由哪个机构进行调查等。这样的系统可以突出重复事件（当一个孩子多次失踪时），并能进行适当的干预。

至关重要的是，各国应拥有一个综合的案件管理系统，其中应尽可能多地包含有关案件的信息，以确保在所有领域进行协调，尽量减少混乱和工作重复。同样特别重要的是，与调查有关的基本资料应提供给每一个有关单位、机构和组织，以确保每一个处理案件的人都能得到同样的资料。

理想状态下，该系统应当包含如下信息及功能：生物信息，如失踪儿童父母的 DNA 信息、指纹信息等。这些生物信息对久远的失踪案件起着非常重要的作用；孤儿院、日托中心、停尸房、其他机构中下落不明儿童的信息；调查期间的信息保持更新；根据失踪儿童的分类对案件信息进行分类；对久远案件定期检查。

（五）照片分发机制

每一个处理儿童失踪案件的机构都应该有一些方法向公众分发失踪儿童的照片或者关于儿童的描述，让社区参与搜索，增加找到儿童的机会。完善的信息发布系统将为此类案件带来广泛的新闻报道信息，为执法部门提供不可或缺的线索，并将失踪儿童的信息公开，直至找回。照片分发的途径主要包括以下几种：网站、社交媒体以及应用软件；屏幕保护程序、RSS 提要和 Java 横幅；通过电子邮件和传真分发照片；电视、公告栏、交通工具公告栏等。

（六）紧急反应机制

在对美国和英国的儿童失踪案件进行研究之后，笔者发现，儿童失踪后的 3 个小时是最为关键的时期。因此紧急反应机制的启动就显得尤为重要。一般而言，在立案后，就可以考虑启动紧急反应机制。例如，美国的“安珀警戒”——一项在执法机构、公众、运输部门和广播电台之间的合作机制，目的是阻止恶性失踪案件的发生。

第一，紧急反应机制必须有一个完备的系统首先就是要设定发布警报的条件。在美国只有不到1%的失踪案件会启动“安珀警戒”。对可以启动紧急反应机制案件应当符合下列标准：执法机构有理由相信失踪的人是18周岁以下；儿童被绑架或者面临被杀害的危险；有清晰的儿童照片或者犯罪嫌疑人的照片以供公众识别。

第二，对失踪儿童进行危险评估，这是决定是否启动警报的关键因素，这个评估过程必须高效，一般由经验丰富的专家组进行风险评估。

第三，要设置一个专门的热线电话，用于接收公众提供的信息。这个电话需要提前公布，并且在发布警报之后不能更改，因为这个热线电话是警方与公众合作的纽带。

第四，要与媒体和其他传播途径合作，警报的目的就是在尽可能大的范围内扩散失踪儿童的信息，包括姓名、年龄、照片等。这些信息的传播仅仅依靠执法部门是不够的。除了传统的媒体，目前的警报更加注重社交网络、互联网、各种软件、高速公路广告牌等。这样就形成了一个信息网络。即使是一种途径失败了，还有其他的方式来保证失踪儿童信息的传播。

第五，对于相关的执法人员、非政府组织工作人员、社会服务机构人员应当定期就反应和程序进行培训和训练。持续的培训可以建立起他们对传播机制的理解以及增强他们的工作责任感。

在制定报告和调查儿童失踪案件的政策和程序时，至关重要的是，除非确认儿童确实不存在危险的情况，每一项反应都应以儿童是否处于危险之中为前提。执法部门不应拒绝任何有关失踪儿童的报告，无论失踪儿童的年龄、种族、性别或情况如何，都应立即展开调查。因此，对所有警官、侦探和调查人员进行培训，使他们了解如何处理失踪儿童的报告，或者随时可以找到专门的调查机构。这也是紧急反应机构存在的作用，在最短的时间内展开调查。

（七）预防机制

理想状态下，预防机制包含以下核心要素：开展提高公众意识的宣传活动，提高公众对现有预防服务和资源的认识；对公众的教育注重实用，告知常见的儿童失踪原因以及失踪后的处理方法。向各级学校的学生和教育工作者开展教育和宣传活动，对于低年级的学生，如小学生和初中生主要培养安全意识；对于高年级的学生，更加侧重于在公众场合注意到某些异常现象，识别和帮助一些走失的儿童。对边境工作人员和其他执法人员进行培训，识别绑架和贩运人口的情况。完善司法机制，如儿童保护令、监护令和儿童护照单独发放的限制，这些机制可以预防家庭诱拐案件的发生。

（八）处理跨国儿童失踪案件的国际机构

1. 欧洲理事会（Council of Europe）

1950 年《欧洲保护人权和基本自由公约》中，一般公民权利和政治权利也适用于儿童。

1996 年，欧洲委员会修订了《欧洲社会宪章》，该宪章保护欧洲基本社会权利和经济权利，并为儿童提供特殊保护，承诺儿童免受疏忽、暴力和剥削。

1996 年《欧洲儿童权利公约》，关注儿童权利和儿童失踪的问题。2005 年，通过了《打击人口贩运行动公约》，关注人口贩卖问题，尤其重视儿童贩卖问题。

2015 年，欧洲理事会部长委员会通过了关于预防和解决儿童安置争议的非约束性建议。在本文件中，部长委员会就儿童安置情况向会员国提供指导和建议，以帮助会员国加强预防拐卖儿童的措施。

2. “国际失踪与受虐儿童服务中心”（International Center for Missing and Exploited Children，ICMEC）

ICMEC 与俄罗斯和白俄罗斯在美国建立了国家行动中心，其模式仿照的是美国首先建立的组织——“全国失踪与受虐儿童服务中心”。

白俄罗斯、加拿大、俄罗斯和美国是 ICMEC 全球失踪儿童网络（Global Missing Children's Network，GMCN）的成员，GMCN 是一个合作项目，将来自 24 个国家、4 个大洲的伙伴聚集在一起，帮助寻找回失踪儿童和被拐儿童。GMCN 旨在提高全球对失踪儿童和被拐卖儿童的认识，扩大网络的覆盖范围，让成员分享最佳做法，并提供全球失踪儿童数据库的服务。

成员国和非成员国利用 GMCN 的模式和框架建立自己的国内立法和政策以及继续推进其他公私联盟创建新项目，开发可靠的信息系统，最大化地利用资源，并最终提高儿童保护效率。

3. “失踪儿童欧洲联合会”（Management Centre Europe，MCE）

该联盟主要由 24 个欧洲国家的非政府组织为成员，是一个帮助寻找失踪儿童和反对儿童性剥削的组织。“失踪儿童欧洲联合会”有好几个保护失踪儿童的区域性项目。比如，它发起的一个协调案件管理的项目，该系统倡导所有“116000”失踪儿童热线以同样的方式记录以同种方式失踪的儿童的信息。2014年，“失踪儿童欧洲联合会”发起一个SUMMIT项目来防止无人陪伴的外来务工人员的子女走失。2016年SUMMIT项目阐述了保护举目无亲儿童不走失的机构间合作的最佳做法和主要挑战。此外，本组织一直与欧洲委员会合作，提高人民对无人陪伴的外来务工人员子女的认识，并筹措资源和资金来保护欧洲脆弱的儿童。

国家和各个组织之间要建立强有力的联盟，以最大限度地利用资源，促进信息交流，并协助迅速查明伤害儿童的肇事者，从而有效地促进执行。许多国家已经开始实施儿童失踪计划，在此基础上，各个国家应该共享资源，集中力量将有利于寻回失踪儿童，共享数据能够提高调查效率和效力，更好地界定问题的范围，并分配必要的资源。在保护儿童免遭绑架和失踪的同时，应当考虑相互关联的问题，包括贩卖儿童、对儿童性剥削以及帮助无家可归的儿童。

三、部分国家儿童失踪反应机制的详细考察

各国对儿童失踪采取的措施见下表。

各国对儿童失踪采取的措施

	国家层面专门立法	失踪后立即调查	国家数据库	明确的报告机制	紧急反应机制	刑法规制父母诱拐
美国	√	√	√	√	√	√
英国	√		√		√	
加拿大	√		√	√	√	√
新加坡		√	√			√
芬兰		√	√	√		√
意大利					√	√
俄罗斯		√		√		
白俄罗斯		√	√	√		
哈萨克斯坦		√	√			
越南						

（一）美国

美国每年估计失踪46万名儿童，其中绝大多数是离家出走。[①] 2014年，美国报告了702万起虐待和忽视儿童的案件，每年有超过250万起虐待儿童的报告。[②] 自2014年起，成千上万来自美洲中部的无人陪伴的儿童为了逃离自己国家的暴力而进入美国。

1. 有关儿童失踪的国家立法

1982年，美国颁布了《失踪儿童法案》来回应公众对失踪儿童的关注。此后，各个州都通过了类似立法，要求所有向警察机关提交的失踪儿童报告都应录入到犯罪信息中心系统。1984年，由真实案件改编的电影《亚当》催生了美国《失踪儿童援助法》的颁布。这部法案的颁布使得商业广告与寻找失踪儿童之间建立起连接点。该法案还推动、建立了全国免费热线电话和全国资源中心来协调公共部门及私人寻找失踪儿童的努力。[③] 此外，该法案规定要确定每年失踪儿童的实际人数，并公布和分析结果。[④]

2. 父母诱拐预防机制

美国50个州，除哥伦比亚特区、波多黎各和美属维尔京群岛外，都将州际（跨州）家庭诱拐定为犯罪行为。

关于入境管制，所有从西半球以外国家抵达美国的儿童必须出示有效护照才能入境。从美国接壤的邻国或者岛屿以陆路或海路进入美国境内，也可以代替护照进入美国，但是巴西除外。

16岁以下的美国公民儿童可以出示出生证明的原件或复印件（由其出生所在州的重要档案部门签发）、外国出示领事报告或入籍证明；19岁以下的美国公民随成人监督的学校团体、宗教团体、社会或文化组织或运

---

① FEDERAL BUREAU OF INVESTIGATION, NCIC Active/Expired Missing and Unidentified Analysis Reports, at https://www.fbi.gov/filerepository/2015-ncic-missing-person-and-unidentified-person-statistics.pdf (last visited March 18, 2016) (on file with the International Centre for Missing & Exploited Children).

② National Council on Child Abuse & Family Violence, Child Abuse Information, at http://www.nccafv.org/child.htm (last visited July 21, 2016).

③ 42 U.S.C.A. § 5773 (b) (1) - (2) (West Supp. 1985).

④ Id. § 5773 (a) (5), (b) (3). The responsibility for compiling and publishing this information is with the Secretary of Health and Human Services. Id.

动队旅行时，可以出示出生证明原件或复印件、外国出示领事报告或入籍证明。[①] 16 岁以下的美国儿童必须亲自到授权护照申请机构申请护照，并由父母或者监护人陪同。如果儿童是 16 岁或 17 岁，并有自己的身份证明文件，可以在没有父母同意的情况下申请护照，但领事事务局建议父母一方陪伴儿童。

当父母一方带儿童离开本国时，必须有另一方的同意书，同意书要载明自己知情并且同意的信息。另外，如果父母担心他们的孩子可能在未经他们同意的情况下被带离美国，他们可以联系美国国务院儿童问题办公室，要求他们的孩子加入儿童护照签发警报计划。[②] 该计划允许美国国务院儿童问题办公室联系家长，以核实上述向未成年人签发护照的父母是否同意给其孩子申请护照。

3. 报告机制

美国现有三种机制报告失踪儿童：一是直接向当地警局去报告；二是通过拨打“911”和专门的失踪儿童热线报告；三是在网站上录入相关的失踪信息。

4. 儿童失踪案件的调查

当孩子的安全受到威胁时，父母是最脆弱的。无法找到孩子的家长抱怨执法人员缺乏同情和反应，这些家长不希望被告知他们应该回家看看孩子是否回来，他们希望采取行动。《失踪儿童法案》规定，执法官员必须立即对报告作出反应。即使这样做唯一的效果是在孩子找到前的几小时或几天内，只为心烦意乱的家长提供一些安慰。

1982 年《失踪儿童法案》没有规定儿童必须在规定时间以外无法找到才能被视为失踪儿童。事实上，该法案禁止执法机构采取政策，在发现儿童失踪或可能失踪一段特定时间之后才作出反应。1990 年《全国失踪儿童协助法》规定儿童失踪案件应当立即向当地执法部门报告，并与“全国失踪与受虐儿童服务中心”取得联系。执法部门在接到报案后，应当在 2 个小时内将儿童失踪的信息输入到国家执法系统和国家犯罪信息中

---

① U.S. Customs and Border Protection, Customs Bulletin and Decisions, Vol. 42, No. 44, Oct. 23, 2008: CBP Decisions 92, at https://www.cbp.gov/bulletins/42genno44.pdf (last visited June 29, 2016) (on file with the International Centre for Missing & Exploited Children).

② U.S. Department of State, Bureau of Consular Affairs, International Parental Child Abduction, Child's Passport Issuance Alert Program, at https://travel.state.gov/content/childabduction/en/preventing/passport-issuance-alert-program.html (last visited August 9, 2016).

心。有关失踪儿童的信息必须提供给本州内的失踪儿童信息交换所或指定接收该信息的其他机构。法律还规定，在案件进入相关系统之后，必须在60天内更新。①

父母或对儿童负有责任的一方监护人必须根据要求向执法机构提供信息，而警察在宪法和法律允许的范围之内可以向任何人提供信息。在调查期间的任何时候，执法人员都可以要求家长签署一份索取牙科记录的书面申请，以便获取更多关于儿童的信息。如果孩子在初次报告之后30天仍然失踪，执法人员则必须向特定机构提出协助调查申请。

为儿童提供社会服务的学校和县级机构必须根据执法机构的要求，提供可能与失踪儿童调查有关的所有信息。执法机构对这些信息的使用仅限于进一步调查以找到该儿童，不得用于任何其他调查或程序。该法还规定，执法机构必须与州、州外或联邦等其他执法机构合作，并协助其调查失踪儿童。

除此之外，联邦调查局暴力犯罪侵犯儿童案件在2015年设立了儿童绑架案件快速部署小组，该小组是由经验丰富的专业人士组成的，为州和地方执法在实地调查、技术和资源上提供帮助。②

5. 国家数据库

美国联邦调查局在1967年建立了名为“国家犯罪信息中心”（National Crime Information Center，NCIC）的数据库。所有联邦和地方执法机构都可以全天24小时使用该数据库。NCIC中包含自儿童时期就失踪的成年人、当前失踪的儿童、身份不明的在世的和已故的人的信息。美国联邦调查局在1975年在国家信息中心建立了失踪人口档案，以整合有关失踪人员的信息。

美国司法部下属的国家司法研究所负责管理国家身份不明人员系统

---

① National Center for Missing and Exploited Children，Resources for Law Enforcement，at http：//www. missingkids. com/LawEnforcement（last visited June 29，2016）（on file with the International Centre for Missing & Exploited Children）.

② Federal Bureau of Investigation，Violent Crimes Against Children；Child Abduction Rapid Deployment Teams（CARD），at https：//www. fbi. gov/about－us/investigate/vc_ majorthefts/cac/card/card（last visited June 29，2016）（on file with the International Centre for Missing & Exploited Children）.

（NamUs）。该数据库包含有登记的失踪人员和身份不明的遗体记录的信息。[①] 不同于 NCIC，执法人员、调查人员以及医学检查人员可以免费进入该网站搜索失踪人员的信息，可以输入新的失踪人员信息并且为失踪人员添加照片。

6. 案件管理系统

除国家的数据库之外，每个州执法部门和“全国失踪与受虐儿童服务中心”都有自己独立的案件管理系统，为执法部门提供对儿童失踪的各种调查服务。

7. 警戒机制

美国最先创立了儿童失踪紧急反应机制——“安珀警戒”。起因是一个 9 岁女孩被绑架并被残忍杀害，案件却没有被侦破。女孩母亲戴安娜·西蒙尼希望建立紧急警报系统——当一个儿童被绑架时通知公众，如果社区知道，那么居民也可以协助搜索。西蒙尼希望这个系统可以纪念安珀·哈格曼。此诉求被当地执法部门认可并得以实现，并如西蒙尼所愿创造了“安珀警戒”。

“安珀警戒”的建立离不开被广泛关注的几起儿童绑架案件，以及陆续通过的联邦法案。1982 年国会通过了《失踪儿童法》，这部法律是在亚当·约翰·沃尔什被杀害之后制定的，这场悲剧让美国注意到需要更多的资源来帮助调查失踪儿童案件。这部法律在三年推动了 100 多个机构和社区组织帮助寻找失踪儿童，其中，国家儿童安全委员会，举办了一个非常成功的活动，在牛奶包装盒、联邦大楼和其他地方的传单上展示失踪儿童的照片，这种展示照片的模式如今还在沿用，只不过采取的措施更加现代化。2000 年，美国众议院通过了第 605 号决议，该决议鼓励全国各个地方的社区实施类似的紧急反应制度。2002 年最大的互联网服务提供商“美国在线”与“安珀警戒”合作，在其 2600 万名用户的电脑屏幕、手机上传输有关被绑架儿童的信息。[②] 但是这还不够，为了使系统更加有效，有必要建立一个全国性的“安珀警戒”网络，在发出警报时协调区域系统。2002 年 10 月，参议院通过了国家“安珀警戒”网络法案作为一

① U. S. Department of Justice，OJJDP，National Missing and Unidentified Persons System，at http：//www. namus. gov/（last visited June 29，2016）（on file with the International Centre for Missing & Exploited Children）.

② AOL to Deliver AMBER Alerts Online，N. Y. TIMES，Oct. 2，2002.

项独立法案。但是由于法案中添附了几项儿童保护条款，导致该法案没有通过，直到 2003 年 1 月，美国代表重新提出“安珀警戒”网络法案，才被表决通过。

“安珀警戒”还与执法机构、广播机构、运输机构和无线网络行业之间有自愿合作伙伴关系，旨在启动针对最严重的儿童绑架案的紧急通报。广播公司使用 EAS 播出被绑架儿童和疑似绑架者的描述，电台采取听众的建议和做法。与发生恶劣天气前的时候采取的措施一样，在美国发生恶性绑架杀人案件之后，发布紧急通报。紧急警报的目的是立即动员整个社区来协助搜索并安全找到儿童。2004 年夏天，“全国失踪与受虐儿童服务中心”开始建立一个由互联网内容提供商、卡车行业协会、社交网站、数字广告牌及无线业界代表组成的网络，以进一步加强各州/地区的“安珀警戒”计划的警报能力。“安珀警戒”程序现在已经发展到使用所有可用的技术来提醒公众。最近，无线紧急警报和社交媒体上的定向分发，继续改进和扩大了“安珀警戒”计划的范围。

2003 年 4 月 30 日，乔治 · W. 布什总统签署了《公诉救济和其他工具》和《2003 年保护法案》（Pub. 法律编号 108-21），以结束今天对儿童的剥削。在布什政府已经采取的支持“安珀警戒”的步骤的基础上，该法案建立了州和地方项目的国家协调，包括制定发布和传播“安珀警戒”的指导方针，以及在美国司法部的办公室任命一名国家“安珀警戒”协调员。

国家“安珀警戒”协调员与国家咨询小组合作，制定了一项战略，支持各州和社区加强全国“安珀警戒”系统，增加绑架儿童被迅速和安全找回的可能性。

8. 提高认识的倡议

美国所有的州和哥伦比亚特区、波多黎各和美属维尔京群岛都有失踪儿童信息交换所。而这些信息交换所是为失踪儿童及其家人和从事儿童失踪问题工作的人员提供资源的机构，包括互联网、信息传播、数据收集以及对失踪儿童的技术援助。“全国失踪与受虐儿童服务中心”与每一个信息交换所都保持着紧密的联系。①

---

① Missing and Abducted Children：A Law-Enforcement Guide to Case Investigation and Program Management，supra note 501，at 26. 564 National Center for Missing and Exploited Children，Missing Child Clearinghouses，at http：//www. missingkids. com/clearinghouses （last visited June 29，2016）（on file with the International Centre for Missing & Exploited Children）. See also 42 USC § 5771，supra note 19.

对于年龄更小的孩子，将会有“不要和陌生人说话”类型的项目，包括一些关于防止性侵和身体虐待的教育，以及为失踪孩子的父母和被绑架、被猥亵的孩子提供建议的行动方案。此外，还有专门的工作致力于让学生、家长和教师更好地了解导致孩子离家出走的原因；告知孩子离家出走之后的法律后果以及情感伤害；孩子出走后父母该怎样做；为打算出走的问题儿童提供一些替代方案；为父母和孩子提供社会服务和法律帮助。

（二）英国

1995 年，一名尼日利亚女童在英国失踪，这是英国第一起备受关注的儿童拐卖案件，引起了英国人对儿童失踪尤其是儿童拐卖的高度重视和重新认识。但在此之前，英国人都认为儿童失踪都是世界另一端的故事，不可能发生在英国，不可能发生在他们的社区。但是后来的多起失踪案件，导致了持续数年的“新桥行动”。①

1. 预防措施

英国参与的这些公约逐渐为跨国和国内的司法管辖区的活动提供了行为框架。对于他们而言，最重要的不是去帮助那些被贩卖的受害者，而是如何避免非法移民和犯罪。根据英国海关总署统计，在英国被贩卖的人口来自 61 个国家，最常见的来自尼日利亚、中国和越南。

在联合国儿童基金会的一份报告中，呼吁各国政府建立一个全面、协调一致的国家儿童权利体系，用于解决人口贩卖相关的问题，尤其是识别贩卖者、解救受害者、防止贩运和将受害者遣返原籍国等方面的措施。在英国和欧盟的不同地区已经开始了相关的实践，这些措施都是为了打击贩卖人口，属于犯罪控制模式的一种。

2. 父母诱拐预防机制

在英格兰和苏格兰，《1989 年儿童法》是防止诱拐的有效工具。如果一名儿童可能面临被诱拐的风险，法律上就会为这种危险提供一种保障程

---

① End the Traffic! End Child Exploitation（UNICEF，2003），at p. 12. See also Human Trafficking：The Government's Strategy，at p. 25.

序。法律上设定了一种程序来发布儿童被诱拐的禁止令[①]或居留令。[②③] 这样的一种程序在北爱尔兰也同样适用。通过上述方式申请，然后由法院执行，以防止将儿童带出管辖范围。如果与子女正常生活在一起的父母已经有了对子女有利的居留令，法院可以命令将子女交给有居留令的父母。[④] 当然，为了防止儿童被带离英国，还可以申请强制令，或者让儿童接受高等法院的监护。如果未经法庭允许就将儿童带离英国，将被视为蔑视法庭。如果儿童被许可离开英国，作出许可的人将与法院订立契约，必须确保儿童能够回到英国。

如果一项接触令[⑤]已经生效并且担心行使接触令的人可能会将儿童诱拐，可以申请改变接触令以保证接触人的行为受到监督。如果担心儿童存在被带出英国后不被带回英国的风险，法院可以要求将儿童带离英国的人交一笔钱，如果儿童最终没有回到英国，那么这笔钱将会被没收。[⑥]

自 1998 年 10 月 5 日起，儿童就不能申请成人护照了，利害关系人也可以写信给护照办事处，要求不提供未成年人的护照。如果一个孩子已经拥有了护照，法院可以要求他交出护照。[⑦] 根据《家庭法》第 37 条的规定，如果有禁止或限制儿童离开英国的命令，法院可以要求交出已经发给该儿童的护照。

3. 港口警报

在英国，港口警报系统[⑧]也可以用于防止儿童被绑架或者被拐卖。这

---

① A Prohibited Steps Order (PSO) is an order granted by the court in family cases which prevents either parent from carrying out certain events or making specific trips with their children without the express permission of the other parent.

② A residence order (granted prior to 22/04/2014) or a Child Arrangements Order will automatically give Parental Responsibility to the person or persons who are named as having residence of the child (ren)

③ Children Act 1989 s 8.

④ Children Act 1989 s 14.

⑤ When a relationship breaks down parents will need to reach an agreement on the arrangements for the children. They will need to decide which parent the child will live with and how often the other parent will see the child. The time the non-resident parent spends with the child is known as contact.

⑥ This practice also applies to Northern Ireland, see Article 8 of the Children (Northern Ireland) Order 1995.

⑦ See Practice Direction [1983] 2 ALLER 253.

⑧ See Practice Direction [1986] 1 ALL ER 983 and The Child Abduction Act 1984: 'Port Stop' Procedures Home Office Circular No 21/1986.

个警报可以用来消除真实且紧急的危险。该警报由警方 24 小时执勤，在离开管辖区的所有地点设立“港口站”，为期 28 天。28 天之后，该儿童的名字将自动被清除，必须进行重新申请，儿童的名字才会再次出现在港口警报上。该警报必须要申请人或者法定代表人向当地派出所申请，并且要向警方提供有关申请人、儿童以及带走儿童的人的信息，以及详细的旅行记录。[①] 警察的行动并不依赖于法院的强制命令，只需要一份申请人的权利声明，但是如果获得了法院的支持，对于申请人来说是再好不过的。比如，获得了法院的命令有助于说服警方采取行动，还可以获得政府机构的帮助来追踪儿童。它将赋予法院命令交出英国护照，有时候甚至有要求外国人交出护照的权利。最高法院还可以特别下令公开追踪这名儿童。

4. “安珀警戒”

英国的“安珀警戒”也被称为儿童解救警报（Child Rescue Alert）。英国启动“安珀警戒”后，允许警察向公众寻求帮助。英国启动“安珀警戒”的条件是：第一，失踪儿童明显不满 18 周岁；第二，儿童的生命健康可能遭受严重的威胁；第三，有足够的信息让公众可以帮助警方找到孩子。

5. 中央当局的保护措施

英格兰和威尔士管辖失踪儿童的中央部门是大法官，北爱尔兰的则是司法部部长。如果儿童被带离英国前往另一个海牙公约缔约国，英国大法官或司法部部长将要求申请人或其律师填写申请表，在适当情况下作出书面陈述，并提供法院命令的副本。然后，大法官或司法部部长将把申请书连同必要的翻译文件送交外国的有关中央当局。英国的大法官或司法部部长将监督案件的进展，并与外国中央当局和申请人联系。

英格兰和威尔士的大法官会向失踪儿童的父母提供法律帮助和代理、经济支持、住宿和咨询服务。当儿童失踪的情况被提出时，会通知相关的儿童保护机构。如果一名失踪儿童被送回北爱尔兰，并伴随对其家庭暴力或者虐待的指控，北爱尔兰司法部部长会向社会服务机构发出警报，并且提供关于在管辖范围内可以获得的服务信息。社会服务机构将会为儿童作出一切照顾安排。如果法院介入，并且当事人应法院的要求作出了承诺，法院会考虑这些承诺的可行性。

6. 提高认识倡议

英国还积极参加关于儿童失踪问题的各种国际会议。英国政府将联合

---

① For a more detailed list of requirements, see Practice Direction [1986] 1 ALL ER 983.

一个专门从事打击国际儿童诱拐的非政府组织——Retunite，该组织参与打击儿童诱拐领域的研究和信息收集，并为打击儿童诱拐领域的专业人员提供培训。该组织将从外交及联邦事务部以及英国法学会获得的资金用于开发和制作面向律师等其他专业人员的培训视频。①

对于公众而言，英格兰和威尔士的大法官已经制作了一本小册子，其中包含对父母的建议。② 后一本小册子目前正在审查中。外交及联邦事务部领事司也可在儿童诱拐问题上向父母提供援助，如果涉及的国家不是海牙公约缔约国，则应与外交及联邦事务部联系。Retunite 也运营了一个电话热线，在工作日的 10：30 到 17：00 期间运营。同时在以上时间之外，Retunite 提供紧急联系电话的应答服务。实际上，Retunite 最近完成了在公约案件中使用调解的试点项目。在某种程度上，在苏格兰更加鼓励利用资源寻求解决办法。

英国失踪儿童组织也有一个网站，上面有被绑架儿童的照片。由“国际失踪与受剥削儿童中心”提供支持。然而，英国中央政府没有很好地利用互联网。有一些关于英格兰和威尔士拐骗儿童的网页，可通过官方法务司的网站③和外交及联邦事务部的网站查阅。然而，与其他国家，尤其是美国、澳大利亚和加拿大相比，英国似乎并没有像其他国家那样用网络来发布有关拐卖儿童的信息。2002 年，北爱尔兰中央政府正在建设一个网站，苏格兰也在考虑采取类似的措施。在苏格兰，他们的目标是在苏格兰行政局的网站上附加网页，包括更多的最新信息和可下载的申请表副本，以供下载和访问。他们还打算修订现有的小册子，以电子形式提供。

7. 信息服务平台

获得可用于提供帮助的地方和国家服务的信息以及宣传这些信息是至关重要的。人们需要向法定和志愿服务机构提供指引，在儿童走失之后，帮助他们克服可能遇到的困难。因为失踪并不总是有预谋的，尤其是在年少离家出走者或那些为了应对危机而离开的人中，许多人不知道该向哪里寻求支持。此外，还需要公布有助于他们立即获得安全和长期需要服务的某些详细信息。有证据表明，家庭也可能缺乏关于支持服务的信息，正如我们所看到的，一些与家人失去联系的人并不知道他们可以采取行动来重

---

① 1 Carter，D. Child Abduction-The Role of the Central Authorities and Reunite［2000］IFL 102.

② Child Abduction from Scotland Scottish Courts Administration November 1996.

③ http：//www. offsol. demon. co. uk/caunitfm. htm.

新建立联系。

帮助这些领域的机构，利用电视、广播和报纸、互联网和“纸箱运动”来宣传失踪人员案件，已经取得了相当大的进展。虽然这些战略的重点是寻找失踪人员，但它们也可能有助于提高公众对这一问题的认识，使人们更好地寻求帮助。通过学校和其他安全教育加强这项工作。电视需要抓住观众，通过关注那些令人担忧的环境中脆弱或失踪的人来做到这一点。重要的是，有关服务的宣传应包括所有失踪案件。

（三）加拿大

根据 2018 年的调查报告，加拿大有 42233 名儿童失踪。[①] 每年约有 600 名妇女和儿童被贩卖进入加拿大，从事性工作；2014 年的报告显示，加拿大儿童遭受性虐待的比例在增加，导致儿童离家出走。此外，加拿大在 2014 年接收了约 23285 名难民，每年超过 300 个无人陪伴的儿童由于战争和贫穷离开祖国，来到加拿大。[②]

1. 父母诱拐预防机制

父母、其他家庭成员、监护人或其代理人剥夺、保留或隐藏一名或多名儿童，以损害另一名父母或家庭成员的监护权，包括探视权。在加拿大，父母诱拐被确定为一项刑事罪名。

为防止错误的指控，加拿大外事部在儿童单独出行或者和父母其中一人离开加拿大时，需要携带一份官方盖章或者签名的有效同意书。[③] 该同意书只在目的国有要求的时候才需要加拿大出具，如果目的国不需要，则不必携带。[④]

如果父母担心另一方会将儿童带走，可以通过请求 Passport Canada 将儿童的信息录入“Lookout system”。进入该系统的儿童，在以儿童名义签

---

① http：//www. canadasmissing. ca/pubs/2018/index-eng. htm.

② Unaccompanied child refugees pouring into Canada（July 26，2013），CBC NEWS，at http：//www. cbc. ca/news/canada/unaccompaniedchild - refugees - pouring - into - canada - 1. 1328888（last visited July 21，2016）.

③ Government of Canada，Recommended consent letter for children travelling abroad，at http：//www. voyage. gc. ca/preparation_ information/consent-letter_ lettre-consentement-eng. asp（last visited July 22，2016）.

④ Comment by Sergeant Jane Boissoneault of the Royal Canadian Mounted Police to the verification letter sent by ICMEC（June 1，2016）.

发护照的时候，会增加一项调查程序。[1]

2. 报告机制

儿童失踪以后可以与警方联系或者拨打“911”，已经找到的身份不明的遗骸可以与警方联系或者拨打“911”。如果证人匿名举报犯罪的，可以拨打打击组织犯罪免费热线，如果发现线索或者目睹儿童被拐或者被骗的，可以拨打加拿大社会失踪儿童免费热线提供相关的信息。[2]

3. 儿童失踪案件调查

在联邦层面，目前还没有要求立即对儿童失踪案件进行调查，但是在警务政策中有相关的要求。[3] 加拿大警察被要求承诺执行儿童失踪案件立即调查机制。国家失踪人员和身份中心（National Centre for Missing Persons and Unidentified Remains，NCMPUR）制作了失踪人员的最佳做法汇编，并在全国推行。地方警察的主要职责是在寻找失踪儿童的过程中与其父母沟通，同时推进刑事侦查。NCMPUR 为全国的法律执行人员、尸体鉴定人员提供支持。该支持包括加强对各司法管辖区和机构的案件分析，为老照片提供便利，并协助国际调查。[4] 加拿大皇家骑警队（Royal Canadian Mounted Police，RCMP）与加拿大无线电信协会就分发“安珀警戒”达成了一项国家协议。此外，儿童事务委员会为 NCMPUR 提供了一个框架，以便与其联邦政府机构合作，协调将儿童送回其父母身边。

4. 国家数据库

RCMP 是负责监督整个加拿大执法部门的警讯中心数据库。该数据库建成于 1972 年，为全国各地的执法部门提供有关犯罪和罪犯的信息，包括失踪和被绑架儿童的信息。[5]

NCMPUR 创立了失踪儿童/人员和遗骸数据库（National Missing Children/Persons and Unidentified Remains Database，MC/PUR）。MC/PUR 接

---

① Comment by Sergeant Jane Boissoneault of the Royal Canadian Mounted Police to the verification letter sent by ICMEC（June 1，2016）.

② Missing Children Society of Canada，Contact Us，at http：//mcsc. ca/about-us/contact-us/（last visited July 22，2016）.

③ Government of Canada，Recommended consent letter for children travelling abroad，at http：//www. voyage. gc. ca/preparation_ information/consent-letter_ lettre-consentement-eng. asp（last visited July 22，2016）.

④ Comment by Sergeant Jane Boissoneault of the Royal Canadian Mounted Police to the verification letter sent by ICMEC（June 1，2016）.

⑤ Government of Canada，Canada's Missing-What is AMBER Alert?，supra note 215.

收主要调查机构进行初步调查输入警讯中心的所有“失踪人员和尸体”记录的实时信息。该系统允许不同的机构在同一时间内多次输入或者删除每个失踪人员或者身份不明的案件信息。

2014年，加拿大对《1988年DNA识别法案》的修改对本国失踪儿童工作具有重大影响。新建了五个DNA数据库，其中三个统称为“人道主义指数”的重要指标，它们分别是失踪人员指数、失踪人员亲属指数、身份不明遗骸指数。这些将构成了2017年春季实施的国家失踪人员DNA方案的基础。

5. 警报机制

加拿大的“安珀警戒”方案作为一个快速紧急儿童警报系统，负责处理严重儿童警报事件，并吸引媒体和公众的参与。这是省级执法部门和不同参与者之间的一个志愿合作项目。除了加拿大西北地区、努纳瓦特和育空地区，全国都采取了“安珀警戒”。因为“安珀警戒”设置的初衷是为了安全地将失踪儿童找回，因此只能针对绑架案件并且必须由警方启动。国家“安珀警戒”工作组由NCMPUR协调，由各个省的“安珀警戒”工作组组成。

此外，Missingkids. ca网站开发了儿童失踪警报，同意该协议的加拿大人可通过电子邮件、传真、脸书（Facebook）或者推特（Twitter）等方式接收到失踪儿童的信息。① 类似的还有加拿大失踪儿童协会创造的一种警报机制，主要是在脸书（Facebook）和推特（Twitter）上的用户之间扩散“安珀警戒”和紧急儿童失踪警戒的信息。②

如果失踪儿童不符合“安珀警戒”的启动条件，执法部门和公众可以利用照片分发机制。例如，在当地企业、接头哨所通报个人传播海报。NCMPUR和Missingkids. ca网站都有相应的机制帮助不符合“安珀警戒”启动条件的失踪儿童。

6. 提高防失踪措施的倡议

加拿大儿童保护中心每年主办一次失踪和受剥削儿童的问题会议，对执法人员、社会工作者、教育工作者、检察官、顾问、律师、律师、医疗

---

① Canadian Centre for Child Protection, Missing Kids Alert - When More People Know, More People Are Looking, at https://missingkids. ca/app/en/missing_ kids_ alert (last visited July 22, 2016).

② Missing Children Society of Canada, Most Valuable Network, at http://mcsc. ca/search-program/most-valuable-network/ (last visited July 22, 2016).

专业人员开展相关培训。为社区提供失踪儿童的帮助，如“家庭支助方案”。该方案以法律援助、咨询和在儿童失踪时向家庭提供财政帮助。

（四）新加坡

1. 父母诱拐预防机制

2010 年，新加坡加入海牙公约，成为签订该公约的第二个东盟国家，新加坡也是目前唯一一个有国际父母诱拐立法的亚洲国家。

新加坡通过国内立法确保国际父母诱拐由新加坡法院作为民事案件处理，以加强绑架的民事救济。

2. 报告机制

新加坡警方制定的警方程序政策规定：若家人或朋友搜查失踪者，但未能找到失踪者，必须立即向警方报案。家长如果要报案可以通过报警热线或者就近派出所报案。

新加坡儿童协会运营的“丁克尔朋友”热线是一个全国性的免费求助热线，是专门为那些因得不到父母的帮助、建议或者信息而感到孤独或者痛苦的小学学龄儿童提供帮助、建议和信息的热线，以防止儿童离家出走。① 据统计，2013 年有 1701 名新加坡儿童从这项服务中得到帮助，在 2014 年，有 1783 名儿童得到帮助。②

新加坡在 2008 年建立了第一个 DNA 数据库并开始进行分析，是为需要外包的国家提供最多的 DNA 分析的国家之一。③

3. 儿童失踪案件调查

根据社会和家庭发展部门的官方数据，以前警察接收一份失踪报告时没有要求警察必须立即行动，会将审查所有新的失踪人员报告给上级。④

警方程序资料小册子并没有详细解释警方接收报告后会如何处理个案。新加坡社会和家庭发展部的一名官员称，新加坡警方有一项内部政

---

① TINKLE FRIEND HOTLINE，http：//tinklefriend. com/talk - to - us （last visited Feb. 21，2016）（on file with the International Centre for Missing & Exploited Children）.

② Ever Ready to Meet the Growing Needs of Children Annual Report 2014，SINGAPORE CHILDREN'S SOCIETY，at https：//issuu. com/sgchildrensMEIGUO ety/docs/scs_ ar2014_ 26032015_ single_ final （last visited Feb. 21，2016）（on file with the International Centre for Missing & Exploited Children）.

③ INTERPOL，INTERPOL Global DNA Profiling Survey Results and Analysis（2008）25，at http：//www. dnaresource. com/documents/2008INTERPOLGLOBALDNASURVEYREPORTV2. pdf （last visited Feb. 21，2016）（on file with the International Centre for Missing & Exploited Children）.

④ Email correspondence with Tammy Yap，supra note 283.

策，其中包括警察应如何处理失踪人口案件的指导方针，包括与医院进行核对，根据内政部数据库进行筛选，在必要时进行进一步调查。

（五）芬兰

2011 年芬兰发现 9 名儿童性工作者；2006 年至 2009 年发现 13 名疑似儿童性工作者。[①] 2013 年，芬兰共报道了 5300 起儿童被害案件，2015 年有 2136 名儿童遭受了严重的家庭暴力，这些被家暴的儿童都是潜在的离家出走的儿童。[②]

1. 父母诱拐预防机制

芬兰有好几部法律与携带儿童跨境出行有关，这些法律实施的主要目的是防止跨境绑架。1889 年芬兰刑法规定，禁止将儿童移送出国或者不将儿童移送回国。

相应地，芬兰儿童的护照申请必须经过其所有监护人的同意。在某些情形下，15 岁以下的儿童不需要所有监护人同意，但是发放护照的前提是"不签发护照护明显损害儿童的利益，而且只要没有明显的危险，即使违反监护人的意愿，儿童可以被带到另一个国家生活很长一段时间"。因此，在芬兰，即使刑法将父母诱拐规定为犯罪，但是很难定罪。

2. 报告机制

芬兰加入了"欧洲失踪儿童"热线"116000"，该热线面向公众收集失踪儿童的信息，也为失踪儿童的回归提供帮助。相关人员在向警局报告失踪时，需要提供一张失踪儿童的近期照片。如果儿童离家出走，儿童福利管理局可向警方报案并要求行政协助。[③]

3. 儿童失踪案件调查

芬兰法律规定在确定失踪前，有一个 24 小时的等待期间，但是如果是儿童失踪案件，就会毫不迟疑地开展调查和搜寻。法律上虽然设置了一个等待期间，但是实际上在警察政策中要求毫不拖延地对失踪人员进行搜索和救援。例如，芬兰的警察官方网站上载明了，警察负责陆上失踪案件

---

① UNICEF, Child Trafficking in the Nordic Countries: Rethinking strategies and national responses, endnote 18 at page 40 (Dec. 2011), at https://www.unicef-irc.org/publications/pdf/nordic_countries.pdf (last visited July 21, 2016).

② Statistics Finland, Nearly 70 percent of victims of domestic violence and intimate partner violence were women (May 30, 2016), at http://www.stat.fi/til/rpk/2015/15/rpk_2015_15_2016-05-30_tie_001_en.html (last visited July 21, 2016).

③ Correspondence with Sami Isoniemi (June 13, 2016).

的调查，海边防卫队负责对海上失踪案件进行调查。相关人员负责在走失区域仔细搜查失踪人士，如该儿童在仔细搜索后仍然下落不明，警察需要提交一份关于失踪人士的详细报告（包括姓名、个人身份证代码、电话号码、身体描述、衣物描述和交通工具描述）。1995 年芬兰警察法明确了芬兰警察的职责和权力，芬兰警察有权要求进入公民住所对失踪儿童进行搜查，有权要求公众对此提供帮助和方便。[①]

案件的调查过程中，芬兰志愿救援服务队可协助当地警察，该服务队是由经过训练的志愿人员组成。对于拐卖案件或者其他违反刑法的案件，由检察院负责处理，对于儿童被绑架到欧洲或者北美的案件，由司法部参与，外交部负责与其他国家联系。[②]

4. 数据库

芬兰有一个国家警察数据库，里面记录了失踪人员案件和行政协助案件。申根系统的成员国多是欧洲国家，申根协议的成员国之间的出境、入境更加自由，但是这种自由也扩大了儿童失踪之后的寻找范围。申根信息系统是欧洲使用最广泛、规模最大的安全和边境管理信息共享系统。信息安全战略使国家主管当局，如警察和边防警卫，能够进入并查阅有关人或物的警报。申根信息系统警报不仅包含关于某个特定的人或物的信息，而且包含有关当局在发现该人或物时该做什么的指示。设在每个会员国的国家 SIRENE 专门局作为交流补充信息和协调与申根信息警报有关的活动的单一联络点。截至 2017 年年底，申根信息系统包含约 7650 万条记录，被访问 52 亿次，获得 243818 次点击。作为申根协议的成员国之一，芬兰警方有权进入申根系统——一个覆盖全欧洲的通缉和失踪人员的警报网站。

5. 警报系统

芬兰没有国家快速紧急儿童警报系统，但是芬兰有一个紧急警报系统，在人们面临生命或者财产受威胁的时候通知芬兰公众。

执法部门负责分发照片，儿童失踪调查主管部门决定是否有必要传播照片。在离家出走案件中避免使用媒体警报，以保持儿童的匿名性，并将

---

① Sections 15 and 45 of the Police Act of 1995, at http://www.finlex.fi/en/laki/kaannokset/1995/en19950493.pdf (last visited July 23, 2016) (on file with the International Centre for Missing & Exploited Children).

② Police of Finland, Public Order-Search for a missing person, at https://www.poliisi.fi/public_order/search_for_a_missing_person (last visited July 25, 2016) (on file with the International Centre for Missing & Exploited Children).

其作为一种保障程序。

（六）俄罗斯

据估计，2015年俄罗斯的失踪儿童超过4.5万人。[①] 2007年至2012年，俄罗斯记录在案的父母虐待收养儿童案件超过1.81万起，[②] 2013年俄罗斯联邦调查委员会正式报告了17014起针对儿童的犯罪，这些都是引发儿童失踪案件的重要原因。

1. 父母诱拐预防机制

在俄罗斯，父母诱拐不属于刑事罪名，如果父母或者相关人士声称儿童被错误地转移到俄罗斯或留在俄罗斯，他们可以向相关的俄罗斯法院申请将儿童送回。[③]

在俄罗斯，儿童被家庭成员诱拐，父母必须向俄罗斯警方提供一份失踪人口报告，还可以请求启动儿童失踪的调查程序。如果儿童被找到，法院可以要求将儿童带回到原来的监护人居住的地方。[④]

俄罗斯内政部移民事务总署负责向俄罗斯公民发放国际护照，申请儿童护照的时候只要父母一方在场即可，当然儿童必须在场。也不需要不在场父母的同意书，但是如果另一方反对为儿童办理护照，他必须诉诸法院，法院若支持该请求则当局不会发放护照。

同样，在父母一方的陪同下，儿童就可以在俄罗斯境内畅通无阻。但是如果涉及出国，父母另一方可向法院提出异议。如果是儿童独自离开俄罗斯，需要护照和父母双方的书面同意。同意书必须载明旅行的期间和国家。[⑤]

虽然俄罗斯法律没有具体规定控制儿童进入俄罗斯领土，但有适用于

---

① Interview with Pavel Astakhov MIA "Russia Today", Apr. 4, 2016, at http: //www. rfdeti. ru/display. php? id=11071 (last visited July 10, 2016) (on file with the International Centre for Missing & Exploited Children).

② Children's Ombudsman for the President of the Russian Federation, Report by Pavel Astakhov at the seminar organized by custody and guardianship authorities (April 18, 2013).

③ Article 244. 11 part 1 of the Civil Procedure Code of the Russian Federation, at http: //www. consultant. ru/document/cons_ doc_ LAW_ 39570/ (last visited June 28, 2016).

④ U. S. Department of State, International Parental Child Abduction, Country Information, Russia, at https: //travel. state. gov/content/childabduction/en/country/russia. html (last visited June 29, 2016); A comment by Association of Volunteer Organizations "Search for Missing Children" (Poisk Detei) during online meeting (April 11, 2016).

⑤ Federal Law No. 114-FZ On exit from the Russian Federation and entry to the Russian Federation, at Articles 21-22.

所有进入俄罗斯的外国公民或无国籍人士的一般规则。例如，任何外国人或无国籍人必须出示有效的身份证件和签证。

2. 报告机制

儿童失踪后，其父母或者相关人士可以通过到警局或者通过电话报告失踪的儿童，并且联系意外事故注册局。接到电话的工作人员会派遣最近的警察进行搜寻工作。另外还有两个 24 小时免费热线以及志愿者服务机构为失踪儿童提供帮助。

关于失踪儿童的初步报告可以通过在 NeDopusti 等网站上填写一份表格提交在网上。

3. 失踪案件调查

俄罗斯立法要求立即调查失踪人员的案件，而不论失踪的时间和失踪的地点。儿童失踪后值班人员先在登记簿上登记信息，将案件通知调查委员会的官员，组成调查小组，将调查小组派往失踪地点，启动刑事案件以及进一步的调查，制订一项行动计划，处理离家出走的儿童失踪案件，并与国际刑警组织合作。

志愿搜救队在社区制作和分发海报，在媒体上传播关于失踪儿童的信息，并使用特殊设备对该地区进行搜索。

法律还授权法院法警在家庭绑架案件中搜寻失踪儿童，并作为已启动程序的一部分。在俄罗斯 2014 年的一项立法中，私家侦探也可以参加儿童失踪案件的调查。① 2016 年，“失踪与受虐儿童服务中心”和联邦法院法警服务局签订了一项正式协议，作为执法程序的一部分，使搜寻儿童的工作更加有效。

4. 国家数据库

俄罗斯没有专门儿童失踪的全国数据库。有关失踪儿童的资料均已输入罪案记录册和行政记录册。并且这些信息以手写输入的形式保存，目前尚不清楚联邦法院法警服务局是否有数字化的信息以供儿童失踪的调查。俄罗斯立法规定要建立一个存有下落不明的遗骸的国家 DNA 数据库，但是目前这个数据库只有莫斯科有。

2014 年紧急情况部建立了一个名为“紧急情况汇报点”，帮助寻找在

---

① Article 3 Clause 8 of Law No. 2487-1 On Private detective and security guard activities in the Russian Federation of 11 March 1992, at http://www.consultant.ru/document/cons_doc_LAW_385/ (last visited June 30, 2016).

自然条件下失踪的人，但是这项服务现在已经不存在于紧急情况部的网站之上了。

2015 年年底，儿童权利监察员建议建立一个犯罪嫌疑人国家登记册，登记下试图或者已经犯下侵犯儿童罪行的罪犯。[①]

5. 案件管理系统

俄罗斯 NeDupusti 网有一个收集俄罗斯儿童失踪案件的系统，该系统记载了警察局登记的儿童失踪案件，公众可以通过官方网站进入该数据库。

6. 紧急警报机制

俄罗斯尚未建立儿童失踪紧急警报系统。但是政府当局和 NeDupusti 网以及 Lisa 警报可能会建立一个紧急儿童警报系统。

2014 年，NeDupusti 网建立了第一个电子警报系统，也是目前俄罗斯的唯一警报系统，通过网上向网络用户发布失踪儿童信息，以及在搜索期间帮助志愿组织吸引更多的志愿者参与搜寻。该系统的一个关键元素是在线横幅的自动生成。带有失踪儿童基本信息的横幅被放在合作伙伴的网站上，并根据相关性定期更换，电子信息警告系统将扩展到户外广告牌和一些电子媒体上。

2015 年，紧急情况部支持调查委员会的一项举措，即在紧急情况部的信息屏幕上发布关于儿童失踪的信息，并利用其他技术设备和新的信息技术在紧急情况部内部建立一个综合应用信息系统。[②] 2015 年调查委员会签订了 61 号法案，到 2016 年年末，该屏幕仅在莫斯科使用过一次。从 2016 年 4 月开始，莫斯科公路监督员开始在公路上广播关于失踪儿童的信息。

2015 年，在谢尔盖索比亚市长的请求下，莫斯科启动了一个移动电话和电脑的投票系统——活跃公民。通过允许莫斯科人就城市治理问题投票。2015 年 Lisa 警报登录“找到我”App，与莫斯科市政府合作发布失

---

① Comment by “NeDopusti!” during online meeting（April 11，2016）.

② The Investigative Committee of Russia held an extended meeting of the panel to discuss work results for the 1st semester of 2015，at http：//sledcom. ru/news/item/950225（last visited March 20，2016）；Id.，the Decree is titled《On the use of the integrated system of informing and alerting population in crowded areas within the Ministry of Emergency Situations by the Investigative Committee of the Russian Federation to assist in searching for missing minors”（the Decree is not available to the public）.

踪儿童信息以及将失踪信息发送给登记注册的活跃公民①（超过35万人参与这个项目）。

2016年，优步（Uber）和寻找失踪儿童联合会在俄罗斯启动了一个联合项目。Uber司机将失踪儿童的信息放在他们的车上，乘客可以将车上的信息编辑标签Uberpoisk发布到社交网络。寻找失踪儿童联合会已开始着手建立一个免费的电子系统“Bagheera”，使父母能检测到其子女的位置，并立即查明他们是否处于危险之中，从而提高失踪儿童寻找的效率和范围。一旦筹集到需要的资金，该系统将会在6个月内投入使用。

7. 提高认识倡议

与上述国家一样，俄罗斯也是通过开展线下的讲座活动，印刷相关的儿童安全手册和书籍，分发给教育机构和父母以提高他们的防范意识。

（七）意大利

意大利处理儿童失踪的中央机构是青少年司法中心。该机构位于罗马，是司法部的下属机构。青少年司法中心已与外交部合作出版了小册子，其中仅向父母提供关于如何防止和解决儿童被拐的意大利文资料。

1. 父母诱拐防机制

为防止儿童被拐骗，对儿童行使监护权的父母可向当地民事法庭上的监护法官申请一项命令，禁止未经其同意将儿童从意大利带走。其他的预防措施还包括限制签发儿童护照。通常，申请一个儿童护照或在申请成人护照时附属申请儿童护照，必须经儿童另一监护人的同意，如果另一监护人不同意，也可以由有管辖权的法官进行授权，当然，有监护权的父母也可以要求监护法官不给予这种授权。为了应对孩子被带走的威胁，家长可以和学校进行相关的沟通，告知学校哪些人可以与孩子单独接触。

但是这种措施并不能解决父母诱拐的问题，尽管意大利将父母诱拐规定为刑法的一项罪名，但是实际上并没有父母因此而被定罪。

2. 调查机制

意大利的案件必须经过检察官的授权才能开展调查，即使是警察机关先发现失踪案件，也应当先将案件通知司法部门。

如果申请儿童失踪的申请人能够提供有关儿童下落的地址或信息，国

---

① Olga Vorobieva，Traffick monitors in Moscow started broadcasting information about missing children（April 6，2016），AGENCY OF SOCIAL INFORMATION，at http：//www.asi.org.ru/news/122965/（last visited July 5，2016）.

家警察就会展开对儿童失踪的调查。青少年司法中心将通知警察总部，警察总部对儿童失踪案件都有管辖权。在每个警察总部都有一个儿童事务特别办事处，称为儿童事务处。该处人员主要是女性警察，她们是儿童事务专家。反之，如果申请人不能提供失踪儿童的相关下落信息，青少年司法中心在必要时可以联系国际刑警组织，要求其查明儿童下落。[①] 如果国际刑警组织成功查明下落，青少年司法中心将与国际社会服务机构合作，展开进一步的解救措施。

3. 反应机制

当发生从意大利到另一个海牙公约国家的绑架时，被绑架儿童的父母可以通过填写中央当局提供的相关表格向意大利青少年司法中心提出申请。意大利青少年司法中心将审查申请是否有充分的根据，然后将其提交给有关外国的中央当局。意大利中央当局也可以与外国中央当局合作，确定这名儿童的下落。

如果孩子是意大利公民，也可以要求移民政策部和外交部的意大利公民海外生活司提供援助。如果儿童被绑架到海牙公约缔约国中，外交部只起了次要作用。而在涉及非海牙公约缔约国的案件中，外交部则发挥了全面作用。部长办公室在审查案件后，可以协助国际刑警组织查明这名儿童在国外的位置。在孩子被带走的州，意大利大使馆官员也可能参与其中，他们将在当地社会服务机构的帮助下，获得有关孩子位置信息。一旦孩子被找到，领事可以在当地青年福利服务机构的帮助下，进行“福利和下落”检查，并可以行使作为监护人的权利，当然，这些权利只能对意大利的儿童行使。

4. “安珀警戒”

意大利“安珀警戒”系统于2011年成立，其被称为儿童绑架警报系统。在意大利，警方在调查儿童拐卖案件时可以求助于公众。启动“安珀警戒”的条件是：第一，失踪的人员是未成年人；第二，失踪儿童面临生命安全的威胁；第三，有被强迫转移出境的可能；第四，能够提供足够和可靠的信息，使警报的传播有助于确定受害者或绑架者的位置。[②]

意大利“安珀警戒”与Sky、Autogrill端口以及其他的电信和新闻机

---

① State Police maintains a web site，at http：//www.bambiniscomparsi.it，on which photos and information about missing children are published. This web site is linked to the International Network of Missing Children web sites coordinated by the National Center for Missing & Exploited Children.

② https：//www.amberalert.eu/amber-alert-in-your-country/.

构有合作关系。可以通过广播组织 Rai 播放提前制作的一个视频寻找失踪人员。

公安部是国家的中心部门，负责制定发布警报的政策和战略。公安部的部门能够支持当地对失踪疑难的反应。国际合作处有一个一周 24 小时的行动室，负责对所有国际调查作出反应。它还处理“安珀警戒”，并管理通过专用号码发出和接收呼叫的任何警报。但是意大利的“安珀警戒”并未付诸实施。

（八）白俄罗斯

据报告显示，白俄罗斯在 2005 年至 2016 年的 586 起儿童贩卖案件中，有 579 名儿童都遭受了性剥削。

1. 父母诱拐预防机制

父母诱拐是指冒充儿童父母将儿童拐走，或者父母一方私自将儿童带走侵犯另一方亲权的行为。在白俄罗斯，一般来讲，如果是父母双方或者两个监护人带着一个儿童离开白俄罗斯，不需要另一方的同意。但是如果父母一方不同意其出境，就可以向法院提出异议，法院审查后认可其异议，该儿童的数据将会被载入相关数据库，该儿童就将被暂时限制出境。另外，他国儿童入境时也需要在海关处单独登记。① 如果儿童单独离境，需要护照和父母双方的书面同意，特殊情况下也可以单独一方同意。

白俄罗斯内政部负责发放护照，不满 14 周岁的儿童必须由父母或者监护人代为办理护照。

2. 报告机制

儿童失踪后，其父母必须在当地警察局填写一份报告，并与内务部事故局联系，该局会核查医院和停尸房的记录，如果没有记录，就必须向当地警察局提交报告或者通过电话报告失踪。不止父母，其他人也可以报告儿童失踪的案件。

3. 失踪案件调查

白俄罗斯警方接到儿童失踪报案或者其他接受儿童失踪案件的组织在收到相关的儿童失踪报告后，就会立刻展开儿童失踪调查程序。国家层面有方针和政策的指引，解释了法律执行主体应该如何进行儿童失踪案件的

---

① The Law No. 49-Z On the Order of Departure from the Republic of Belarus and Entry into the Republic of Belarus of 20 September 2009, at http://pravo.newsby.org/belarus/zakon0/z465.htm (last visited June 23, 2016).

调查。

儿童自偏远地区失踪的时候，白俄罗斯的志愿组织诸如“Angle 和 Simuran”通过分发海报和在网上发布信息协助警察寻找失踪儿童。Ponimanie 旗下的失踪和受剥削儿童中心旨在协助执法部门寻找失踪儿童。中心通过散发海报、在其网站上发布信息和发送邮件的方式向公众通报儿童失踪案件。[①] 2012 年 4 月 27 日，内务部和 Ponimanie 签署了该中心与执法当局之间的合作计划。Ponimanie 是白俄罗斯唯一一个有这样一份协议的非政府组织。该协议描述了在中心和执法部门之间交换失踪儿童信息、在公共场所和交通工具上传播信息，以及与印刷和电子媒体及公众进行接触的程序。

4. 国家数据库

白俄罗斯的执法部门手工将失踪儿童的失踪报告记录在案，并将相关数据输入具体记录的数据库，但是该数据库并不对公众公开。2008 年，白俄罗斯建立了一个 DNA 数据库。数据库中包含下落不明的人的遗骸、被控犯罪的罪犯、犯罪证据和失踪人员亲属的 DNA 样本。

5. 案件管理系统

白俄罗斯国家失踪与受虐儿童服务中心运行一个儿童失踪案件管理系统，其中载有正式报告的失踪儿童的信息，公众可以进入这个管理系统，为的是公众在遇到相关儿童时能够认出来。

6. 警戒机制

2014 年 Ponimanie 成为欧洲“安珀警戒”组织的成员。目前，在白俄罗斯没有儿童失踪紧急反应机制，但是传统的照片分发机制已经十分成熟。CMEC 和搜救队协助执法部门向公众通报失踪儿童的情况，在网上或以印刷品的形式在线下进行信息传播。

7. 提高防失踪认识的倡议

ICMEC 为政府官员、执法人员、非政府组织代表和一般公众举办的教育活动，以使寻找儿童的工作更加有效，改进预防框架，并交流寻找失踪儿童的经验。

例如，2016 年白俄罗斯红十字会为三年级和四年级学生举办的一个活动，向他们宣讲保护自己的知识。自 2013 年起，ICMEC 和一些志愿者

---

① Centre for Missing and Exploited Children, What we do, at http: //poisk-detei. by/about-us/chto-delaem/ (last visited June 24, 2016) .

也开始向一些家庭宣讲一些关于防拐和防止儿童绑架的做法。

（九）哈萨克斯坦

2014年报道，在哈萨克斯坦有超过900名儿童遭受了虐待，这些儿童遭受的虐待，是儿童失踪的很大一部分原因。

1. 父母诱拐预防机制

哈萨克斯坦没有将父母诱拐规定为犯罪，但是根据婚姻与家庭法，任何关于儿童居住地的争议，都应当由法院裁决，除非双方有书面的协议。因此，父母诱拐不构成犯罪，但是最严重的情况可能面临45天的监禁。

在儿童遭受国际拐骗的情况下，父母双方或者一方可以称儿童被错误转到哈萨克斯坦或被扣留，侵犯了监护权，向中央当局申请开始寻找失踪的儿童。儿童在哈萨克斯坦境内被家庭成员绑架后，父母或者法定代表人必须向警方提交失踪人口报告，以便展开调查。

哈萨克斯坦在为儿童办理护照的时候不需要父母双方的签名同意，但是哈萨克斯坦有一系列关于携带儿童出境的立法规定。例如，父母一方带儿童离开哈萨克斯坦不需要另一方的同意，除非是永久性的离开。① 如果是永久性的离开，又没有同意书，就由法院解决该事件。② 如果是一名哈萨克斯坦儿童没有成人陪伴出国，他需要出示护照和父母双方经过公正的书面同意书，同意书必须标明履行的时间和儿童打算访问的国家。③ 如果是乘坐火车经过哈萨克斯坦的儿童，陪伴他们的成人不是法定代表人的，必须出示授权书。但是已满15周岁的未成年人就可以无须在父母的陪伴下在哈萨克斯坦境内单独出行。

随父母出行的儿童，必须持有证明其与父母关系的文件正本或副本，否则儿童将不被允许离开。如果父母和儿童的姓氏相同，有出生证明就足够了，如果不相同还需要提供其他的相关证明材料。④

---

① See also Sergei Sizintsev, A parent's consent for a child's departure abroad (Sept. 22, 2012), DE FACTO, at http://defacto.kz/content/soglasie-roditelya-na-vyezd-rebenka-zagranitsu.

② Clause 7 sub-clause 6 of the Rules for issuance of documents for traveling outside the Republic of Kazakhstan for permanent residence, approved by the Decree of the Government of the Republic of Kazakhstan No. 361 of 28 March 2012, at http://adilet.zan.kz/rus/docs/P1200000361 (last visited July 7, 2016).

③ Clause 27 of the Rules for the carriage of passengers, baggage and cargo by air transport, approved by the Decree of the Government of the Republic of Kazakhstan No. 1522 of 13 December 2011, at http://adilet.zan.kz/rus/docs/P1100001522 (last visited July 7, 2016).

④ A response from the Union of Crisis Centers to the Gap Analysis document (April 27, 2016).

2. 报告机制

哈萨克斯坦的失踪人员报告机制与上述国家大同小异，可以通过电话热线或者到警局填写失踪报告。

ICMEC 没有确定哈萨克斯坦关于失踪儿童的专门热线电话，但是隶属阿斯塔纳内政部的阿斯塔纳事故登记局就像是一条寻找失踪人员的热线。该局有一个数据库，其中包含内政部专门机构（如拘留中心、接待中心等）每天收到的信息。所有输入的信息都被发送到由警察运行的操作控制中心（Operation Control Centre，OCC）数据库。该局的计算机与 OCC 相连，这样就可以追踪事故、失踪人员和尸体发现的数据。阿斯塔纳的医疗机构也帮助收集信息。阿斯塔纳的任何居民都可以免费打电话给失踪人口调查局询问失踪人口的情况，该局有义务立即在其数据库中查找失踪人口的信息，以便对询问作出答复。哈萨克斯坦危机中心联盟设立了三条热线，包括全国儿童和青年热线、预防家庭暴力热线、防拐骗热线。

3. 失踪案件调查

《关于接收和登记犯罪陈述和报告的规定》以及 2014 年统一的审前调查登记制度，要求对失踪人口案件立即进行调查。哈萨克斯坦的执法当局有一些内部准则和政策，解释如何处理向警方报告的失踪人口案件，包括：将失踪人口的信息登记在记录簿和由一名当值警官在审判前调查的统一登记册中；将案件通知本署的执法人员及邻近的总区警署的人员；并派遣刑事警察、调查人员和行动小组前往失踪地点。

4. 国家数据库

OCC 系统允许哈萨克斯坦警察登记报告、收集和分析有关犯罪和事件的信息、管理警察资源、跨管辖区共享信息、向发生地点派遣警察、报告警察活动结果并为管理决策提供信息支持。

总检察长办公室法律统计和特别委员会登记所有失踪人口案件。失踪人士的资料向公众开放，并可在委员会的网站上查阅。[①] 委员会还设有一个自动信息系统“特别账户”，其中载有被拘留者、被定罪者、犯有行政

---

① Kazakhstanis can get information about missing people through the Internet（April 6，2012），PROFIT，at http：//profit. kz/news/8405/Informaciu－o－propavshih－bez－vesti－kazahstanci－mogut－poluchit－cherez－internet/（last visited July 8，2016）；Information Service of the Committee for Legal Statistics and Special Accounts of the Prosecutor General's Office of the Republic of Kazakhstan，at http：//service. pravstat. kz/portal/page/portal/POPageGroup/Services/SuRet（last visited July 8，2016）.

罪者和被通缉者的资料。① 此外，还有一个政府数据库——“自然人”，其中载有出生、婚姻、身份证号码的正式记录和有关个人民事地位的其他资料。② 此外，任何在哈萨克斯坦的人都有义务输入自己的指纹和DNA数据。

5. 案件管理系统

ICMEC没有确定的哈萨克斯坦的案件管理系统，2014年，在总检察长的支持下，哈萨克斯坦互联网协会宣布计划创建一个门户网站，但是由于资金不足计划被搁置。

6. 紧急警报系统

哈萨克斯坦没有一个官方的儿童失踪警报系统。但是有照片分发机制，主要依靠警方在大众媒体上公告、失踪人员的亲友通过网站扩散失踪人员的信息。志愿者队伍通过网上传播和制作、分发海报来传播有关信息。③ 总体来讲，其反应机制还不够成熟，主要依靠的是公益而不是法律制度。

7. 提高认识的倡议

哈萨克斯坦非政府组织——危机中心联盟，旨在开展防歧视和性别暴力的活动，向遭受暴力的儿童提供心理上的帮助，保护儿童免受暴力的伤害以及督促国家和区域立法。

（十）越南

越南存在大量的街头儿童，街头儿童指的是离开家庭，自己在不固定

---

① Committee for Legal Statistics and Special Accounts of the Prosecutor General's Office of the Republic of Kazakhstan, Automated information system “Special Accounts”, at http://pravstat.prokuror.kz/rus/o-kpsisu/ais/avtomatizirovannaya-informacionnayasistema-specialnye-uchety (last visited July 8, 2016).

② Electronic Government of the Republic of Kazakhstan, Projects of the electronic government of the Republic of Kazakhstan, at http://egov.kz/wps/portal/Content?contentPath=/egovcontent/basic/projects (last visited July 8, 2016); NITEC, Government Database “Natural Persons”, at http://www.nitec.kz/index.php/post/gosudarstvennaya-baza-dannyih-fizicheskie-litsa (last visited July 8, 2016); Roza Shinzhirbaeva, Vital Records Offices are creating an electronic database - birth certificates and marriage certificates in the Southern Kazakhstan Oblast are issued with the help of a computer (Dec. 18, 2007), at http://www.adilet.gov.kz/ru/node/656 (last visited July 8, 2016).

③ A response from the Union of Crisis Centers to the Gap Analysis document (April 27, 2016).

的地方生活，挣钱养活自己；或是和家人一起在街头流浪。[①] 既包括主动离家出走的儿童，也包括和家人走失而在街头流浪的儿童。此外，越南有20%的儿童遭受性虐待，有12%～20%的儿童遭受着家庭暴力。[②]

1. 父母诱拐预防机制

越南在《儿童保护、关爱、教育法》中将拐卖儿童一般定为犯罪，但是这项法律并没有特别提到父母诱拐。因此在越南也没有相关的儿童出境、入境的限制。

2. 案件管理/数据库

越南没有官方的国家数据库或是案件管理系统来收集失踪儿童或是身份不明儿童的信息。世界宣明会“终止人口计划”为贩卖人口的受害者设计了一个案件管理系统，其中包括失踪人口的表格。这项计划已经在越南实施，但是实施的情况暂时还不清楚，而且信息搜集的方式也不清楚。[③]

3. 提高认识的倡议

胡志明市儿童福利基金会，一个非政府组织，致力于提高弱势群体和儿童对人口贩卖风险的认识。弱势儿童群体主要包括街头儿童、残疾儿童、被贩卖或被剥削的高危儿童。该基金会在胡志明市经营者两个避难所，在那里为他们提供教育和技能培训。[④]

在胡志明市工作的另一个非政府组织 Thao Dan 儿童保护中心也为 6 至 14 岁的街头儿童建立一个安全屋，并在必要时为他们提供临时住所、食物、受教育机会和其他社会服务，如外联活动和实际生存培训。[⑤]

---

① Law on Child Protection, Care and Education, No. 25/2004/QH11, June 15, 2004, Article 3（on file with the International Centre for Missing & Exploited Children）. at Article 3 - Interpretation of terms.

② Sustained clinical training and capacity building through international collaboration-safe children Vietnam.

③ Email correspondence with Ms. Le Viet Anh, supra note 182.

④ Vietnam: Ho Chi Minh Child Welfare Foundation, HUMANTRAFFICKING. ORG, at http://www. humantrafficking. org/organizations/276（last visited Mar. 30, 2016）（on file with the International Centre for Missing & Exploited Children）.

⑤ Thao Dan Safe House Information, THAO DAN（on file with the international Centre for Missing & Exploited Children）.

第六章　域外儿童失踪紧急反应机制的特点与启示

"经济基础决定上层建筑"，在儿童失踪反应机制的完备性上，这一定律仍然适用。在一定程度上，国家的经济状况直接决定了儿童失踪反应机制的完善程度。在美国、加拿大、英国、意大利等经济强势的欧美国家，以及高度发达的亚洲国家，如新加坡在儿童失踪前的预防机制、法律制定、失踪儿童数据库的建立，儿童失踪后的报告机制、紧急反应机制、立即调查机制上，都是比较健全的。例如，美国在1967年就建立了国家犯罪数据信息交换中心，司法部还管理一个数据库，负责管理身份不明的失踪人员。相较之下，经济发展状况不如欧美的多数亚洲国家，如哈萨克斯坦、白俄罗斯、越南等，虽然也有措施预防以及处理儿童失踪案件，但是总体来说，这些措施不够完善、不成体系。例如，越南有失踪儿童的数据库，虽然存在这样一个数据库，但是数据库的实施情况不清楚，数据的收集方式也不清楚。再如，白俄罗斯和哈萨克斯坦现在还没有建立起儿童失踪警报机制。

一、运用多种方式应对本国儿童失踪

（一）儿童失踪案件报告机制

儿童失踪案件的报告是在发生儿童失踪案件发生后，多数父母在第一时间想到的就是报警。报告机制必须为公众所熟知，以便在儿童失踪案件发生时，可以最快地反映到警察机关。报警实际上就是报告机制的一种，也是接收案件最为传统的一种方式，是将失踪案件直接报告给警察部门的一种方法，前文提到的所有国家的警察部门都会接收儿童失踪案件的报告。除此之外，美国、加拿大、芬兰、英国、俄罗斯、白俄罗斯、新加坡等国还可以通过热线电话的方式以及官方网站报告案件。这种多途径报告案件的方式让失踪儿童的父母能根据自身的情况选择报告案件的方式，相比传统的只能去警察局报案的方式，网站和热线电话可以让案件更快地进入警察部门的视野，更快地采取行动。新型的报告方式是在现代通信技术和互联网技术下发展而来的产物，相关的报告制度还不完善，公众对此也并不熟悉，因此热线电话和网站需要由专门的人员宣传和运营。

在美国，如果一个孩子失踪，可以通过三种方式报告失踪案件。首先是最为传统的方式，到当地的警察局报案，并且提供儿童失踪的时间和地点，失踪儿童的姓名、年龄、身高、体重以及一切可以识别的儿童的特征。其次是拨打报警电话“911”联系当地警察局，或者拨打“全国失踪与受虐儿童服务中心”的 24 小时免费热线 18008435678。该热线是专门为失踪儿童或疑似受虐儿童开通的。此外，还可以通过进入“全国失踪与受虐儿童服务中心”的网站寻求帮助，报告儿童失踪案件（见图 1）。①

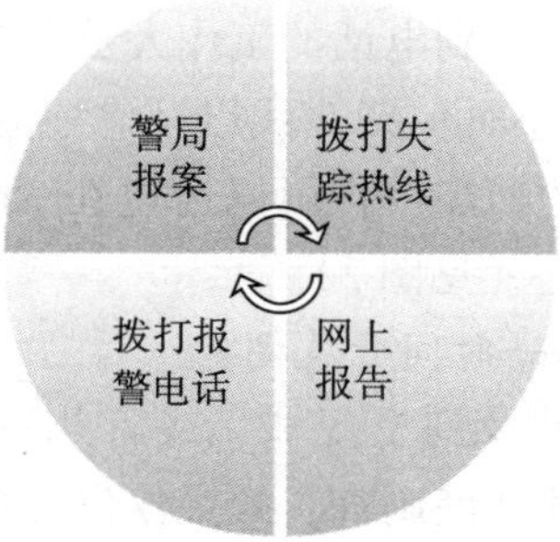

图 1　美国的儿童失踪报告机制

加拿大也是采取多种方式报告儿童失踪案件，传统方式是向当地警察局报案，以及拨打“911”向当地警察局报告。此外，如果公众发现身份不明的遗骸，或者看到疑似失踪人员，也可以拨打“911”向警方提供信息。当然，如果公众不小心看见了他人绑架或者拐卖的犯罪过程，可以匿名拨打加拿大社会失踪儿童的免费热线举报电话（见图 2）。

---

① National Center for Missing and Exploited Children, CyberTipline, at http: //www. missingkids. org/cybertipline (last visited June 29, 2016) (on file with the International Centre for Missing & Exploited Children) .

图 2　加拿大的儿童失踪报告机制

俄罗斯也是如此，儿童失踪后，其父母或者相关人士可以通过警局或者通过电话报告失踪儿童，并且联系意外事故注册局，将儿童的信息登记在意外事故局的网站上。接到电话的工作人员会派遣附近的警察进行搜寻工作。另外还有两个 24 小时免费热线以及志愿者服务机构为失踪儿童提供帮助。关于失踪儿童的初步报告可以通过在 NeDopusti 等网站上填写一份特殊的表格提交在网上（见图 3）。

（二）儿童失踪后第一时间开展调查

儿童失踪案件如果涉及刑事犯罪，或者儿童的生命健康正在遭受危险，所有的国家都会立即开展调查。如果仅仅是普通的儿童失踪案件，如离家出走、父母诱拐这类儿童人身安全有保障的情况下，白俄罗斯、哈萨克斯坦、俄罗斯、英国、美国等国都要求在儿童失踪的第一时间展开调查。一般而言，调查的主体都是警察部门，非政府组织等志愿者组织的是协助案件调查。尤其是偏远地区失踪的儿童，非政府组织所起的作用更大。在意大利、法国等少数国家，警察部门是案件的调查机构，但是警察不能自行启动调查程序。任何调查程序必须首先由检察官授权，再由检察官指挥当地警察进行搜索。因此在这些国家，一旦有失踪案件发生，警方也必须首先通知司法部门，由司法部门授权警察进行搜索、调查。

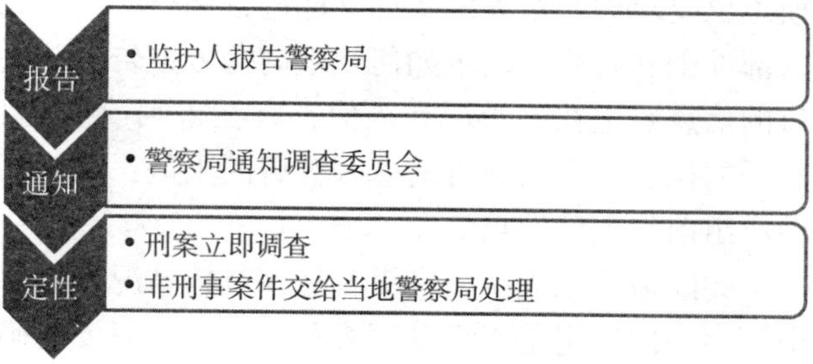

图 3　俄罗斯儿童失踪调查程序

俄罗斯对儿童失踪案件十分重视，无论儿童失踪的时间和地点，都会立即启动调查程序。首先，失踪儿童的父母先向警察机关报告，警察再将案件通知调查委员会，调查委员会将组成调查小组，调查小组将赶往儿童失踪的地点，进一步确定案件性质。如果是刑事案件，就由调查小组组织开展刑事调查；如果是离家出走案件或者是走失的儿童，调查小组会将此类案件移交给当地警察部门办理，并与国际刑警组织合作。在涉及父母诱拐案件的初步调查程序中，法律授权法警参与调查此类案件。不仅如此，在俄罗斯调查的主体更为广泛，甚至私家侦探也被允许参加失踪儿童案件的调查，这一切都是为了失踪儿童能够被更快找到（见图 3）。

在白俄罗斯，《内务机构关于如何接收、登记、审查和记录 2010 年犯罪、行政犯罪和事件投诉和报告的指示》要求执法部门在接到报告后立即对失踪人员进行调查。① 刑事警察部和青少年事务督查部门负责寻找失踪儿童，白俄罗斯法律执行机构有一个国内的指导方针和政策，解释了当儿童失踪的案件进入警察系统后应该如何推进程序。在警方接到案件后的第一时间，就会开始寻找失踪儿童。此外，志愿者组织会协助警方寻找在偏远地区失踪的儿童。白俄罗斯内政部还与非政府组织 Ponimanie 签订了一份协议，交换失踪儿童信息，旨在更好地开展调查程序。

---

① Clause 6 of the Instructions on how to Receive, Register, Review and Record Complaints and Reports on Crimes, Administrative Offenses and Incidents by the Internal Affairs Agencies affirmed by the Decree of the Ministry of Interior No. 55 of 10 March 2010 (the text of the Instructions is not available, this information was provided by the INGO Ponimanie); Vasily Pervunin, Missing persons. About 2.5 thousands people are reported missing in Belarus (Feb. 11, 2016) AIF, at http://www.aif.by/social/item/44393-bez-vestipropavshie-gde-oni.html (last visited June 24, 2016); Ekaterina Sinyuk, The Center for Missing and Exploited Children may appear in Belarus (Oct. 4, 2011), TUT.BY, at http://news.tut.by/society/252644.html (last visited June 24, 2016).

哈萨克斯坦也要求对儿童失踪案件立即进行调查。哈萨克斯坦的执法当局有一些内部准则和政策，规定如何处理向警方报告失踪人口案件，包括将失踪人口的信息登记在记录簿和当值警官在审判前调查的统一登记；将案件通知本署的执法人员及邻近的总区警署的人员；派遣刑事警察、调查人员和行动小组前往失踪地点。

略低于一半的欧盟国家规定，在没有任何具体情况表明存在犯罪活动的情况下，由警察部门决定是否启动调查程序。但是只要能确定涉及刑事犯罪或能够确定失踪人员面临危险，就会立即启动调查程序，英国的规定也是如此（见图4）。

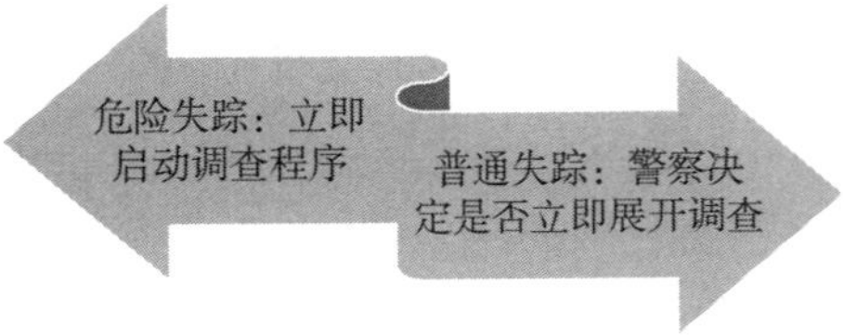

图4 英国儿童失踪调查

美国儿童失踪后需要立即向当地执法部门报告，并且要与“全国失踪与受虐儿童服务中心”取得联系。执法部门在接收到儿童失踪案件后必须在两个小时内将案件信息录入执法系统和国家犯罪信息中心。失踪儿童的资料也应提供给州内失踪儿童资料交换所（即为失踪儿童、失踪儿童家庭和为失踪儿童服务的专业人员提供资源的组织）或指定接收此类报告的州内其他机构。[①] 除了州内的执法部门对儿童失踪案件调查，美国联邦调查局还针对儿童的暴力犯罪项目，在2005年建立了儿童绑架快速部署小组。这些团队由来自不同学科经验丰富的专业人员组成，他们可以为州和地方执法部门提供实地调查、技术和资源援助。这些小组主要涉及非家庭诱拐、勒索儿童诱拐和儿童神秘失踪等案件（见图5）。[②]

① National Child Search Assistance Act of 1990, at https://www.congress.gov/bill/101st-congress/senate-bill/2317/text (last visited June 29, 2016) (on file with the International Centre for Missing & Exploited Children).

② Federal Bureau of Investigation, Violent Crimes Against Children; Child Abduction Rapid Deployment Teams (CARD), at https://www.fbi.gov/about-us/investigate/vc_majorthefts/cac/card/card (last visited June 29, 2016) (on file with the International Centre for Missing & Exploited Children).

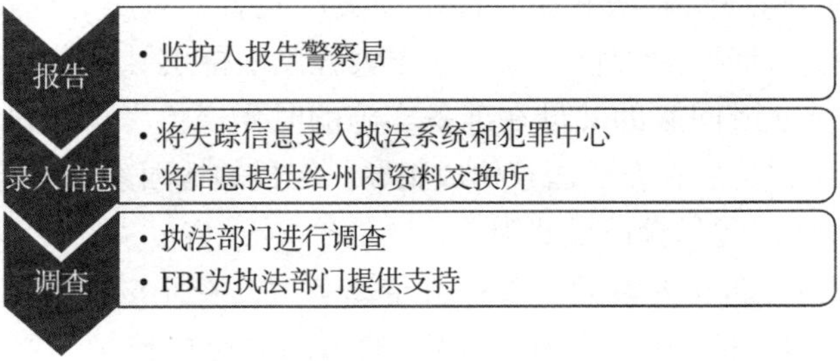

图 5　美国儿童失踪调查程序

（三）父母诱拐的多重法律规制

上文中欧盟的报告显示，儿童失踪的原因中，父母诱拐所占比例仅次于离家出走，占比为 19.2%。由于父母诱拐造成的失踪对儿童的生命并不会造成危险，有的国家认为这只涉及民法上监护权的问题，通过对儿童发放护照的限制来规制儿童失踪；有的国家认为父母诱拐是犯罪，应将其归入刑法领域。

1. 刑法对父母诱拐的规制

在新加坡，法院将父母诱拐作为民事案件处理；哈萨克斯坦和越南等亚洲国家不将父母诱拐写入刑法；在意大利，虽然将父母诱拐写入刑法，但是在实践中，并没有父母因为触犯这项罪名被定罪。

在欧盟的一些成员国，例如，捷克共和国、奥地利和葡萄牙并不区分绑架和父母诱拐，父母诱拐仍然被视为刑事绑架案件。[①] 比利时和丹麦都有关于儿童被带出和带入本国的规定。塞浦路斯、匈牙利和法国都制定了关于父母诱拐非常详细的国家立法，规定了父母监护方面不同情况的法律后果。在法国，父母诱拐不是一项单独的罪行，而是把这种行为作为夺走儿童权利的加重情形。[②]

在美国，国务院领事事务局的相关规定，只要父母一方未经另一方同意的，将儿童带离原先所居住的州，就可能被定为刑事犯罪。加拿大对父

① Missing children in the European Union Mapping, data collection and statistics, European Commission, https://publications.europa.eu/en/publication-detail/-/publication/655b34ad-341b-4348-9e3b-38741ff40f23/language-en/format-PDF/source-93365345. p. 16.

② Missing children in the European Union Mapping, data collection and statistics, European Commission, https://publications.europa.eu/en/publication-detail/-/publication/655b34ad-341b-4348-9e3b-38741ff40f23/language-en/format-PDF/source-93365345. p. 16.

母诱拐的预防的一些做法和模式高度与美国契合，只是力度稍小于美国。将父母诱拐纳入刑事的管辖范围，在很大程度上能够让那些准备将孩子单独带离所住地区或国家的父母在准备实施的时候谨慎考虑自己的行为，因为这种行为不仅可能在自己国家构成犯罪，在目的地国家也可能构成犯罪。

2. 护照法对父母预防的规制

同时，为了防止儿童被父母一方带离美国，在儿童申请护照的方面作了许多限制。比如，在美国 16 岁以下的美国公民申请护照必须在父母或者监护人一方的陪伴下去申请。如果是 16～17 岁的申请办理护照，可以不在父母或者监护人的陪同下申请。此外，在美国，父母一方担心自己的孩子有被另一方带离美国的危险，可以联系美国国务院儿童问题办公室，要求他们的孩子加入儿童护照签发警报计划。[①] 该计划允许美国国务院儿童问题办公室联系家长，以核实上述向未成年人签发护照的父母是否同意给其孩子申请护照。

在美国，父母一方在携带子女出国的情况下，要求必须要有另一方的同意书面说明，且说明书上必须有“我同意我的丈夫（妻子）单独将我的女儿（儿子）带离美国，已经经过我的允许”这样的表述。但是在加拿大，父母一方将儿童带出国并不要求另一方出具书面同意书，除非目的国要求必须有另一方的书面同意时，加拿大的海关才要求出具。同美国一样，加拿大为了防止儿童被带走，也有一个儿童信息登记系统，在该系统进行登记后，在该儿童申请护照时，负责发放护照的加拿大当局会对该儿童增加一道调查程序，着重调查该儿童护照的申请是否经过了父母双方的同意。

英国的《1989 年儿童法》针对父母诱拐，设置了专门的程序应对。英国法院可以发出禁止令或者居留令。禁止令或者居留令发布后，由法院执行，确保儿童不被带离管辖的区域。在未经法院允许的情况下，如果将儿童带离英国，相关人员被视为蔑视法庭，要承担相应的法律责任。即使是经过法院的允许将儿童带离英国，他也必须与法院签订一个契约，保证要将儿童带回国。英国的接触令是法院下达的允许某些人接触儿童的一项法院法令。当夫妻关系破裂时，父母需要就孩子的安排达成一致，他们需要决定孩子将和谁一起生活，以及另一方多久会看孩子一次，而父母之外

---

① U. S. Department of State, Bureau of Consular Affairs, International Parental Child Abduction, Child's Passport Issuance Alert Program, at https://travel. state. gov/content/childabduction/en/preventing/passport-issuance-alert-program. html (last visited August 9, 2016).

的人与孩子相处的时间称为接触。父母一方如果有将儿童带离英国的危险，法院的接触令将会受到监督，还会被要求交一笔保证金，如果他将儿童带离英国，那么保证金将不予退还，还会受到法律的制裁。

（四）重视儿童失踪案件的情报工作

美国、加拿大、芬兰、白俄罗斯、意大利和哈萨克斯坦都有关于失踪儿童的数据库，数据库中记录了失踪儿童的失踪时间、地点，失踪儿童的姓名、照片。欧盟的一项研究调查报告要求各个成员国提供失踪儿童的案件信息。从报告中可以得出，欧盟的大多数国家的儿童失踪案件信息来自两个系统，一个是国家的警察机关的案件系统，另一个是专门的关于失踪儿童的数据库。在奥地利，一旦案件破案或者是儿童被找到，该数据就会从总数据库中删除。瑞典的数据库不对成人和儿童失踪进行区分，该数据库没有数据分析的功能。但是在英国没有一个完整的数据库，他的失踪人口案件信息由各个地方警察部门管理。①

美国联邦调查局在 1967 年启动了国家犯罪信息中心，该中心记载了失踪案件的信息，该数据库是一个综合数据库，失踪案件仅仅是其中的一个子系统，而且失踪案件包含了自儿童时期就失踪的成年人、当前失踪的儿童、身份不明的在世的和已故之人的信息。该系统提供给地方和联邦的执法机构全年 24 小时使用，但是普通的公众无法进入这个系统。美国联邦调查局在 1975 年在国家信息中心建立了失踪人口档案，以整合有关失踪人员的信息。

美国司法部下属的国家司法研究所管理着美国下落不明的人的数据库，名为 NamUs。该数据库包含有登记在册的失踪人员以及身份不明的遗体信息。该数据库不同于国家犯罪信息中心数据库，它允许任何公民、公司、组织进入该系统搜索失踪人员的信息。除此之外，该数据库还允许他们录入失踪信息，随时更新数据库中的信息。

加拿大执法部门的警讯中心数据库包含涉及犯罪的案件信息，是一个综合数据库，其中也包括失踪儿童的案件信息。加拿大国家失踪人员和遗骸中心也建立了一个名为失踪人员/儿童数据库。该数据库接受来自案件调查机构提供的案件信息，允许多个机构同时在数据库录入、更改、删除

---

① Missing children in the European Union Mapping, data collection and statistics. European Commission, https://publications.europa.eu/en/publication-detail/-/publication/655b34ad-341b-4348-9e3b-38741ff40f23/language-en/format-PDF/source-93365345. p. 33.

案件信息，是一个专门针对失踪人员而设计的数据库。2014 年，加拿大建立了三个数据库来记录与失踪人员相关的 DNA 信息。

芬兰的警察部门有一个国家数据库，里面记载了失踪人员案件和行政协助案件（如离家出走案件），也是一个专门的国家数据库。该数据库由芬兰警方运行。芬兰是申根协议的成员国，所以芬兰可以进入申根系统中关于失踪儿童的数据库，向数据库里录入案件信息。芬兰的离家出走的儿童的数据会定期公开，但是诸如被绑架的案件是不会公开的，公众也无法进入上述两个数据库，只有通过警方将案件信息录入数据库。

二、儿童失踪紧急反应机制发展不均衡

（一）重视程度与经济水平紧密相关

完善的儿童失踪反应机制需要良好的经济条件，例如，一个失踪儿童数据库的建立需要技术团队开发一个平台，平台建立之后需要向全社会推广、运营以及维护。这些不仅需要技术的支持，更需要资金的支持。再如，紧急反应机制的建立，需要动员全社会之力在短期内找到失踪的儿童，这需要政府对社会的超强组织能力，社会成员的热情参与以及良好的社会经济状况，三个要素缺一不可。

1. 经济发达国家应对儿童失踪重视程度高

以美国为例，针对失踪儿童，美国有最完善的应对体系。针对儿童失踪，国家层面和州的层面都制定了法律。在国家层面，1982 年《失踪儿童法案》和 1983 年《失踪儿童援助法》；在州的层面，俄亥俄州在失踪儿童的问题上走在美国儿童保护的前列。在《失踪儿童法案》颁布之前，美国参议院通过的 321 号法案就已经密切关注着广泛的儿童公共安全问题，包括儿童虐待、遗弃、卖淫、离家出走和父母诱拐。在儿童失踪问题越来越被媒体和公众关注之后，美国两院通过了《失踪儿童法案》。该法案完善了儿童失踪后的调查程序，规定不论是否涉及刑事犯罪或者儿童处于危险情况之下，都要求警方立即展开调查。该法案还提出建立针对儿童失踪问题的全国免费热线电话以及信息交换平台，甚至开拓了失踪儿童照片分发机制，为美国后来的“安珀警戒”提供了模板。

针对儿童绑架案件，美国又在全社会范围内建立了追踪被绑架儿童的紧急反应机制——“安珀警戒”。“安珀警戒”对被绑架儿童的帮助是巨大的，根据美国“安珀警戒”官网上的数据，仅 2019 年 4 月，就有 900 多名被绑架儿童在“安珀警戒”的帮助下获救，“安珀警戒”的完善性不

仅体现在标准确定、反应迅速，还体现在多方面、多途径的信息发布机制。美国的“安珀警戒”信息发布渠道之广泛、途径之多样是许多其他发达国家都很难做到的。例如，失踪儿童的照片被分发到食品袋和牛奶盒上，分发到公用事业公司的账单上，分发到高速公路上的收费单上。相比之下，意大利虽然也是发达国家，但是经济实力不如美国，因此，尽管意大利已经是欧洲“安珀警戒”的成员国，但是它的“安珀警戒”到目前还没有实施。

2. 经济欠发达国家对儿童失踪重视程度不足

与发达国家相比，发展中国家欠缺的当然不仅仅是经济上的发展，但是发展中国家的经济状况在很大程度上限制了国家建立完备的体系来解决儿童失踪问题。例如，美国建立了一个免费的电话热线，定期研究每年失踪儿童人数并进行数据统计，从 1984 年到 1987 年，这个项目的资金有 1 千万美元。[①] 美国“全国失踪与受虐儿童服务中心”每年也会收到 330 万美元的联邦资金的资助。在发展中国家，不可能将这么大一笔资金投入到特殊群体的保护中去。

不仅如此，经济欠发达国家还有一个特征是对儿童权益保护相关的法律很少。没有相应的法律为依托，一些具体措施就难以展开。举一个最简单的例子，在越南儿童失踪后，其父母向警察局报案，越南警方在接到案件后该怎么处理呢？没有法律规定，警方在面临这些情况的时候，就会无法可依。可能面临相同的情况，同一个警察局在不同的时间有不同的处理办法，针对不同的人有不同的处理方法，在不同地区面临相同的情况有不同的处理办法。长此以往，公众将会对警察局甚至是政府失去信心，警方内部的矛盾做法也会让警察难以自洽。

越南建立了一个失踪人员的数据库，但是数据库的运行却没有一个统一的规范，数据的收集主体、收集方式没有明确规定，收集何种信息也没有规定，这就会造成数据收集不全以及收集到无关的信息。至于儿童失踪

---

① Hickey 1, supra note 12. The Center acts in cooperation with the U. S. Department of Justice, but does not represent the views or position of the Justice Department. See NATIONAL CENTER FOR MISSING & EXPLOITED CHILDREN, SELECTED STATE LEGISLATION: A GUIDE FOR EFFECTIVE STATE LAWS TO PROTECT CHILDREN (Jan. 1985) (information available from this source at 1835 K St., N. W., Suite 700, Washington, D. C. 20006). The FBI, a department within the Justice Department, has documented statistics in contradiction to the Center's stance on miss¬ ing children. S. 2014 Hearings^ supra note 7, at 94.

紧急措施，经济不发达国家更不可能有这种需要各种社会力量的配合来解救一个被绑架或者处于危险状态的儿童。没有制定良好的法律，没有设置儿童失踪后执法机关的反应措施，也没有足够的社会力量关心儿童失踪问题，这一系列均由经济原因引起的问题，导致经济不发达国家不能形成完善的应对儿童失踪问题的体系。

（二）完善程度与经济水平紧密相关

紧急反应机制的建立对国家法治环境、经济条件以及社会条件都有很高的要求。首先要以稳定的社会环境为依托，社会公众只有在打理好自己生活的情况下才会愿意贡献自己的时间和精力去帮助他人。其次警报的覆盖面广泛，要形成一个联动社会公众、媒体、各种组织参与的警报网络需要大量的资金支持以及政府部门强大的组织能力。因此紧急反应机制并不是每个国家都有，在英国、美国、意大利和加拿大这样经济发达的欧美国家基本上都有面向公众的警报机制。但是在越南、泰国、菲律宾这些东南亚国家，即使儿童失踪的问题很严重，也没有建立儿童失踪的紧急反应机制。

1. 经济发达国家儿童失踪紧急反应机制体系完善

在英国，关于儿童失踪后的紧急反应机制叫作儿童救援警报（Child Rescue Alert）。不满 18 周岁的孩子失踪可能面临生命危险或其他严重危险，并且有足够的信息以供公众寻找到这个孩子时，英国国家犯罪局下的儿童侵犯与在线保护中心将会发布儿童救援警报。该警报与失踪人口组织合作，后者负责推广、使用 Groupcall 提供的网站和底层报警软件运营。

在儿童救援警报发布后，在儿童失踪紧急警报的网站上注册过手机号、电子邮件、Facebook 账号和 Twitter 账号的公众就可以接收到发布的警报信息，从而接收到相关的警报。儿童失踪紧急警报发布后，主管部门会向相关地区注册过手机号的公众发送警报，警报包含一个网站链接，点开链接里面有更为详细的该失踪儿童的信息。救援警报上附有一个电话号码，在发现警报所寻找的儿童后，可以拨打这个电话直接联系警方。当然，如果公众在发现疑似失踪儿童后，就不再通过警报提供号码，而是拨打失踪人口热线“116000”。

“安珀警戒”计划之所以重要，是因为它着眼于被绑架的儿童，并致力于解救他们，而不是在绑架者被抓获的时候对他们实施刑事制裁，美国在 1932 年就制定了《联邦绑架法》，刑法完全足以惩戒罪犯。而“安珀警戒”计划规定了在绑架者有机会对儿童施加进一步伤害之前逮捕他们的行动方针。美国的“安珀警戒”是世界上第一个关于儿童失踪紧急反应的警报。2019 年 4 月，957 名儿童因为“安珀警戒”获救。① 对于发布“安珀警戒”的条件，美国的法律也有严格的规定。首先是需要经过执法部门确认的绑架案件，其次是被绑架的儿童面临生命健康的危险，再次是拥有足够的描述性信息使执法部门能够相信在“安珀警戒”后可以增加失踪儿童被解救的概率，最后是失踪儿童年龄，每个州的标准都是 17 岁以下。如果涉及其他国家申请的警报，只要符合其他国家发布警报的年龄也可以发布“安珀警戒”。美国的“安珀警戒”一旦发布，会立即将“安珀警戒”数据输入国家犯罪信息中心系统，关于失踪案件的环境描述也会录入系统，案件标记为儿童绑架案件。

在 2012 年之前，儿童失踪紧急警报发布后，公众可以在手机等移动设备上接收“安珀警戒”，这是由 CTIA - The Wireless Association®、Wireless Foundation™、美国司法部、“全国失踪与受虐儿童服务中心”和 Syniverse 共同发起的。这是一个以短信为基础的系统，要求公众在线注册，并指定他们希望收到警报的区域。然后，他们将只收到指定地区的警报，而不管注册公民的实际位置如何。2012 年以后，该方法被淘汰，取而代之的是无线紧急警报。

美国的“安珀警戒”除了在公众之间发布，还在各种组织、公司、软件上发布。例如，美国联邦调查局、移民和海关执法局等执法部门；谷歌、脸书、必应等互联网公司巨头的网站；苹果应用商店、优步等应用软件上；卡车运输行业以及各种涉及范围广泛的行业中推动“安珀警戒”的发布（见图 6）。

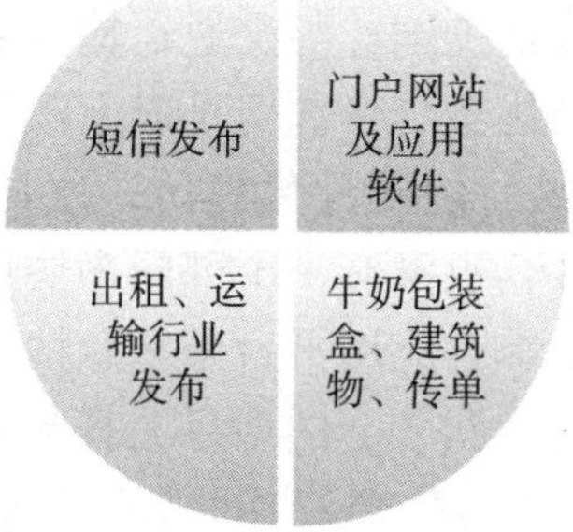

图 6　美国“安珀警戒”发布渠道

---

① Amber Alert America's Missing：Broadcast Emergency Response，https：//www. amberalert. gov/statistics. htm.

与英国相同，意大利是失踪儿童欧洲联盟的成员国、欧洲“安珀警戒”以及欧盟的成员国。因此，在应急反应上，意大利和英国采取的措施是类似的。比如，意大利启动“安珀警戒”的条件是：第一，失踪的人是未成年人；第二，该未成年人可能面临生命的威胁，或者有被带离意大利的可能；第三，有足够的信息能够让公众可以参与帮助寻找失踪的儿童。除此之外，意大利警方也与电信公司和社交媒体、传统媒体等公司合作，扩大消息传播的途径，使消息能够为更多的公众所接收。遗憾的是，意大利的紧急反应机制仅仅停留在理论层面，由于资金不足暂时还没有实施。

加拿大的紧急反应机制比较完善。加拿大有一个官方的紧急反应机制，即“安珀警戒”。在严重的儿童失踪案件中由警方启动，吸引公众和媒体的参与，通过手机短信的方式向注册过手机号码的公众发送警报。此外，加拿大 Missingkids. ca 开发了一个非官方的儿童警报机制，在儿童失踪后，但是又不符合“安珀警戒”发布条件的时候，通过脸书和推特的方式在网上传播失踪儿童的信息，号召网民关注失踪儿童的信息。

2. 经济欠发达国家儿童失踪紧急反应机制体系欠缺

俄罗斯，一个曾经实力能与美国分庭抗礼的国家，自苏联解体后，经济实力一步步倒退。俄罗斯有儿童失踪后的立即调查机制和明确的儿童失踪报告机制，但是却没有一个国家层面立法的紧急反应系统。到 2014 年，俄罗斯的公益组织的网站上才出现儿童失踪电子警报，发出的警报会放置在网页上和一些户外的广告牌上面。随后，在俄罗斯紧急情况部的支持下，在紧急情况部建立了一个综合应用信息平台，这个项目的参与人数目前已经超过 30 万人，但是这个系统只在莫斯科有，并没有建立起一个全国的平台。俄罗斯甚至模仿美国，与交通运输行业公司合作，在 2016 年，俄罗斯失踪儿童联合会与优步合作。但是以上俄罗斯采取的所有措施，都是一种对美国“安珀警戒”的碎片化模仿，比如，俄罗斯没有相关的法律来确定发布警报的条件，也没有一个部门来协调这些措施，电子警报是俄罗斯的公益组织发布，综合应用平台是紧急情况部负责管理，而与优步的合作又是俄罗斯失踪儿童联合会的项目。看起来，俄罗斯似乎对儿童失踪紧急反应机制的建设很完善，采取的措施多样，发布信息的渠道很丰富，但是实际上，这些不成体系的措施，带来的可能是工作的重复、效率的低下以及组织的混乱。

至于越南和哈萨克斯坦这些经济水平比俄罗斯还要低的国家，则完全没有意识到儿童失踪后的前几个小时是黄金救援时间，因此也没有失踪儿童紧急反应机制。除此之外，一些欧洲国家即使有建立儿童失踪紧急反应机制意识，也并不是都有完善的儿童失踪紧急反应机制。意大利，作为欧洲“安珀警戒”的成员国，对儿童失踪紧急反应机制的重要性认识是足够的，也制定了一些策略和战略，但是意大利的“安珀警戒”并没有实施。

三、域外儿童失踪反应机制对我国的启示

中国当前应对儿童失踪，有三股力量在找回儿童失踪案件中起主要作用。首先就是个人力量，主要来自儿童的父母和亲友，他们对儿童失踪这件事情遭受的痛苦是最大的，愿望是最强烈的，力量是最持久的。但是一个普通人的影响力有限，对于找回失踪儿童，个人力量只是杯水车薪。失踪儿童的父母往往可能为此倾家荡产，寻找数十年却还是找不到。因为他们个人能够采取的力量极其有限，要么是在社交平台发布自己孩子的信息，要么就是自己开车全国各地寻找自己的孩子。

其次是社会组织的力量，我国的“宝贝回家”公益组织，借助民间力量有组织地搜寻失踪儿童，其主要宗旨是帮助寻找失踪儿童及为一些流浪乞讨的孩子找到家，为孩子、家长及志愿者提供一个信息沟通的平台；“团圆”系统，该平台是我国为建立儿童失踪信息发布的权威渠道，发动群众搜集拐卖犯罪线索，公安部刑事侦查局打拐办在阿里巴巴集团的技术支持下开发，用于全国各地一线打拐，民警即时上报各地儿童失踪信息。除此之外，一些网络公司、主流媒体、网络自媒体会在自己的网页上发布失踪儿童的信息，利用其用户多、涉及范围广、传播速度快等优势，让更多的人接触到有关失踪儿童的信息。社会的救助站、福利院在线下为流浪儿童提供实质性的帮助，为走失的、流浪的、被遗弃的儿童提供栖身之所，联系警方，帮助失踪的儿童寻找他们的父母，即使找不到他们的父母，也会提供后续帮助。

最后是官方力量，即国家政府对找回失踪儿童的一些措施和机制。一是法律的规制，由公安部联合最高人民法院、最高人民检察院、司法部等出台了《关于依法惩治拐卖妇女儿童犯罪的意见》，意见明确规定：“接到儿童或已满 14 周岁不满 18 周岁的少女失踪报案的；发现流浪、乞讨的儿童可能系被拐卖的；不论案件是否属于自己管辖，都应立即立案，开展调查程序。”也就是说，只要家长报案，不论失踪时间长短，警方都会立案。除紧急调查程序之外，刑法规定了拐卖儿童罪和拐骗儿童罪两项罪

名，用以规制多种针对儿童的犯罪行为。二是国家层面的失踪儿童找回机制，例如，警方运营的失踪儿童数据库，为找回失踪儿童提供了技术的支持。公安部于2009年5月19日正式启用“全国公安机关查找被拐卖/失踪儿童信息系统”和全国“打拐DNA”数据库，警方接到报案的时候在数据库中录入儿童的基本信息，司法鉴定中心采集鉴定报案父母的血样。不仅如此，如果发现有儿童涉嫌被拐卖，首先将儿童与其家长的DNA进行检测比对，如果比对不成功或数据不吻合，就会把这些孩子的DNA录入全国“打拐DNA”数据库，与之前录入的丢失孩子家庭成员的DNA进行全国远程比对，一旦数据相吻合，就为失踪家庭找回孩子大大节约了时间和精力。公安部要求对五类人员必须采集血样进行DNA检验，并将数据录入全国数据库，这五类人员包括已经确认被拐卖儿童的亲生父母，自己要求采血的失踪儿童亲生父母，解救的被拐卖儿童，来历不明、疑似被拐卖的儿童，来历不明的流浪、乞讨儿童。

（一）完善儿童失踪的法律规制

中国没有专门针对儿童失踪的法律，但是中国儿童失踪的形势却并不乐观，出现各种各样的儿童失踪案件后，由哪个部门来处理这些案件、怎么处理这些案件，儿童失踪是一个复杂的问题，包括自行出走、被陌生人绑架、被父母诱拐，对于这些复杂的情况，执法部门又是否区分后处理？这些都是儿童失踪后最直接需要解决的问题，没有法律，就会导致无法可依，更加谈不上主动建立各种机制来应对儿童失踪问题了。

1. 体系性的立法

首先是一个“失踪儿童”的定义问题，哪些儿童是需要法律保护的“失踪儿童”？现在国际上各类解救失踪儿童的组织大致将失踪儿童分为离家出走型、拐卖型、绑架型、跨境失踪型、父母诱拐型。比如，父母诱拐，在英国、捷克等国，他们将父母诱拐列为失踪儿童的一种，但是在德国，除非儿童真的不知所踪，否则父母诱拐并不属于失踪儿童的一种。因此体系的立法首先要确定失踪儿童的概念。

其次是规定儿童失踪后，执法部门的措施。中国没有专门的失踪儿童法，现在关于儿童失踪应当采取的措施很分散，十分不成体系。比如，关于儿童失踪后的立即调查机制，最高人民法院、最高人民检察院、公安部、司法部印发《关于依法惩治拐卖妇女儿童犯罪的意见》的通知中关于立案中要求只要有人报案儿童失踪，就立即展开调查。除此之外，没有更加具体的措施和政策去指引执法人员下一步如何去操作。我们需要设计一个机制，儿童失踪后执法机关在不同的阶段，对不同性质的案件采取不同的措施。

最后是儿童找回后的工作。儿童失踪人数，找回人数，找回的时间段，何种措施在找回失踪儿童上是效率较高的，这些都是执法机关需要做的统计工作。儿童找回后，执法机关还需要对被绑架儿童的家属进行心理修复工作，以及对儿童离家出走的失踪家庭进行调解。这些规定可以像美国一样，专门制定一部《失踪儿童法案》或《失踪儿童援助法》，也可以在中国已有的《未成年人保护法》中增加关于失踪儿童的法律保护。

2. 具体应对机制的立法

中国 2016 年建立了儿童失踪紧急反应的平台——公安部儿童失踪信息紧急发布平台（“团圆”系统），但是“团圆”系统和美国的“安珀警戒”有很大的差别，“团圆”系统发布的失踪儿童恰恰并不“紧急”，它发布的失踪儿童大部分都是走失的或离家出走的。这个平台更像一种线上的“照片分发机制”，它所发布的失踪信息并不紧急。如果“团圆”系统真的要发挥紧急反应的作用，就必须对发布警报的案件设置严格的条件，理由在上文提到，只有十分紧急的案件，公众才有一种参与的紧迫性，如果毫无限制发布警报，紧急警报将无法发挥它原本的效用。因此，为了发挥紧急反应机制的作用，我们必须用法律设置警报发布的标准，明确警报发布的途径。

为了找回失踪占比更大、危险系数更小的离家出走儿童、走失儿童，我们需要设置一个机制来帮助找回这部分儿童。照片分发机制就是一种不那么紧急，不占用大量公众资源的方法，执法部门通过采取网上通报失踪儿童的信息，用印刷海报的形式在社区、公告区域在线下通报信息。还有专门的失踪儿童热线电话、失踪儿童数据库这些机制，都可以将其纳入法律体系之下去管理和运营。

（二）丰富儿童失踪后的报告途径

在美国、加拿大等多个国家关于接收儿童失踪案件的做法中，有许多值得我国借鉴的地方。中国的父母在孩子丢失的第一时间都会想到向警方寻求帮助，美国不仅可以通过拨打报警电话进行报告，还有专门的儿童失踪案件热线，以及“全国失踪与受虐儿童服务中心”的网站也会接收儿童失踪案件的报告。处理儿童失踪案件，我们也可以学习外国设立使用人员专门热线。

我国的公安机关行使刑事侦查职能和社会治安职能，公安机关需要处理的案件不仅数量大，而且种类繁多，由于警力有限，导致公安机关对儿童失踪案件不敏感、不重视，只将其视为普通失踪案件，而不立即展开调查。因为警察可能不具有那么高的专业素养，不可能对所有案件的处理措施都了如指掌。如同社会分工不断精细化一样，社会培养的也是各个领域的专业型人才，而不是综合型人才。侦查部门为了处理复杂的刑事案件，也对不同种类的案件进行了分类，如经济犯罪案件由经济犯罪侦查的专业化人员进行侦查，他们处理这些案子的时候效率更高。因此，我们也许需要设立专门的失踪人员热线，来处理失踪案件。至少可以提高警方处理儿童失踪案件的专业力量，在失踪儿童父母向警方报案的时候，富有经验、专业的警察会立即开展调查程序。

中国儿童失踪的案件数量较多，公安部儿童失踪信息紧急发布平台（“团圆”系统）从 2016 年 5 月到 2019 年 6 月发布的数据显示，共有走失儿童信息 3978 条，这还只是公安部发布的关于失踪儿童的数据，失踪儿童只是失踪人员的一个部分，实际失踪人员的数据肯定比这个数据要庞大许多。

失踪人员热线的作用不仅是接收失踪人员父母的报案信息，还是接收公众提供信息的平台。例如，警方发布的失踪人员的信息，群众如果发现了该失踪的儿童，可以通过失踪人员的专门热线向警方提供自己掌握的信息，充分利用群众的力量。因此，开通一个专门的失踪人员热线对于我们来讲是有必要的。

（三）完善儿童失踪紧急反应机制

中国已经建立了儿童失踪紧急反应机制，我们需要做的是后续的完善工作，紧急反应机制更快速、更大范围、更精确地将失踪儿童的信息传递给社会公众。2016 年 5 月 15 日上线的公安部儿童失踪信息紧急发布平台（“团圆”系统）是公安部刑事侦查局打拐办主导、阿里巴巴提供技术支撑、让广大用户参与的一个寻找被疑似拐卖平台。在儿童失踪后，第一时间上传失踪儿童信息，并且同步发送给周边群众，实现警民联动快速寻找和侦破案件。“团圆”系统主要与高德地图、支付宝、百度搜索、腾讯客户端等新媒体 App 客户端，自动向儿童失踪地周边的相关人群推送信息。然而，中国目前并没有在网络层面建立行之有效的紧急反应措施。相比之下，美国“安珀警戒”采取了多种模式公布失踪儿童的信息，几乎形成了一个全面覆盖的信息网，无论你在做什么事情，都有机会接触到警方发布的“安珀警戒”。

1. 丰富发布警报的渠道

中国儿童失踪紧急警报的接收群体大部分都是网民，“团圆”系统的合作伙伴几乎都是互联网公司，虽然说中国现在的网民基数很大，但是网络上的信息很多，也许这些信息还没被我们看见就被下一个信息掩盖了，所以“团圆”系统必须和更多的企业合作。例如，俄罗斯的“安珀警戒”与优步公司合作，优步会将失踪儿童的信息放在他们的车上，乘客可以将车上的信息编辑标签 Uberpoisk 发布到社交网络。美国的“安珀警戒”会将失踪儿童的信息放到高速公路沿途的广告牌上。美国的“安珀警戒”还和网络运营商合作，向儿童失踪地的州的公民发送短信，用短信通知儿童失踪地区的群众，短信里有一个链接，点开就会获得关于失踪儿童更加详细的信息。

中国完全可以借鉴这种模式，中国的网约车行业已经兴起，公安部儿童失踪信息紧急发布平台可以和“滴滴出行”“神州专车”等公司合作，在车上发布本地最近的失踪儿童的信息，让乘坐网约车的乘客可以看到失踪儿童的信息，扩大紧急反应机制的范围。

公安部儿童失踪信息紧急发布平台还可以学习“安珀警戒”的短信通知模式，与中国移动、中国联通、中国电信三大网络运营商合作，在手机用户授权的情况下，向手机用户发送该用户所在地区的失踪儿童的信息。中国失踪儿童的紧急反应机制的完善首先就是要从单一的线上寻找模式转化为线上和线下的寻找并重的模式，网络固然是很重要的部分，但是线下发布紧急警报的模式也不能完全是一片空白，否则紧急反应机制就是不完整的。

2. 明确发布警报的条件

要确定发布儿童失踪紧急警报的适用条件。这种儿童失踪的警报不能是所有的失踪儿童案件都发布紧急警报，而是要针对一些绑架案件、拐卖案件等刑事案件或者其他恶性案件才可以采取的。原因有二：一方面，社会资源有限，警方的资源有限的，不可能对每一个儿童的失踪都发布警报，这既不现实，也没有必要；另一方面，社会公众的注意力在现在这个信息爆炸的社会是很珍贵的，如果对所有儿童失踪案件都采取紧急警报，会让公众对警报产生麻木和疲惫的感觉，频繁警报会引起公众的冷漠，公众的冷漠会使社区对警报的反应迟钝，最终导致“安珀警戒”失效。

美国、俄罗斯、欧洲“安珀警戒”联盟的儿童失踪紧急警报的发布条件一般要满足以下三个条件：警方有理由相信失踪的人是儿童，各个国家的年龄规定不一样，美国规定的是 17 周岁，英国规定的是 18 周岁；儿童被绑架或者面临被杀害的危险；有清晰的儿童照片或者犯罪嫌疑人的照片以供公众识别。

但是中国目前的儿童失踪信息紧急发布平台主要是打击拐卖儿童犯罪，没有规定具体的警报发布条件，我们可以借鉴现在世界上通用的模式，设置儿童失踪紧急警报的具体条件。笔者建议，中国的儿童失踪紧急警报的发布条件可以借鉴各个国家的做法，设置为：

第一，失踪儿童年龄可以设置为18周岁；根据公安部儿童失踪信息紧急发布平台所发布的信息，绝大部分的失踪儿童年龄在5～13岁，超过13岁的儿童是极少数的。但是，我们不能完全按照现实情况的大多数去设置法律的底线，为了最大限度地找回失踪儿童，把年龄区间设置得大一点是各个国家的普遍做法。

第二，儿童被拐卖、被绑架或者有其他儿童人身遭受严重威胁的情况；得克萨斯州沃思堡的治安官迪安德森高度关注虐待问题。他坚持认为，“安珀警戒”只有被用于最严重的绑架儿童案件，否则它不会像预期的那样有效。当一名儿童被绑架并被怀疑面临迫在眉睫的危险时，“安珀警戒”系统被设计成一个“特别求救电话”，因此“这极为重要，不容忽视”。而过度使用“安珀警戒”系统将把它变得毫无作用。①

第三，有清晰的儿童照片或者犯罪嫌疑人的照片可供公众识别。主要的原因就是为了公众更好地参与。

中国要拓宽渠道、明确标准，就必须要新立法。根据公安部儿童失踪信息平台发布的3595条失踪信息，遭遇拐卖和绑架的儿童共有45人，占1%，每年被绑架的人数如此少，我们是否有必要为此专门立法？这个问题曾经在美国也受到过争议，但是最终国会还是进行了专门的立法。当时美国的反对者认为，儿童绑架的数量在逐年减少，认为没有必要进行专门的立法，但是全国各地的家长却极力说服立法者，他们的努力得到了立法者的支持。举个例子，目前中国，故意杀人的刑事案件数量越来越少，但是我们还是用各种法律来规制这种行为，因为没有道理说，仅仅因为谋杀的概率变小，规制杀人的法律就没必要；同样，被绑架的儿童也需要法律的保护。

（四）增设预防父母诱拐的法律规定

1. 刑法规制父母诱拐

我国刑法规定了拐卖妇女、儿童罪，这个罪名没有排除父母利用自己

---

① Jim Avila, Danger of AMBER Alert Overuse, available at www.msnbc.com（Aug. 19. 2002）.

对孩子监护的便利，将儿童出卖。本罪名的拐卖儿童罪不同于上文提到的"父母诱拐"的概念，我国刑法规定父母出卖自己孩子的行为构成犯罪，没有规定父母一方将儿童带离儿童原先的居住地的权限，而多数国家将父母诱拐纳入刑法的管辖范围。

中国是否有必要借鉴国外的做法，将父母诱拐纳入刑法领域呢？笔者认为目前没有这个必要。出于以下三个方面的原因：第一，刑法规定的是严重的犯罪行为，但是父母诱拐不具有社会危害性，没有严重侵害他人的权益，因此不必将其纳入刑法。第二，在中国以及其他未将父母诱拐纳入刑法的国家认为，父母诱拐更多涉及的是监护权的问题，监护权是民法项下的一个子权利，用民法规制就足够了。第三，上述将父母诱拐规定为犯罪的国家有美国、加拿大、新加坡、芬兰、意大利，这五个国家有美洲的、欧洲的，还有亚洲的，但是它们都有一个共同特点，社会高度发达，法治环境良好。中国的法治水平还没有达到上述国家那样高的水平，不能简单地将这些国家的对父母诱拐的法律简单的移植到中国。综上所述，在中国，不宜将父母诱拐纳入刑法领域。

2. 护照法规制跨国父母诱拐

全国人大常委会发布《中华人民共和国护照法》（以下简称《护照法》）和公安部 2011 年修订的《中华人民共和国普通护照和出入境通行证签发管理办法》（以下简称《护照管理规定》）都没有涉及儿童的护照发放，也没有对父母携带儿童出境的情况作出规定。两部法律中，关于儿童的规定少之又少。《护照法》第 8 条规定：外交官员和持有公务护照的人可以携带未成年子女。《护照管理规定》第 4 条规定：未满十六周岁的公民，应当由其监护人陪同，并提交其监护人出具的同意出境的意见书、监护人的居民身份证或者户口簿、护照及复印件。

该条款规定未满 16 周岁的公民需要在监护人的陪同下申请护照，但是并没有要求监护人的数量，也就是说，只要将材料交齐，在父母一方的陪同下也可以去申请护照。不仅在申请护照的时候没有要求父母双方必须到场或者双方同意，在儿童出境的时候也没有要求父母陪同，准备将儿童带离出境的监护人，也不被要求提供任何另一方的同意书。因此，在中国的法律条件下，父母一方想私自带儿童出国就很容易做到。

随着中国离婚率的攀升，儿童监护权争夺案件也越来越多。图 7 显示的是 2015 年至 2019 年发生的变更监护权纠纷的案件，每年的数量都在递增，而且是上万数量级的案件。还有监护权纠纷（见图 8），虽然数量没有变更抚养纠纷的案件数量多，但是也呈现一种逐年上升的趋势。在这么多抚养权争夺案件中，我们不能排除那些败诉的父母会采取极端的措施，客观上存在发生父母诱拐的潜在危险。

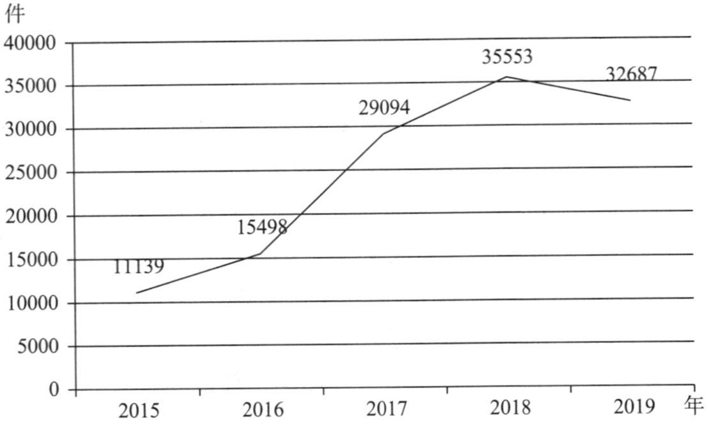

图 7　变更抚养关系纠纷案件数量①

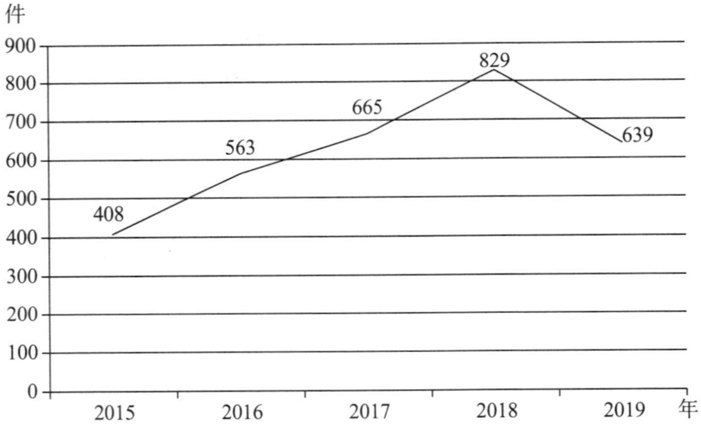

图 8　监护权纠纷案件数量②

① 中国裁判文书网，http：//wenshu. court. gov. cn/website/wenshu/181217BMTKHNT2W0/index. html？pageId = 998578eee2f6c82147d69a87f0922652&cprqStart = 2019 - 01 - 01&cprqEnd = 2019 - 12 - 03.

② 中国裁判文书网，http：//wenshu. court. gov. cn/website/wenshu/181217BMTKHNT2W0/index. html？pageId = 998578eee2f6c82147d69a87f0922652&cprqStart = 2019 - 01 - 01&cprqEnd = 2019 - 12 - 03.

《中华人民共和国未成年人保护法》第 53 条、第 62 条规定了父母应当履行监护职责，如果父母没有履行监护职责将会遭受什么样的惩罚，却没有涉及如果父母争夺抚养权的情况。这很容易理解，因为在父母争夺抚养权的情况下，儿童的生活是有保障的。但是如果出现父母诱拐的情况，又何尝不是一种对儿童权利的侵害呢？

因此，中国有必要学习外国的做法，对父母一方携带儿童出境进行限制。因为在中国的现行法治条件下，发生跨国父母诱拐的风险实在是太大了，不仅存在大量的潜在父母诱拐的群体，而且一旦父母诱拐的事情发生，根本没有行之有效的法律和程序去规制，这是一件很可怕的事情。笔者建议，有关部门可以学习美国的做法，在儿童申请护照的时候，要求父母双方共同去申请或父母一方携带另一方的授权书才能申请护照；或者儿童在父母一方带领下出境时，要求该监护人出具另一监护人的同意书，这种预防措施可以在很大程度上预防父母诱拐的发生。

第七章　我国儿童失踪紧急反应机制的构建

公安部儿童失踪信息紧急发布平台是智慧警务构建过程中，为应对我国儿童失踪问题，而研发投入运行的官方应急措施。自平台投入运行以来，截至 2019 年 5 月 15 日，公安部儿童失踪紧急发布平台共发布了 3978 条失踪儿童的消息，找回 3901 名儿童，其中解救被拐儿童 57 名。[①] 从数据来看，公安部借助该平台帮助 98%的孩子回归家庭，其效率相对于传统寻找丢失儿童的方法要高得多。但是该平台发布消息的标准及法律依据是什么、消息如何被公众所接收、公众对于该紧急发布平台的态度如何、消息在平台上发布之后如何有效保护失踪儿童及其家庭的隐私权等问题值得我们思考。

一、比较视野下我国儿童失踪紧急反应机制的不足

通过第三章中对儿童失踪紧急发布平台的现状进行考察，不难发现我国儿童失踪紧急反应机制在实施过程中存在很多问题，比如，案件准入标准过低、发布消息时的主观任意性、推送途径单一、公民对该平台的知晓度低等问题。为了构建出更加完善且适应我国国情的儿童失踪紧急反应机制，笔者通过考察美国、加拿大、意大利等域外国家关于失踪儿童紧急反应机制的先进做法，如美国等西方国家的“安珀警戒”。基于这些国家已有的相关经验，通过对我国儿童失踪紧急反应机制在实施中已发现问题和域外国家相比较，对我国还存在哪些问题进行总结分析。

（一）缺乏相关的法律依据

首先，在未成年保护问题上，虽然我国许多法律条文中都对未成年人

① 《国际儿童失踪日　儿童离家出走成为失踪的关键诱因》，载澎湃新闻·澎湃号·澎客，https：//www. thepaper. cn/newsDetail_ forward_ 3525912，20190525。

的权益作出了明确规定，立法机关对此还制定了《中华人民共和国未成年保护法》《中华人民共和国预防未成年犯罪法》两部专门的法律。这些法律规范的制定为未成年人的健康成长营造了良好的法制环境。但是，在失踪儿童救助问题上，我国立法机关并未出台任何关于救助的法律法规，仅国务院和公安部出台了有关救助未成年及打拐的意见和通知。与我国相比，无论是美国联邦政府还是各个州，均通过颁布一系列法案，来解决失踪儿童救助中存在的问题，在失踪儿童救助方面已经形成了一套完备的法律规范体系，如 1982 年《儿童失踪法案》、1984 年《儿童失踪援助法案》、1988 年《国际诱拐儿童救济法案》、1990 年《儿童失踪搜索援助法案》、1994 年《雅各·威特灵法案》、1996 年《安珀·海格曼儿童安全保护法》、1996 年《梅根法案》、2003 年《PROTECT 法案》等，这些法律从不同方面对失踪儿童进行保护和救助，它们的颁布实施共同构成了美国失踪儿童法律保护体系。

其次，从失踪儿童救助的对象来看，我国目前关于失踪儿童救助工作主要侧重于救助被拐儿童。且与美国法律相比，我国现有的相关政策法规主要是“预防性”的规定，缺乏儿童失踪之后具体的救助措施。同时，由于我国在失踪儿童救助方面的规定，目前主要是以“通知”“意见”等形式规定的，这种形式的规定相对来说层次较低，法律效力及权威性弱，容易造成失踪儿童救助工作的开展流于形式、执行力弱、各地执行标准不统一等问题的产生，从而增加我国失踪儿童救助工作的难度。2004 年 9 月 20 日，对于广东省东莞市大朗镇沙步村村民李某某一家而言是悲痛的一天，李某某 1 岁多的儿子李某涛，在晚上 9 点多时由其爷爷奶奶带着在路边玩耍。不幸的是李某涛被拐卖儿童的犯罪嫌疑人盯上了，为了顺利将李某涛带走，犯罪嫌疑人对李某涛的奶奶实施暴力手段将其打昏，使李某涛的奶奶失去反抗能力之后将李某涛带离了事发地。李某涛失踪之后，其家人立即向广东省东莞市公安局大朗分局保安墟派出所报案，大朗分局保安墟派出所在接到报案之后立即调取警力着手调查李某涛失踪一案。通过李某涛家人对案件情节的描述，公安机关认定这是一起有预谋的拐卖儿童案件，为此公安机关通过走访案发地点的目击者掌握犯罪嫌疑人的线索，并调取案发地点周围的监控录像以确定犯罪嫌疑人的体貌特征，公安机关对该案进行了一系列的侦查，但遗憾的是，李某涛自 2004 年至今仍未找到，是否生还尚未可知。通过该案可进一步得出，如果我国存在一套完备的儿童失踪救助法律保护体系，具体的实施细则、应对措施或方案，那么李某涛可能早就回到父母的怀抱中了。

最后，在落实儿童失踪紧急反应机制方面，我国立法机关、政府并没有将相关标准以法律的形式予以颁布，甚至没有相关政策，因而导致执法机关缺少实施的具体准则依据，也缺少执法部门、社会组织、教育部门、交通运输部门等部门合作的法律依据以及后续保障措施的依据。而美国在落实“安珀警戒”时，不仅有上述法律加持，美国司法部还就“安珀警戒”发布的标准出台了相关指引，并且早在 1984 年《儿童失踪援助法案》中明确规定了哪些社会组织必须承担发布失踪儿童信息的义务，并且随着互联网的发展，在 2003 年颁布的《PROTECT 法案》中进一步明确了相关人员的责任及发布预警的程度及地域范围标准。与美国相比，我国在这方面存在较大的法律空白。

（二）发布消息时主观任意性强

相较于美国、意大利两个国家而言，我国公安机关在启动儿童失踪紧急反应机制时具有较强的主观任意性。分别从美国、意大利两个国家启动“安珀警戒”案件标准及紧急程度来看，美国司法机关在发布儿童失踪信息之前，会先对案件的性质作出判断，即实际上是否发生了绑架案件。如果案件确属绑架，司法机关还需对失踪儿童是否面临着严重不法侵害的现实危险进行判断，所谓严重的不法侵害，主要指严重的身体伤害或死亡。一经判断符合“安珀警戒”启动的最低标准，美国司法机关会立即将失踪儿童的消息散布出去。意大利警方在启动“安珀警戒”时，其启动的条件中并没有明确说明案件性质必须属于绑架案，但是其条件中明确了失踪儿童必须面临生命安全的威胁，且极有可能被强迫转移出境时，警方必须立即发出“安珀警戒”。

上述两个国家无论从案件性质还是失踪儿童面临的危险都体现出了启动儿童失踪紧急反应机制中的“紧急”二字。而我国儿童紧急反应机制的启动，是以公安机关在接到报警之后，通过自身力量未能掌握与失踪儿童有关的有价值的线索时，才会在平台上发布失踪儿童的信息。这种启动标准完全以公安机关是否掌握线索为准则，具有较强的主观任意性。倘若公安机关不作为，那么这种标准就形同虚设，所有儿童失踪事件都能够通过该平台发布，儿童失踪紧急反应机制中的“紧急”二字就没有任何价值。

目前，正是由于我国公安机关发布信息时的任意性，未对案件的性质及紧急程度进行划分，才会导致公安部儿童失踪信息紧急发布平台所发布的信息杂乱无章、没有主次，给公众营造出一种信息都很重要，都应该关注的现象，但往往就是在这种“眉毛胡子一把抓”的情况下，容易忽视更为紧急的事件。2019 年 7 月 13 日，9 岁的女童章某欣成为关注该事件的人们心中永久的伤痛，章某欣小朋友永远离开了爱她、她爱的人。7 月 8 日 10 时许，据章某欣奶奶向淳安县公安局青溪派出所报案称，7 月 4 日租其房屋的租客梁某华、谢某芳以带孩子去上海喝喜酒为由将章某欣从家带走，并约定 7 月 7 日返还，但 7 月 7 日梁某华、谢某芳并未按照约定将章某欣带回家，并且失去联系。淳安县公安局青溪派出所在接到报案后，经初查，将犯罪嫌疑人锁定为梁某华、谢某芳，并于 7 月 10 日将章某欣失踪事件通过儿童失踪信息紧急发布平台予以发布。警方在发布信息之后，鉴于案情重大，由省、市、县三级公安机关立即展开行动，组成联合专案组，先后共派遣 500 余名警力赶赴上海、漳州等地开展调查取证工作。警方通过视频跟踪发现梁某华、谢某芳二人于 7 月 8 日凌晨在宁波东钱湖一观景台投湖自杀。而经过多方力量的连日搜救，章某欣小朋友的遗体被发现于象山县观日亭石浦海域，并经刑侦技术鉴定及综合视频监控、目击证人证言及失踪区域路况环境特征等，警方初步判定为失足落水。①

在这个案例中，对于章某欣小朋友的死亡，其家人是有一定责任的，但是，通过对案件的描述明显可以发现儿童失踪信息紧急发布平台在警方搜救章某欣小朋友的过程中并没有发挥出其应有的价值，原因在于警方在发布该信息时，并没有对案件的性质进行界定，而且由该平台对信息的发布标准没有明确的规定，导致该平台上各种类型的失踪儿童信息的存在，且没有对该信息做明显的标识，如绑架案、被拐案等标识，以致该信息没有引起群众的注意，从而错过了协助警方救助章某欣的最佳时机。因此，我国公安机关应当细化启动儿童紧急反应机制的条件或标准，根据案件的性质或者儿童面临的现实威胁进行划分，按照危险的等级系数来确定信息发布时长和信息的发布途径。

（三）信息推送途径单一

目前，我国儿童失踪紧急反应机制经过四期的整改，已有 25 家新媒体与移动应用终端接入了该平台，这 25 家新媒体和移动应用终端都属于公众经常使用的手机软件和网页，从表面上看，利用这些手机软件或者网

---

① “章子欣”，参见百度百科，https：//baike. baidu. com/item/%E7%AB%A0%E5%AD%90%E6%AC%A3/23612901？fr=aladdin。

页向公众散布失踪儿童信息易于被公众接收到，且信息散布途径相对于“一期”“二期”“三期”而言，已经非常广泛了。

但是，这些推送途径缺乏机动性、灵活性，原因在于群众能否有效且在第一时间收到失踪儿童的信息完全取决于群众是否打开、何时打开相关网页或应用程序，这就在一定程度上降低了公众接收信息的有效性，可能造成相关信息被错过，从而贻误解救或寻回失踪儿童的最佳时间。就如章某欣案件，笔者也是在章某欣小朋友的遗体被警方找到的第 3 天在浏览网页时才知晓此事，且笔者在使用接入公安部“团圆”系统的移动应用软件过程中，如淘宝、高德地图、饿了么等应用软件时从来没有收到其推送的有关失踪儿童信息。当然对于该案而言，由于笔者所在区域并不在消息的推送范围之内，没有通过移动应用程序接收到该案的信息也属正常。但是，对于这类恶性事件，如果警方在接到报案之后，经过初步侦查能够判定案件属于重大恶性案件，并且将消息同时通过广播电台、交通运输部门的指示牌、与公安部“团圆”系统合作的新媒体及移动应用终端等散布到一定区域，群众能够及时收到信息，为警方侦破该类案件提供线索，那么在一定程度上就会减少悲剧的发生。

与美国相比，信息推送方式整体上呈现单一性，且不能保证公众对信息接收的有效性。那么，为何不能借鉴美国“安珀警戒”的做法，如通过手机短信、高速公路指示牌、广播电视、机场指示牌、谷歌地图、脸书等途径来散布儿童失踪的信息。不可否认，相较于我国，美国的这些做法极大地拓宽了公众接收失踪儿童信息的渠道，并保证公众对儿童失踪信息接收的有效性和灵活性，但是这些做法目前并不适用于我国的基本国情。

一方面，由于我国立法和司法上的不完善。我国已有的法律法规并未将推送失踪儿童信息规定为手机运营商、交通运输主管部门、电视台等相关部门或人员的强制性法律义务，强制性规定的缺失，也就使得相关部门或人员即使向公众推送失踪儿童信息，也会因缺乏法律依据而被迫叫停，甚至以传播虚假信息为名受到行政处罚，严重的还会受到刑事处罚。

另一方面，由于发布信息时主观任意性强。我国儿童失踪紧急反应机制启动标准缺乏具体的量化指标，仅凭公安机关通过调查有无掌握失踪儿童有价值的线索来作为启动标准，未对案件的性质及紧急程度进行划分的情况下，就采用美国“安珀警戒”的做法，将会对公众的生活造成干扰，信息泛滥成灾也会使公众逐渐丧失对失踪儿童信息的灵敏性，从而大大降低上述散布途径功能的有效性。

综上所述，我国应当在完善相关立法的基础上，进一步量化儿童失踪紧急反应机制的启动标准，为公安机关拓宽信息散布途径奠定良好的社会基础。

（四）失踪儿童数据循环利用率低

为治理儿童失踪问题，我国公安机关也为此投入了大量的警力、物力、财力等资源，先后建立并投入使用全国“打拐 DNA”数据库、儿童失踪信息紧急发布平台，这两项措施的投入运行虽然在一定程度上对公安机关寻找失踪儿童和解救被拐儿童起到了帮助作用，但这并没有从根本上改变我国失踪儿童的现状，只起到“量变”作用，而未发生“质变”。

归根结底，主要在于我国公安机关治理儿童失踪问题上缺乏“数据思维”，没有意识到要利用现有全国“打拐 DNA”数据库及“儿童失踪紧急发布平台”已有的失踪儿童数据，进而也未意识到要对现有数据进行细致整理分析，从中提取有价值的信息。如多次离家出走的孩子，在离家出走之前有无反常现象，如果提取出该信息，父母至少可以在孩子离家出走前提前采取预防措施。这也是我国公安机关现阶段只能够在案件或事件发生后采取相应措施，而不能提前采取预防措施，导致失踪儿童数据循环利用率低的原因之一。

目前，域外国家尤其是欧美国家在儿童失踪预防机制上，除有完善的法律法规作支撑外，还建立了失踪儿童国家数据库。该数据库对失踪儿童进行了详细的划分，如自儿童时期就失踪的成年人、当前失踪儿童、已找回的失踪儿童、身份不明的人的信息等。由于数据库在建立时，就对失踪儿童的类型进行了详细的划分，且该数据库中的数据向所有的执法机构开放，这增大了失踪儿童数据的利用率。

全国“打拐 DNA”数据库虽已与儿童失踪信息紧急发布平台相衔接，但是由于前期并未对数据库中失踪儿童相关的信息进行细致划分，以致后期不能够直接使用现有数据，同时该数据库也没有直接面向所有的执法机关开放，这也是导致失踪儿童数据利用率低的原因之一。

（五）宣传力度薄弱，公众意识淡薄

本书最后从所附调查报告、调查问卷可知（附件 1、附件 2），我国公众对于公安部投入从运行的儿童失踪信息紧急发布平台存在相当大一部分人不知情。而且，据阿里巴巴的数据反应，80%以上的父母不知道“团圆”系统的存在。[1] 这与我国儿童失踪紧急反应机制建立的初衷相悖。

究其原因在于，首先，公安部“团圆”系统投入运行之时，虽然中央电视台的新闻联播节目及地方电视台的新闻节目对其进行了宣传报道，但是，从其宣传的天数及时长来看，无论是中央电视台还是地方电视台对“团圆”系统都仅宣传一天，宣传时长最长也才为7分钟，且除了中央电视台以，其他地方电视台几乎都在同一天的同一时段内进行报道。这也就表明，即使在同一天、同一时段内，电视台对“团圆”系统的宣传报道力度还是小，毕竟仅有那个时段的人知道，而且随着时间的推移，在没有定期重复报道的情况下，公众会逐渐遗忘该系统的存在，进而也就不会去关注该平台。

其次，自“团圆”系统上线运行之后，每次召开该系统相关会议时，基于会议内容的保密性，出席会议的人员大多数是互联网业内的专业人士、公安部内部相关人士及科研院校的部分人士，只邀请这些人士参与会议的做法当然是无可非议的。但是，在会议结束之后，未及时通过电视台、移动新媒体等方式向普通公众传递会议中不涉及“团圆”系统保密事项的内容，只是通过新闻对其进行了播报。通过这种方式进行宣传，不具有直接性、宣传手段落后不到位，导致“团圆”系统运行三年之久，还有那么多的公众不知道它的存在。

最后，由于对该系统的宣传不到位，公众对该系统推送儿童失踪信息的途径不了解，以至于公众在使用某软件或浏览器时接收到该系统推送的相关失踪儿童信息时，会误认为是虚假信息或是诈骗信息，基于谨慎心理，不会轻易点开相关信息，更甚于为了免受此类信息的骚扰，在手机上将此类信息设置为免打扰，以此屏蔽该类信息，在推送途径单一的情形下，更加剧了公众对失踪儿童信息敏感性低的局面。

（六）缺乏隐私权后续保障机制

由于“上层建筑”的缺失，导致我国儿童失踪紧急反应机制在运行过程中要面临很多风险。目前，面临的风险之一就是失踪儿童及其家庭信息通过平台发布后，信息一旦被不法分子利用，那么其隐私权将会受到极大的侵害。

在信息管理方面，儿童失踪信息紧急发布平台仅相当于信息的“搬

---

① 《80%的人不知道!! 儿童失踪信息紧急发布平台——团圆系统》，载搜狐网，http://www.sohu.com/a/328613000_120065670，20190722。

运工”，只要是符合现有公安机关发布信息标准的，民警会立即将失踪儿童的消息上传到平台，而不会对失踪儿童的信息进行区分，无论是已找到还是未找到的失踪儿童，其在平台主页呈现的都是未找到，只有点击案件详情，其跳出的页面才会显示案件是否已结案，造成儿童失踪信息凌乱地平铺于平台之上。同时，这种只传不删，无论是多久之前的信息都能够在平台上查找到，不仅不利于群众查找哪些儿童还未找回，从而遗漏相关信息，还会因信息管理机制的不健全，为不法分子提取相关失踪儿童及其家庭信息创造有利条件，从而导致犯罪滋生及失踪儿童及其家庭隐私权被侵犯。

（七）官方救济为辅，民间救济为主

我国儿童失踪信息紧急发布平台由于上线时间短，宣传不到位，导致其还未被广大公众所知晓，尚未在公众之间形成连锁反应。而像“宝贝回家”“QQ 全城助力”等非营利性民间失踪儿童救济组织，由于成立时间长、前期宣传到位，从成立到现在已经帮助许多孩子重回家庭，协助警方破获了多起拐卖、挟持儿童犯罪案件，并且已在全国各地都成立了志愿者组织，与公安部儿童失踪信息紧急发布平台相比，已为公众广为知晓。这是导致官方救济为辅，民间救济为主局面的原因之一。

失踪儿童民间救济组织除有良好的群众基础外，还拥有大规模的志愿者团队，主动负责收集全国各地有关失踪及流浪儿童的各种信息并统一将信息传送到网站上。而“团圆”系统是由打拐民警被动的收集失踪儿童信息，这种主被动的差异，也造成了官方救济为辅，民间救济为主局面的产生。

官方救济为辅，民间救济为主局面的产生除上述两类原因以外，还在于我国儿童失踪紧急反应机制在运行方式上只注重“另辟蹊径”，不注重“物尽其用”。即我国儿童失踪紧急反应机制仅考虑其权威性，不注重借助失踪儿童民间救济组织已取得的群众基础开创以官方为主导、群防群治、全民打拐的新局面。

而美国在儿童失踪救济方面，就不存在所谓的“官方救济为辅，民间救济为主”的说法。原因在于，美国 1984 年颁布的《儿童失踪援助法案》中规定要建立一个国家失踪儿童免费热线及国家资源服务中心，为了落实该法的规定，美国自 1984 年起由少年司法与儿童犯罪预防办公室资助设立了失踪儿童救助中心“全国失踪与受虐儿童服务中心”。其性质是私立的、非营利性组织机构，是独立于警察系统之外救援机构，该中心负责向39个州失踪儿童信息交换所、130个非营利组织及儿童权益倡导者提供保护儿童权益的相关法律信息。同时，其也是“安珀警戒”的发起者之一，开通多种语言全天候的热线救助电话。失踪儿童的父母在报案之后，也可以借助该中心网站制作标准化的寻人布告，甚至可以求助该中心出动配有警犬的专业搜救小组。也就是说，美国的儿童失踪紧急应急机制是由美国“全国失踪与受虐儿童服务中心”和警察机构两套救援途径共同构成的。

因此对于上述问题，我国在构建儿童失踪紧急反应机制时应当有针对性地借鉴美国及其他国家已取得的成功经验，从而构建适合我国国情的儿童失踪紧急反应机制。

二、构建我国儿童失踪紧急反应机制的对策建议

对上述问题进行分析之后，可以看出我国儿童失踪紧急反应机制目前还没有形成自顶向下的有机体系，因而其运行效果难以实现建立该机制最初的目标。在新一轮警务改革浪潮中，人工智能、大数据、互联网等信息技术为我国儿童失踪紧急反应机制的构建提供了技术支持，解决了线上、线下信息互通的难题，也为信息传播提供了新路径。古人云：“以铜为镜，可以正衣冠；以史为镜，可以知兴替；以人为镜，可以明得失，而以法为镜，可以断曲直。”① 在这有利的局面下，构建儿童失踪紧急反应机制，解决我国失踪儿童治理难题，离不开完善的法律法规，必须以法律来约束和规范各项具体措施的落实，围绕法律这一上层建筑来开展各项工作，使执法主体在法定的权限范围内行使职权，明确相关主体在儿童失踪紧急反应机制中的具体义务，从而形成执法机关、社会团体组织各方力量及时联动的局面，以保证儿童失踪紧急反应机制的有效运行。因此，我国儿童失踪紧急反应机制的构建主要体现在以下两个方面。

（一）制定相关法律法规

针对失踪儿童救助与保护问题，美国自20世纪80年代起就对其加以重视并开始建设，在这个过程中，美国共颁布了13部法案来解决失踪儿童救助与保护问题，这13部法案也为美国儿童失踪紧急反应机制“安珀警戒”的成功运行奠定了基础。如果没有这些法律“保驾护航”，美国

---

① 《以铜为镜，可以正衣冠》，载https：//wenku. baidu. com/view/6819668002d276a200292e2e. html。

“安珀警戒”所发布的失踪儿童信息就无法实现全面覆盖，也就达不到“安珀警戒”强大的威慑作用。而我国目前对未成年保护方面的法律只有两部，这两部法律主要侧重于预防阶段，对失踪儿童如何救助以及保护缺乏专门的法律来保障各项工作的开展。因此，结合我国国情，可以在《未成年保护法》中专门增设一章有关失踪儿童救助及保护方面的规定，从而为构建儿童失踪紧急反应机制提供依据。

1. 明确紧急反应机制中的救助对象

根据最高人民法院、最高人民检察院、公安部、司法部联合发布的《关于依法惩治拐卖儿童妇女犯罪的意见》中立案程序的规定可知，我国公安机关对儿童失踪采取的是一旦接警立即以刑事案件立案，也就是说无论儿童是因何种原因失踪，警方不得以任何理由拒绝立案。但是，由于该规定没有明确规定针对不同类型失踪的儿童，在立案之后应当不同情况不同对待，而不能一视同仁地采取相同的救助方法。在缺乏明确规定的情况下，导致我国公安机关在落实我国“安珀警戒”即“团圆”系统时不能取得像美国一样的成效。

失踪的原因有很多，总结起来主要分为主动性失踪和被动性失踪。所谓“主动性失踪”主要是指儿童因自身因素或监护人监护不力等因素致儿童与亲人失去联系，如离家出走、迷路走失、意外事故、自然灾害等。“被动性失踪”是指儿童在非自愿因素下，因绑架、陌生人拐卖、拐骗而导致的失踪。目前，我国现行法律没有对失踪儿童作出明确规定，不过参照《全国失踪人员信息管理工作规定》中对于失踪人员的界定，笔者将失踪儿童界定为：因离家出走、走失、被刑事侵害或在灾害、事故、意外事件中下落不明的未成年人。

通过对失踪儿童进行总的界定之后，又可参照美国 1984 年《儿童失踪援助法案》，将我国儿童失踪紧急反应机制救助的失踪儿童作进一步界定。美国《儿童失踪援助法案》的重点是寻找可能遭到绑架或性剥削的 18 岁以下的未成年人。这部法案弥补了 1982 年《儿童失踪法案》中未对失踪儿童的定义进行明确界定，同时通过这部法案对失踪儿童的界定，为美国儿童失踪紧急反应机制“安珀警戒”的救助对象埋下了伏笔。美国的《儿童失踪救助法案》将失踪儿童定义为：走失时是其法定监护人不为所知的且年龄未满 18 岁未成年人，且这类人失踪时的周边环境表明这些人可能被他人控制或者可能会被虐待或性剥削，即 18 岁以下的可能遭到绑架或性剥削的未成年人。[①] 据此，为了使我国儿童失踪紧急反应机制能够在救助失踪儿童方面发挥良好的作用，笔者将我国儿童失踪紧急反应机制救助的对象界定为：可能遭受到绑架或被诱拐的未成年人。

而对于失踪儿童“年龄”的界定，根据联合国《儿童权利公约》以及我国《未成年保护法》《义务教育法》《民法》等法律的规定，可以将失踪儿童的年龄界定在 18 周岁以下。

综上所述，笔者认为我国法律应当将儿童失踪紧急反应机制中的救助对象明确规定为：可能遭受绑架或被诱拐的 18 周岁以下的未成年人。

2. 明确援助主体责任与义务

儿童失踪紧急反应机制的构建，必须明确各主体的责任与义务，建立法律责任追究机制，以提高相关主体落实该项机制的执行度，促进公安机关、社会组织、其他政府部门等部门对失踪儿童救助的责任感。

首先，应当明确执法机构的责任与义务。执法机构作为国家的执法机关，对于失踪儿童救助具有不可推卸的责任和义务。现阶段，我国法律仅明确规定了公安机关在接警后应当立即立案开展刑事侦查，对于后续工作的开展并没作出具体规定，如儿童失踪快速查找机制仅是由公安部内部下发的通知，并没有以法律条文的形式予以规范化，从而导致多警种、多部门联合作战效果不佳。综观美国在儿童失踪救助方面，各项法案中都明确规定了当地执法机构在接到报案后，该执法机构必须第一时间介入调查，并且该执法机构必须立即汇编有关该儿童的消息，并将该信息报告到儿童失踪信息交换中心或者其他机构，且必须在报告后 12 小时内输入国家犯罪信息中心数据库中，并且通过广播、报纸、户外以及网络广告、手机短信、脸书等方式发布该失踪儿童的信息。接报机构在接到信息后必须作出合理努力，通知当地的其他执法机构，鼓励但不要求其他执法机构或社会服务机构必须发布失踪儿童信息，并请求协助与合作调查。也就是美国政府通过法律明确规定执法机构应该与其他执法机构包括州、州外或联邦执法机构合作并协助儿童失踪案件的调查。

为此，笔者认为在构建儿童失踪紧急反应机制时，应当通过法律明确规定各级公安机关自身应尽的责任与义务，可以借鉴美国的相关做法以及结合我国国情，在接到报警之后，应当立即展开调查，并将该儿童的信息

---

① 童丹娜：《我国社会救助理论指导下的失踪儿童搜救法律制度研究——以美国为鉴》，浙江理工大学 2016 年硕士学位论文，第 35 页。

报送上级公安机关，同时，通过大众传播媒体、广播等向案发地区发布失踪儿童的信息，上级公安机关在接到报告之后通过公安内网向同级公安机关发送相关儿童的信息，并通过大众传播媒体、广播等方式向所在地发布失踪儿童的信息。当然该种做法相较于美国而言存在信息传播慢、贻误时机等弊端。

其次，明确其他社会主体的责任与义务。构建儿童失踪紧急反应机制除借助官方力量之外，还需要社会各方力量的鼎力协助与配合。从现有的儿童失踪紧急反应机制的建设来看，负有推送儿童失踪信息义务的 25 家合作平台都是基于自愿原则加入公安部“团圆”系统这一项目中的，我国法律并没有强制性规定哪些部门、哪些平台、哪些企业必须承担推送儿童失踪信息的责任与义务，而是全部基于自愿原则签订相关合作合同。这种做法表面上将某些主体的责任与义务置于法律的强制力之下，但是相关主体在履行过程中存在较大的自由选择权，这也是我国儿童失踪信息接收性差的原因之一。美国法律就明确规定了哪些社会主体必须负有推送失踪儿童信息的义务与责任，以及哪些社会主体可以基于自愿原则与执法机构合作。如美国俄亥俄州所制定的关于失踪儿童救助方面的法律明确规定教育部应当通过制定“失踪儿童教育方案”，将刑事侦查部门与调查局发送的失踪儿童信息通报中的信息整合到一份小册子中，并将副本定期发送到教俄亥俄州所有学区和私立学校，以便能够识别举报在家中失踪但在学校出现的儿童。美国其他法律中也规定了手机运营商负有推送失踪儿童信息的法律义务。而美国广播电台、公共运输等部门负有随时插播失踪儿童信息的法律义务等。2002 年《全国“安珀警戒”网络法案》明确规定了执法部门可以与当地的媒体自愿合作，帮助寻找失踪儿童。

对于我国而言，可将电信运营商如中国电信、中国移动、中国联通等提供互联网接入的通信服务国有企业以及公共运输部门、各省市县的广播电台/电视台等部门，通过法律明确规定其具有散播儿童失踪信息的法律责任与义务，而对于非国营主体可基于自愿原则加强其与公安部的合作，通过法律指导规范其行为，从而建立起与公安部的长期合作伙伴关系。同时，在宣传该机制方面，我国法律可以规定由民政部儿童福利司、教育部基础教育司、国务院妇儿工委办公室、全国妇联权益部等部门组成联合宣传小组，通过线上线下两种渠道向全国公众定期宣传该机制。

3. 相关配套措施规定

第一，失踪儿童救助项目及财政投入规定。美国 1984 年《儿童失踪救助法案》明确规定：在美国建立一个失踪儿童报警免费热线，以及汇聚失踪儿童信息及甄别中心，用以协调寻找失踪儿童官方与民间力量，该中心还要负责对失踪儿童的数据进行定期研究，并将分析结果进行公布。同时该法案还规定由少年司法与儿童犯罪预防办公室负责失踪儿童救助事项。该法案还规定了对儿童失踪案件的财政投入及补贴等的相关要求，并且为进一步加强在失踪儿童救助项目上的财政投入，2013 年美国国会表决通过了《儿童失踪援助法案》修正案，批准 4000 万美元的经费用于失踪儿童救助项目上。其中 3200 万美元以上的经费要被用在履行国家失踪和被剥削儿童中心建设上。① 我国法律并未将失踪儿童救助项目建设、具体负责项目建设的机构以及在此方面的财政投入与补贴及投入标准等相关事项以具体的条文形式规定出来，缺乏统一的标准与权威性规范，导致我国在救助失踪儿童上投入的资源与实际取得的效果不成比例。因此，笔者建议我国可以在法律中明确规定在失踪儿童救助方面所要构建的大致项目方案、项目负责机构的职责以及在此方面的财政投入等具体事项。

第二，相关培训事项的规定。为了使我国的儿童失踪紧急反应机制能够有效地、最大限度地发挥其在救助失踪儿童问题上的功能，立法机关通过制定法律，要求我国公安部通过出台相关政策，为公安机关的特定人员制定有关失踪儿童救助方面的培训方案。培训方案可包括：对信息研判人员进行失踪儿童信息的真假、因何种原因失踪、情况是否紧急等方面进行特定培训；对指挥决策人员进行侦查策略选择、警力调度部署等方面进行培训等。美国司法部为提升有效“安珀警戒”救助失踪儿童的能力，就通过法律要求总检察长为警官、副警长、法警和其他人员制定一项特别培训方案，关于特别培训的内容，法律只要求“在处理失踪儿童与虐待和忽视儿童案件方面进行一定数量的培训”。

4. 隐私保护方面的规定

对于失踪儿童信息及其家庭信息在发布之后如何最大限度地减少其被侵犯的风险，笔者赞同美国法律规定的失踪儿童信息撤回制度，即一旦失踪儿童被找回，执法机关就应当立即撤销相关失踪信息。同时，美国除防

---

① Missing Children's Assistance Reauthorization Act of 2013 Form Wikipedia, https: //en. wikipedia. org/wiki/Missing_ Children%27s_ Assistance_ Reauthorization_ Act_ of_ 2013.

止社会不法分子利用失踪儿童信息进行不法活动从而侵犯失踪儿童的隐私权外，还规定执法机构不得利用职权滥用失踪儿童信息从事其他活动，即执法机构对失踪儿童信息的使用仅限于进一步调查以找到儿童，不得用于其他任何案件的调查或者诉讼活动。从而进一步保障了失踪儿童的隐私权。为此我国《未成年保护法》中也可作类似规定。

（二）在法律规范的指引下，落实儿童失踪紧急反应机制的具体措施

1. 确定信息发布标准及推送途径、范围

第一，信息发布标准的确定。通过上述对失踪儿童的定义进行了界定之后，我国公安部可以效仿美国司法部的做法，即规范全美各个州发布“安珀警戒”的标准，美国司法部对其作出了指引。我国公安部也可制定具体的发布标准以规范我国各级公安机关启动儿童失踪紧急应急机制。公安部在现有立案程序的基础上，可将儿童失踪案件分为犯罪型案件和非犯罪型案件，且在立案方面对这两类案件一视同仁，在后续侦查工作中，针对犯罪型事件经公安机关信息研判专员判断儿童是因遭遇绑架或非亲属拐卖、拐骗而失踪的，可立即将失踪儿童的信息上传到“团圆”系统以及通知广播电台、公共运输部门、电信运营商发布失踪儿童的信息；而对于非犯罪型失踪案件可由公安机关通过常规化调查手段搜寻失踪儿童，以及失踪儿童的亲属动用身边的亲朋好友寻找孩子。

综上所述，笔者认为公安部可将儿童失踪紧急应急机制的发布标准制定为：失踪儿童的年龄为 18 周岁以下；经信息研判专员认证儿童可能遭遇到陌生人绑架或拐卖、拐骗，以及其他可能面临人身危险的情形；必须有足够的信息来描述犯罪嫌疑人和失踪儿童；失踪儿童监护人的请求。而各省公安机关在落实该项标准时可由各省根据本省失踪儿童案件数量、失踪儿童案件的总体性质等情形进行适当的调整，公安部的发布标准可作为各省的一个参考指南。

第二，推送途径的确定。现有信息推送途径较为单一，且信息接收直接性较弱。承担信息推送义务的主体除公安机关自身以外，合作者多为非国有企业管理运行的以营利性、娱乐性为目的的移动媒体，这些合作者是以二级信息发布主体参与到失踪儿童救助项目中的，其上一级发布主体为儿童失踪信息紧急发布平台，二者之间是上下垂直作业关系。对于因绑架、非亲属诱拐的失踪儿童案件，这种垂直发布方式显得过于单一。

因此，为了信息推送途径更为多样化，以“扇形”的方式向公众发布失踪儿童的信息，增加公众接收信息的渠道。可强制公共运输部门、各

大广播电台、电视台、电信运营商承担推送失踪儿童信息的责任。同时，对于广播电台/电视台可要求其随时插播失踪儿童的信息，电信运营商承担强制推送的义务后不能无限制地通过短信向用户推送失踪儿童的信息，必须在取得用户授权之后才能向该用户以短信的形式推送失踪儿童信息，而对于没有授权的用户电信运营商不得以短信的形式向其推送消息，原因在于电信运营商与用户之间是基于自愿原则而建立的合同关系，必须基于对方同意才能开展相关业务。对于现有承担推送义务的合作者，应当进一步加强与其的合作，必要时可由国务院财政部向其拨款以资助这些合作者对救助失踪儿童对现有系统升级改造。也就是说当儿童因绑架或被诱拐原因而失踪时，可通过一级发布渠道（广播电台、电视台、公用运输部门、电信运营商等）及二级发布渠道发布。

第三，推送范围的确定。寻找失踪儿童的“黄金时间”是在儿童失踪后的 3 小时内，如果在这 3 小时内没有发现失踪儿童的线索，那么可能意味着儿童已遇害或者以被拐到偏远地区，再寻回的概率很小。因而，在这段时间内应尽可能让更多的群众接收到失踪儿童的信息，为警方办案提供相关线索或信息。那么信息的推送范围如何确定呢?

公安部“团圆”系统的推送范围的确定是以失踪儿童的事发地为圆心，以儿童失踪的时间来确定推送范围，最大范围以 500 公里为上线。该推送原则虽然具有一定的科学性，但是笔者认为对于我国的国土面积而言推送范围过于狭窄，举个例子相当于重庆市永川区到巴南区，这也意味着消息还未出重庆市就被阻断了。

笔者认为，可以失踪儿童事发地为圆心，以地级市为单位，按照儿童失踪的时间确定推送范围。即在儿童失踪 1 小时内，由案发地的公安机关将失踪儿童的信息报送至市级公安机关，经市级公安机关信息研判专员确定符合该省紧急发布信息标准的，可由市级公安机关决定在儿童失踪地及周边区县内通过一级发布渠道，即通知案发地的广播电台、电视台、公共运输部门、电信运营商向授权的手机用户以短信的方式以及当地网络媒体发布失踪儿童的信息。市级公安机关在决定发布失踪儿童信息的同时，还应当将失踪儿童的信息向省级公安机关备案。儿童失踪 2 小时内还未找回的，省级公安机关可通过公安内网向儿童被带离案发地可能途经的该省的某些市传输失踪儿童的信息，由这些市的公安机关通过相关途径发布失踪儿童的信息。儿童失踪 3 小时还未被找回的，儿童失踪地的省级公安机关请求其他省的公安机关予以配合，在其他省的某些市县内通过一级发布途径发布失踪儿童的信息。失踪超过 3 小时的，由儿童失踪地的省级公安机关上报公安部，由公安部通过“团圆”系统发布，并通过与“团圆”系统对接的二级发布途径向全国范围内使用移动应用软件的用户推送失踪儿童的信息，如下图所示。

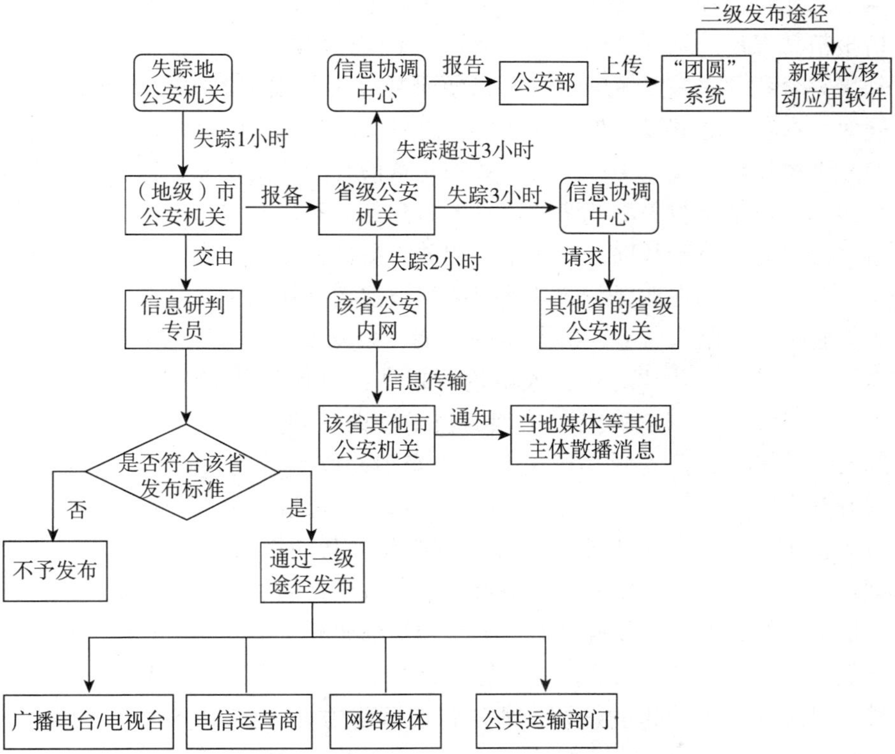

儿童失踪信息紧急发布流程

2. 完善相关配套措施

第一，建立儿童失踪信息协调机构。在上述明确执法机构的责任与义务时，笔者提到美国通过失踪儿童信息交换中心来传递各州发生的失踪儿童信息，从而实现信息共享并且能将信息迅速覆盖到各州，保证了信息传递的时效性，从而使得各州执法机构能够实现及时联动、快速反应。而我国现有的公安管理体制是以地域范围为基础并以行政级别为前提的自上而下的垂直管理模式，这使得本来应该统一、综合的侦查资源被人为地分离、割裂，从而无法保障信息被充分、有效地共享。① 因而，为进一步加强各警种、跨部门、跨区域协同作战，实现儿童失踪紧急反应机制全面协调与整体联动的局面，需要打破各警种、各部门之间的信息壁垒。

在现有信息技术的支撑下，笔者认为我国完全有必要建立一个类似于美国的儿童失踪信息交换中心，用以连通全国各地的公安系统，通过共享情报信息以促进不同部门、不同级别、不同区域之间展开常规性协作，有利于整合我国失踪儿童的信息，以便研判分析及预防失踪儿童再次失踪。同时，在各省之间设立信息交换中心之后，应当配备信息协调员，当绑架者或者诱拐者将儿童带离了发出失踪儿童信息的公安机关管辖范围时，信息协调员可请求将失踪儿童的信息发布到其他省。

第二，对负责救助失踪儿童的相关人员进行培训。为有效提升儿童失踪紧急应急机制在搜寻与解救被绑架及被拐卖、拐骗以及其他因脱离监护人看管可能面临人身危险的儿童的效能，公安部应当在财政部的支持下，对负责救助失踪儿童的相关人员进行培训，以提高其应对紧急事件的能力。通过美国“安珀警戒”培训与技术援助计划项目参与人比尔·布莱恩的事迹可知，美国联邦司法部在“安珀警戒”的建设过程中，为有效提升其在解救绑架、拐卖儿童案件中的功能，通过与负责失踪儿童救助项目的少年司法与儿童犯罪预防办公室合作，共同推出了“安珀警戒”计划培训项目，从布莱恩的事迹中可总结出该项目的培训内容主要包括失踪和被绑架儿童案件的侦查策略、失踪和被绑架儿童案件的领导指挥、失踪和被绑架儿童案件的法庭基本应答、警报信息与媒体对接等课程内容。正是通过这一系列课程的培训，才使得美国警方在“安珀警戒”的帮助下能够高效地打击绑架与诱拐儿童案件。鉴于此，我国公安部门也应当对负责救助失踪儿童的相关人员进行培训，培训的内容可根据我国公安机关在开展失踪儿童救助工作中面临的实际问题有针对性地制定。比如，我国现今还没有专门的信息研判专员，可从公安机关内部选拔有资格的人员后，对其进行失踪儿童信息的真假甄别、因何种原因失踪、情况是否紧急等方面进行特定培训。同时，对于培训所产生的费用，应当纳入政府每年的财政预算，由公安部联合财政部共同开展儿童失踪紧急救助培训项目。

---

① 李文军：《美国安珀系统与中国打拐系统比较研究》，载《青年研究》2017 年第 6 期，第 87 页。

三、我国儿童失踪紧急反应机制构建的法律效果

智慧警务模式下，为实现对车辆、人流、物流的监控，几乎所有的公共场所都安装了摄像头。同时，对于重点部位、治安相对薄弱的地区、人流量较大的区域场所及为实现对城市全方位、全时空的巡查监控，还动用了人脸识别技术、无人机探测技术、鹰眼式视频巡逻技术等技术，通过对这些探测技术所获取的数据进行整合和智能化分析，有利于公安机关在通过“由案到人”“由人到案”两种侦查模式并举的情况下，建立案发后分析研判机制和事前预防分析研判机制。

在对案件进行侦查的过程中，借助信息技术，尤其是借助人脸识别技术，能够在很大程度上帮助侦查人员排查出犯罪嫌疑人，尤其是在犯罪嫌疑人有意对面部进行遮挡、化妆、整容以及随着年龄的增长引起的面部变化等情况下进行快速甄别。同样，在对失踪儿童案件展开侦查时，借助视频监控技术能够快速分析案件是否属于被拐案件，倘若属于被拐案件，也能够借助视频监控技术观察犯罪嫌疑人的面部特征、身形体态、走路的姿势等，并根据这些特征模拟犯罪嫌疑人画像和逃离时的运动轨迹，追捕犯罪嫌疑人。同时，运用人脸识别技术对捕捉到的人像与警方的数据库进行比对，若比对成功，就能快速锁定并尽快抓获犯罪嫌疑人，解救被拐儿童。因此，在智慧警务背景下构建我国儿童失踪紧急反应机制是十分有必要的，它不仅有助于提高公安机关打拐办案效率，增强人民群众对公安机关的信任感和满意度，还会在应对儿童失踪问题上产生如下法律效果。

（一）降低儿童被拐的风险

首先，在打拐问题上，我国公安机关在过去治理过程中倾向于重“打击”轻“预防”，这种治理模式并未有效降低儿童被拐的现状。为更好治理并打破僵局，在智慧警务背景下，公安机关充分借助信息化技术的优势，开通儿童失踪信息紧急发布平台，通过向群众推送儿童失踪的信息，使广大群众参与进来，促进群防群治、全民反拐局面的形成。

其次，一旦形成全民反拐的局面，群众在接收到失踪儿童的信息后，就会自发的动员身边的亲朋好友积极主动地去寻找失踪儿童，身边一旦出现平台上所发布的失踪儿童的身影或者在留意身边异常情况的过程中发现失踪儿童的相关线索后，第一时间将失踪儿童送往就近的派出所或者向警方反映相关线索。

最后，警民联动快速寻找失踪儿童，能够降低因迷路走失、贪玩忘回

家、离家出走等起初不是因被拐而失踪的儿童后被人贩子盯上进而被拐走的风险。从而促使公安机关的工作逐渐由重“打击”转向“预防打击”双重治理。

（二）有效打击拐卖儿童犯罪

公安部为有效打击拐卖儿童犯罪，争取在最短的时间内寻回失踪被拐儿童，抓获犯罪嫌疑人，2011 年全国公安机关实行“儿童失踪快速查找机制”，也即公安机关凡是接到失踪儿童父母报案的，指挥中心应当立即下达出警指令，各警种出警动作要快，路面路口的查控堵截措施落实要快等。这一措施的实行，打破了警种之间的界限和常规做法，极大地削减了犯罪嫌疑人转移被拐儿童的时间，为警方解救被拐儿童打开了更为有利的局面。

在凭借公安机关投入大量警务资源和快速反应的同时，为进一步贯彻落实“儿童失踪快速查找机制”，还需要借助社会各方力量，为公安机关开展侦查工作提供相关的线索，进而以最快的速度、最短的时间找回失踪、被拐儿童，将犯罪嫌疑人绳之以法。因此，在智慧警务背景下，构建儿童失踪紧急反应机制的优势在于：

第一，在儿童失踪的 3 小时以内，即使是在团伙作案的情况下，拐卖儿童的犯罪嫌疑人也不可能将儿童移交或者转卖给收买被拐卖儿童的犯罪嫌疑人，在这个时间段内，群众一旦发现公安机关发布的失踪儿童，就可以立即报警并采取相应的措施，要在保障自身安全的情况下，拖住犯罪嫌疑人，等待警方的到来。

第二，在儿童失踪超过 3 小时但仍在 24 小时的“黄金时段”内，公安机关在依靠群众提供线索的同时，利用视频监控技术分析和研判犯罪嫌疑人逃离时可能的运动路线，在犯罪嫌疑人可能经过的路段排查堵截。犯罪嫌疑人在逃离时有可能被沿路的监控摄像头捕捉到脸部某些部位，利用人脸识别技术，可快速识别出犯罪嫌疑人。

第三，智慧警务背景下，“情指行”一体化平台的建立，使得公安机关指挥更加扁平化，跨部门、跨区域、多警种联合作战更趋于常态化，更有利于“儿童失踪快速查找机制”的运行，从而对拐卖儿童犯罪形成强有力的打击。

（三）预防和减少收买被拐卖儿童案件的发生

儿童失踪紧急反应机制的构建，为收买被拐卖儿童的犯罪嫌疑人敲响了警钟。在该机制下，群防群治、全民打拐局面的形成，不仅减少了犯罪嫌疑人的活动空间，而且使欲收买被拐卖儿童的犯罪嫌疑人，不敢轻易实施收买行为，使已经收买被拐卖儿童的犯罪嫌疑人整日惴惴不安，从而迫使其及时服法。

同时，在打击收买被拐卖儿童犯罪的过程中，公安机关可在启动儿童失踪紧急反应机制以后，利用智慧警务所提供的信息化技术及平台，通过整合公安机关内部数据、政府部门数据、其他行业的数据，建立统一的标准，通过云计算分布式存储，将全部数据汇集在“一张网”上，实现数据的互联互通。在此种情形下，公安机关可以从数据库中直接调取医疗机构、教育机构、失踪人口管理机构等机构的数据，利用大数据挖掘技术，分析数据中是否存在异常因素，进而判断儿童是否为被拐儿童，以及儿童现在所处家庭是否涉嫌收买被拐卖儿童，从而帮助公安机关及时解救被拐儿童，抓捕涉嫌收买被拐卖儿童的犯罪嫌疑人。

附件1　调查报告

儿童失踪紧急反应机制调查报告

（一）调查目的

为了进一步了解公安部刑事侦查局打拐办在阿里巴巴集团的技术支持下所开发的公安部儿童失踪紧急发布平台，就2016年上线以来在全国范围内被公众所知悉的程度，以及对于儿童失踪的信息公众是如何获知的，在获知之后所采取的态度等方面进行调查，从而为解决我国儿童失踪紧急反应机制存在的问题提供可供参考的意见。

（二）调查对象和方法

为了得到更好的调查效果，本调查问卷的发放方式采用了线上和线下两种方式。线上主要针对的是不特定的对象，线下针对的是特定对象，即本校[①]的在校生。因此针对特定对象和不特定对象的数据，将分别进行分析。

（三）调查问卷结果分析

1. 特定对象的统计结果分析

在本校随机选取了包括本科生和研究生在内的125名同学填写本问卷，这125名同学的年龄分布在18~24岁，男生有99名，占总人数的79.84%，女生有26名，所占比为20.16%。其中有效问卷124份。针对这124份有效问卷进行统计分析，得到以下数据。

（1）公众对儿童失踪信息的关注度

从统计的数据来看，公众对于儿童失踪信息的关注，77.42%的人偶尔关注，9.68%的人经常关注，12.9%的人从不关注。从这些数据中可以看出，儿童失踪信息还未引起公众的足够重视，仅有9.68%的人经常关

① 笔者在西南政法大学校内以问卷形式进行随机调查，以最终有效的124分问卷为依据。

注儿童失踪信息（见图1）。

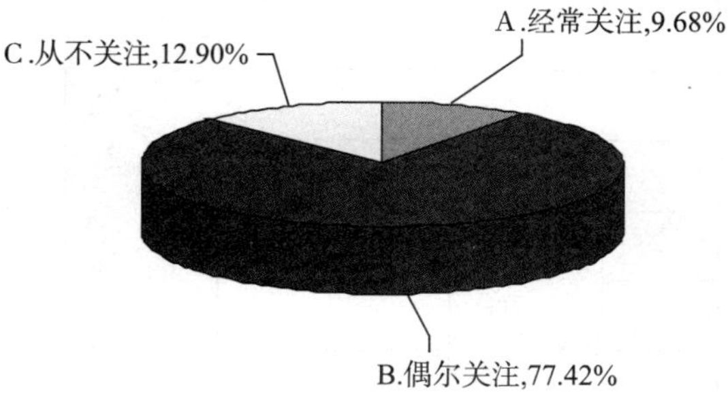

图1　对儿童失踪信息关注度

（2）公众对于与儿童失踪相关的信息发布平台的了解度

从124份有效问卷来看，对于与儿童失踪相关的信息发布平台，68%的民众知道的平台数只局限于1~2个，一个都不知道和知道3个及以上的各占16%（见图2）。可见，我国在儿童失踪这方面所投放的平台，为公众所知悉的程度相对较高。

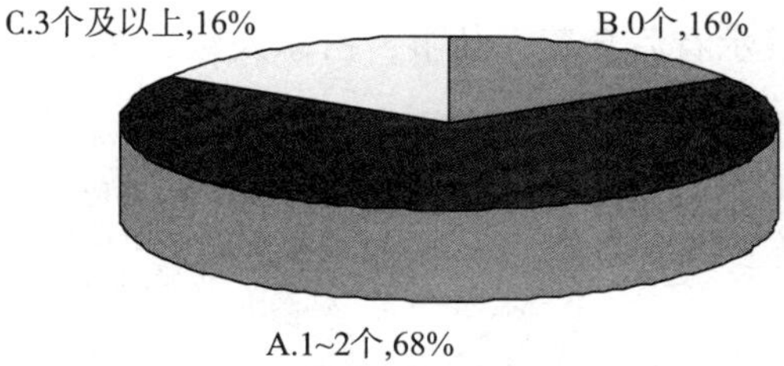

图2　对儿童失踪信息发布平台的了解度

（3）公众对公安部儿童失踪紧急发布平台的知悉度

从统计的数据来看，64.52%的公众对于公安部儿童失踪紧急发布平台处于不知道的状态，仅有35.48%的人对于该平台是知晓的（见图3）。可见，公安部儿童失踪紧急发布平台自上线以来，并没有在公众之间传播开来，其对公众的影响力并不大。

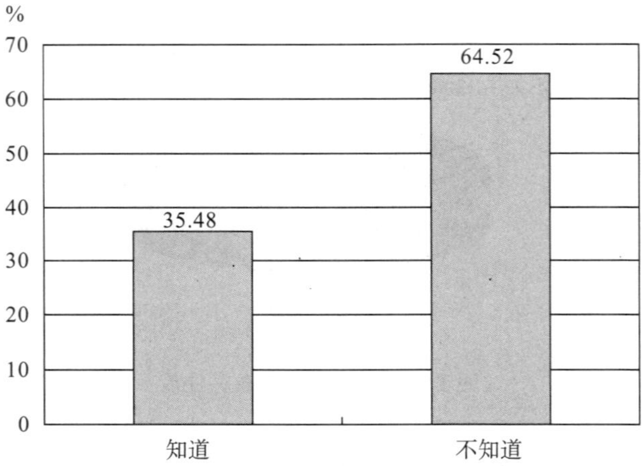

图 3　公安部儿童失踪信息发布平台的知晓度

（4）公众对接收到有关儿童失踪信息后的处理态度

统计分析结果显示，124 个人中，有 95 个人表示在接收到关于儿童失踪的信息后，会关注并留意，发现情况及时报警，其占到总人数的 76.61%。29 人表示看后会若无其事，占总人数的 23.39%（见图 4）。

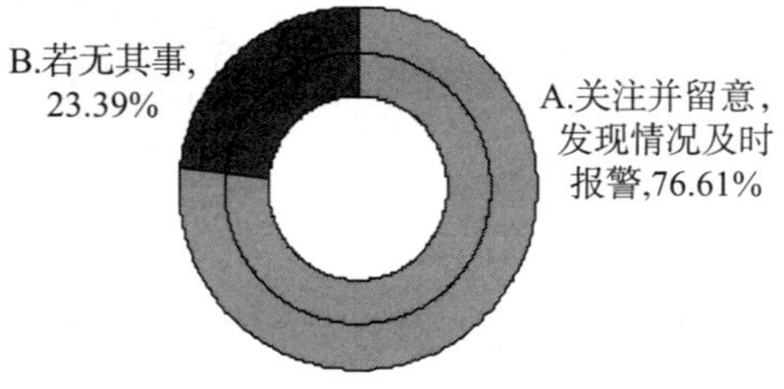

图 4　收到儿童失踪消息后的做法

（5）公众对于采取奖励机制能否提高群众提供与儿童失踪相关线索的积极性的看法

从统计的结果来看，93.55%的人认为采取奖励机制能够提高群众提供儿童失踪相关线索的积极性，仅有 6.45%的人认为设立奖励机制并不能提高群众提供儿童失踪相关线索的积极性（见图 5）。

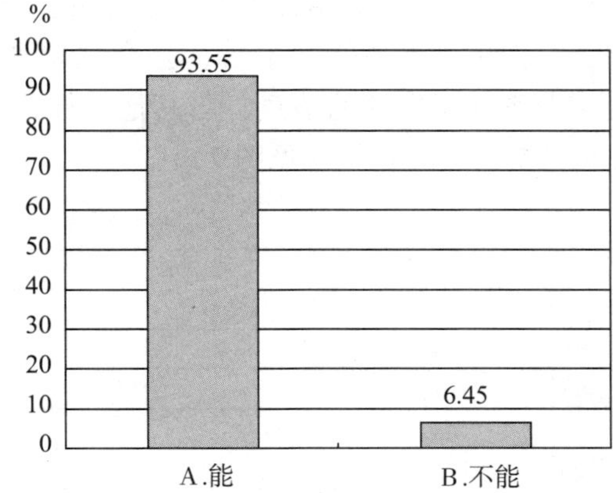

图 5　奖励机制有无作用

（6）公众接触儿童失踪信息的相关渠道（渠道可多选）

从统计的结果来看，124 名被调查者中，82. 26%的人都有从电视、广播上看到或听到有关儿童失踪的信息；61. 29%的人从报纸上看到有关儿童失踪的信息；58. 06%的人是从其他方面如网络看到有关儿童失踪的信息。其他依次是身边人告知、传单、手机短信，分别占 50%、49. 19%、35. 48%（见图 6）。可见，关于儿童失踪信息的传播途径是多种多样的，由此也引发出一个问题，既然儿童失踪信息的传播途径如此多样，那么为什么还是没有引起公众对儿童失踪信息的重视呢？

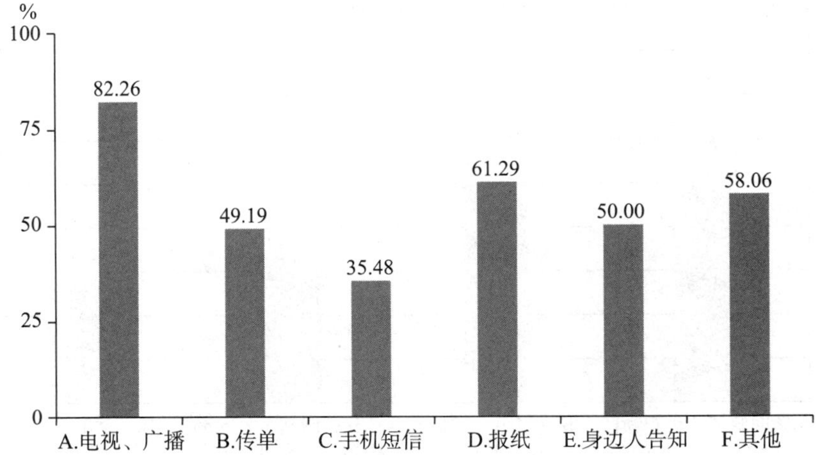

图 6　接触儿童失踪信息的相关渠道

（7）公众获知儿童失踪信息的相关软件（软件可多选）

从发布儿童失踪信息的相关软件来看，公众主要通过微博、微信、QQ 三大社交软件来获悉儿童失踪的信息，与其他软件相比，其占的比重分别是 65.32%、69.35%、74.19%（见图 7）。

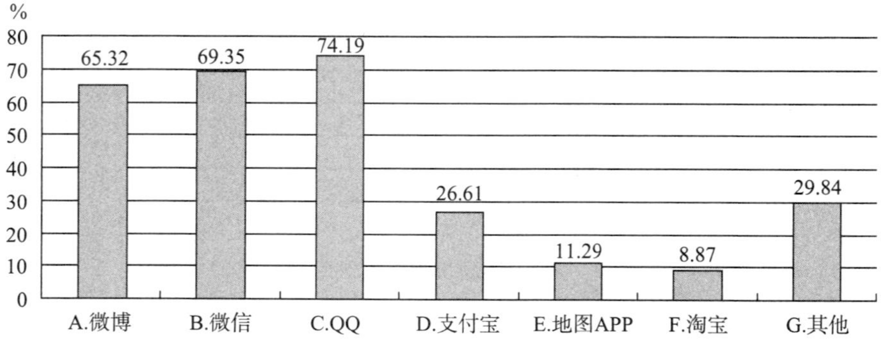

图 7　接触儿童失踪信息的相关软件

（8）公众所知晓的信息发布平台属于何种类型（类型可多选）

从统计分析的结果来看，公众所获悉的关于儿童失踪的信息发布平台，排在第一位的是新闻媒体，占比为 78.23%。排在第二位的是支付宝、微信、高德地图等社交媒体，占比为 76.61%。剩下的分别是专门网站、广播电台，占比分别是 33.87%、29.84%（见图 8）。

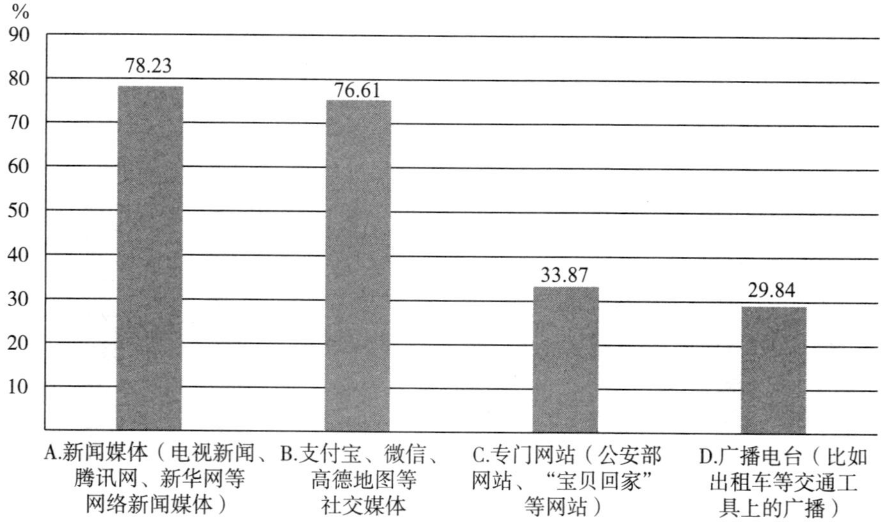

图 8　信息发布平台的类型

(9) 如何扩大公安部儿童失踪紧急发布平台的影响力（平台可多选）

据统计结果显示，扩大公安部儿童失踪紧急发布平台的影响力的方式集中在以下四种：公益广告、各类新闻头条、广播电台、报纸，其占比分别是83.06%、76.61%、64.52%、55.65%。而对于短/彩信和邮件的接受度所占比为36.29%，其他方式占比为33.06%（见图9）。可见相对于上述四种方式而言，公众对于通过短信来宣传或扩大公安部儿童失踪紧急发布平台的方式，其接受度不高。

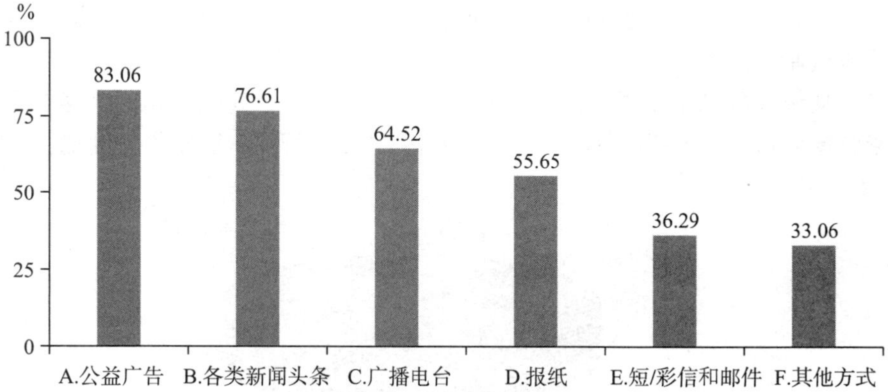

图9　宣传公安部儿童失踪紧急发布平台的方法

(10) 公众对于通过短信强制推送儿童失踪信息的接受度

通过对上一个问题的分析可知，公众对于通过短信的方式来宣传公安部儿童失踪紧急发布平台的做法，仅有一小部分人赞同，大多数人对这种方式是持反对意见的。那么对于通过短信，强制推送儿童失踪信息到公众的手机上，可想而知公众持反对意见的肯定占多数。从统计的数据来看，也印证了这一猜测。43%的人对于通过短信强制推送儿童失踪信息到手机上是持反对意见的，40%的人是接受这种做法的，17%的人对这种做法持无所谓的态度。虽然持反对意见所占比重比持赞同意见的比重多3%，但是从人数上看，持反对意见的仅比持同意意见的多了3个百分点，可以认为持反对意见的与持赞同意见的基本上是持平的（见图10）。

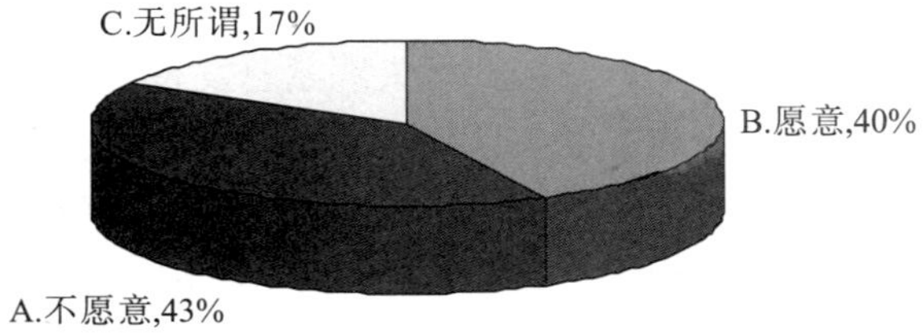

图 10　强制推送的接受度

（11）公众对于建立同美国类似，但又符合我国国情的儿童失踪紧急反应机制的态度

从统计的结果来看，86%的人认为应当建立符合我国国情的儿童失踪紧急反应机制，认为不应该建立的人占 7%，对此持无所谓态度的人占 7%（见图 11）。

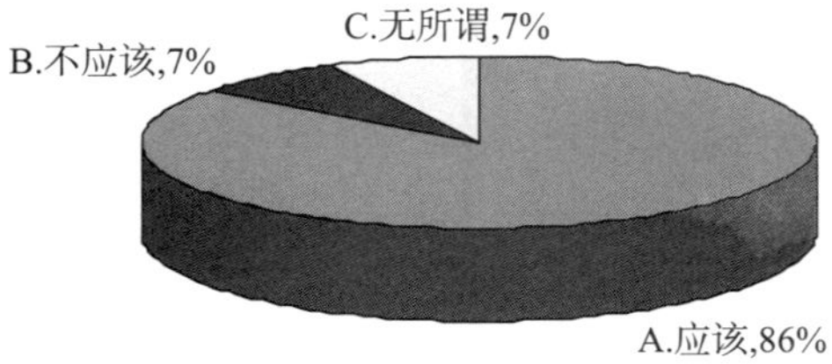

图 11　是否应建立儿童失踪紧急反应机制

（12）公众可以接受的强制推送的信息发布方式（发布方式可多选）

从统计的数据来看，对于公益广告、各类新闻头条、广播电台、报纸强制推送的方式，仅有 7.26%的人不同意。而选择公共显示屏的人最多，占比为 87.1%，其次就是短信/彩信强制推送，占比为 54.84%，网页自动弹出和手机 App 自动弹出占比分别是 27.42%和 37.1%（见图 12）。

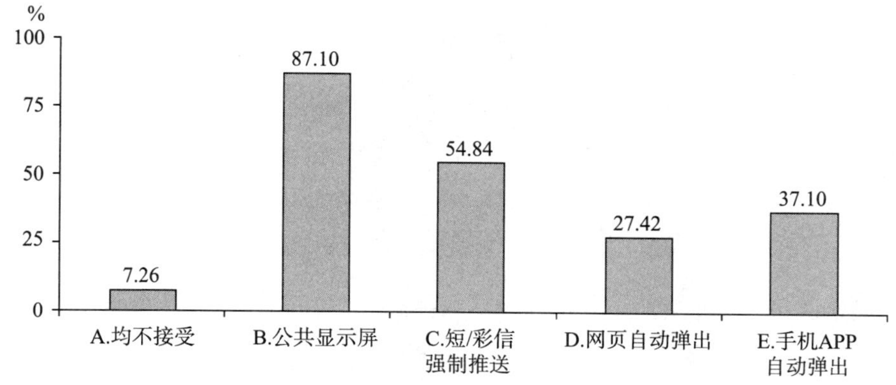

图 12　接受哪些信息发布方式的强制推送

由于，本数据的调查对象是大学生，而学生由于缺乏社会经验、考虑问题存在片面性，从而可能导致取得的数据具有一定的倾向性。

2. 不特定对象的统计结果分析

不特定对象是指面向社会上所有人，针对不特定对象采取的是线上发布调查问卷，由不特定对象在线上填写。这里所说的“线上”主要是指通过微信、QQ 等社交工具进行发布回收。

本次调查针对不特定调查对象，共回收 113 份问卷，其中 75 名女性，占比为 66. 37%，男性 38 名，占比为 33. 63%。被调查者的年龄分布在 18~50岁。回收的 113 份问卷全部为有效问卷，现针对这 113 份问卷的调查结果进行如下分析。

（1）公众对儿童失踪信息的关注度

从调查分析的图中可以看出，77. 88%的公民对儿童失踪信息偶尔关注，15. 93%的人对儿童失踪信息经常关注，从不关注的为 6. 19%（见图 13）。由此可见，无论是大学生群体，还是社会上其他公民，都缺乏对儿童失踪信息的足够重视。

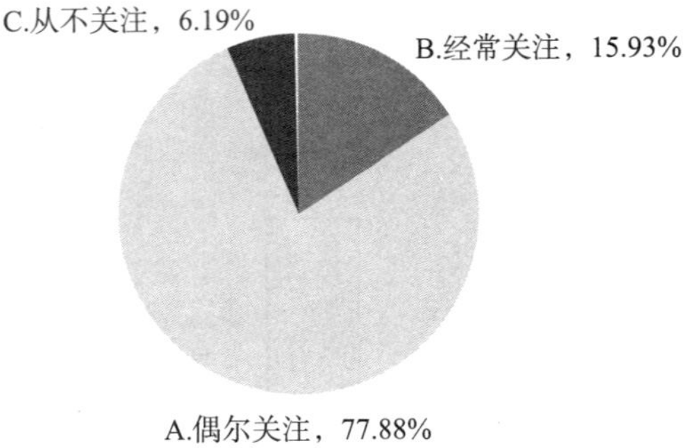

图 13　对儿童失踪信息关注度

（2）公众对与儿童失踪相关的信息发布平台的了解度

从统计的数据中可以看出，社会上一般公众所知晓的有关儿童失踪的信息发布平台在1~2个的最多，占比重为66.37%，不知道和知道3个及以上平台的分别为23.89%和9.73%（见图14）。不考虑公众所知晓的是官方平台还是民间平台这一要素，我国有关儿童失踪信息发布平台在公众之间影响力相对来说还是比较高的。

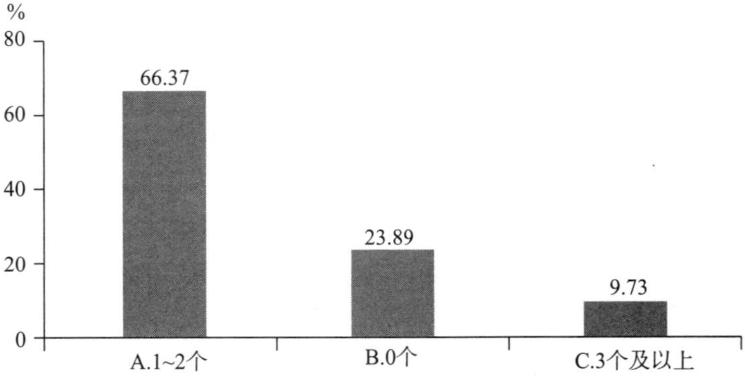

图 14　对儿童失踪信息发布平台的了解度

（3）公众对公安部儿童失踪紧急发布平台的知晓度

从图15中可以看出，对于一般公众而言，62.83%的人对公安部儿童失踪紧急发布平台还是很陌生的，仅有37.17%的人知晓该平台。结合上一题来看，虽然有66.37%的人知晓有关儿童失踪的信息发布平台，但是这里面包括民间的发布平台，对于官方的信息发布平台知晓的人数仅占37.17%。由此可见，公安部儿童失踪紧急发布平台的影响范围还有待扩充。

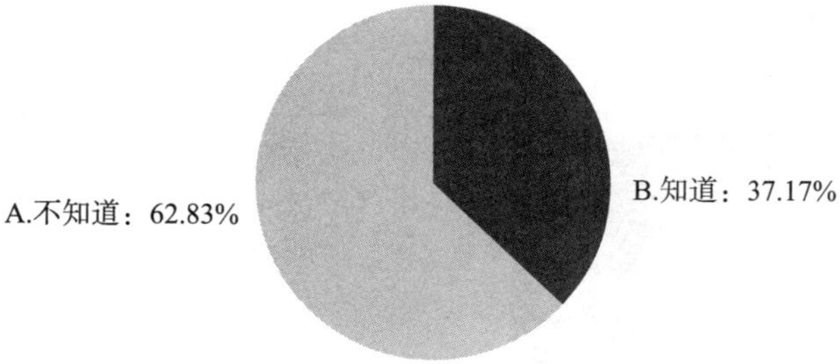

图 15　公安部儿童失踪信息发布平台的知晓度

（4）公众对接收到有关儿童失踪信息后的处理态度

统计分析结果显示，113 个人中，有 103 个人表示在接收到关于儿童失踪的信息后，会关注并留意，发现情况及时报警，其占到总人数的 91. 15%。10 人表示看后会若无其事，占总人数的 8. 85%（见图 16）。

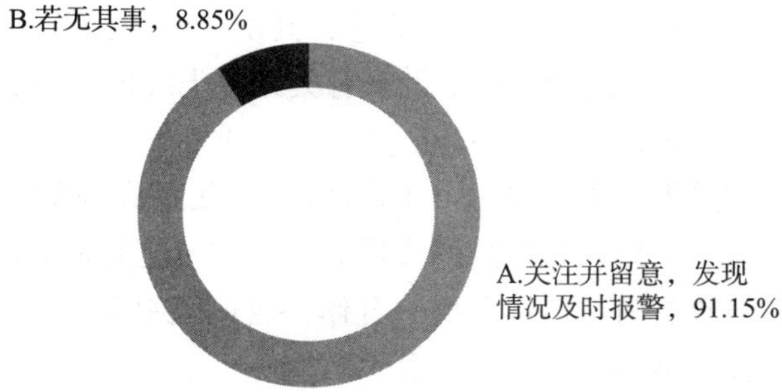

图 16　收到儿童失踪消息后的做法

（5）公众对采取奖励机制能否提高群众提供与儿童失踪相关线索的积极性的看法

从统计结果来看，97. 35%的人认为采取奖励机制能够提高群众提供与儿童失踪的相关线索的积极性，认为不能的仅占 2. 65%（见图 17）。结合特定调查对象的结果来看，无论是大学生群体，还是一般公众，对于采取奖励机制能否提高群众提供线索的积极性，所持的态度都倾向于能。

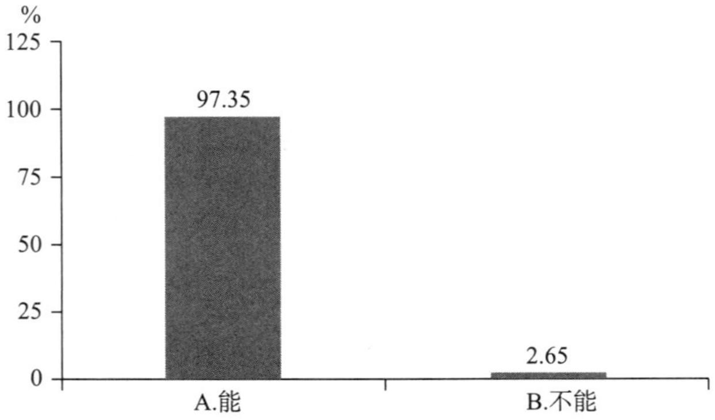

图 17　奖励机制有无作用

（6）公众接触儿童失踪信息的相关渠道（渠道可多选）

从统计的结果来看，113 名被调查者中，83. 19%的人都有从电视、广播上看到或听到有关儿童失踪的信息；其次，53. 98%的人是身边人告知；再次，46. 9%的人是从传单上看到有关儿童失踪的信息；其他依次是报纸、其他、手机短信，分别占 40. 71%、36. 94%%、29. 2%（见图 18）。结合特定对象的数据来看，通过手机短信知道儿童失踪的信息的是最少的，而通过电视、广播获知信息的在所有渠道中占比是最大的。那么是否意味着可以加强政府与电信运营商的合作，通过强制发送短信到用户的手机上，来扩大公众接触儿童失踪信息的渠道呢？

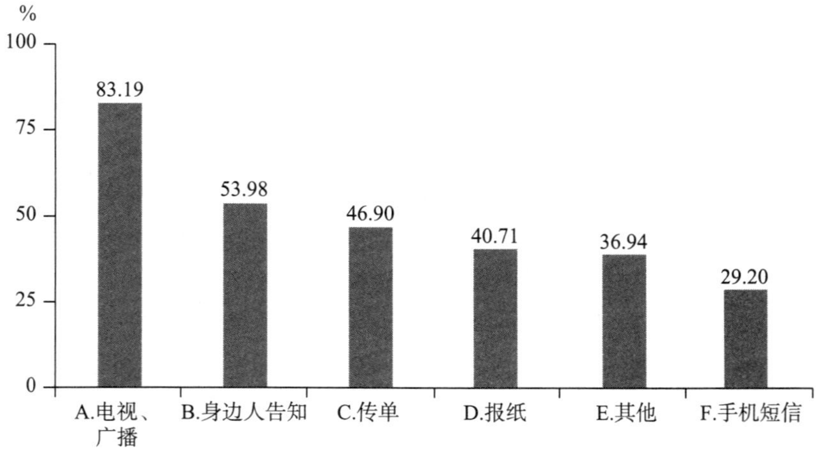

图 18　接触儿童失踪信息的相关渠道

（7）公众获知儿童失踪信息的相关软件（软件可多选）

从统计的结果来看，公众获悉儿童失踪信息的软件，大多倾向于微信、微博，占比分别为 74.34%、61.95%，然后是 QQ、支付宝、其他所占分别为 35.4%、30.09%、30.97%，而通过地图 App、淘宝获得儿童失踪的信息仅为 4.42%（见图 19）。可知，应当加强与地图 App、淘宝运营商的合作，在其开发或运营的软件上推送有关儿童失踪的信息。

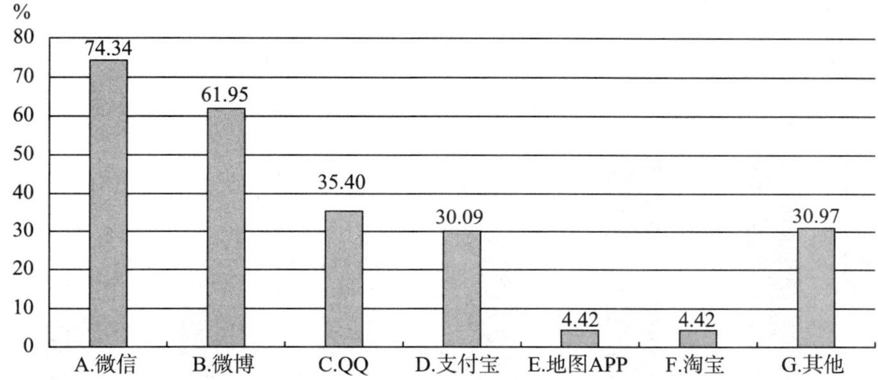

图 19　接触儿童失踪信息的相关软件

（8）公众所知晓的信息发布平台属于何种类型（类型可多选）

据统计，公众所知晓的信息发布平台有 72.57% 的属于新闻媒体，65.49%的属于支付宝、微信、高德地图等社交媒体，38.05%的属于专门网站，33.63%的属于广播电台（见图 20）。

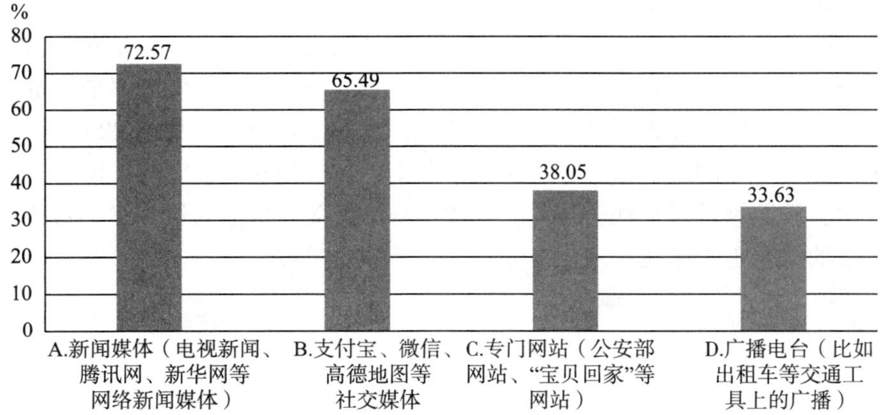

图 20　信息发布平台的类型

（9）如何扩大公安部儿童失踪紧急发布平台的影响力（平台可多选）

对于如何扩大公安部儿童失踪紧急发布平台的影响力，79.65%的公众认为通过各类新闻头条来宣传公安部儿童失踪紧急发布平台。广播电台、公益广告、报纸、短/彩信和邮件、其他所占比分别是 76.99%、76.11%、50.44%、37.17%、27.43%（见图 21）。结合特定调查对象的数据来看，公众对于通过短/彩信和邮件的方式，扩大公安部儿童失踪紧急发布平台的响应度都不高。

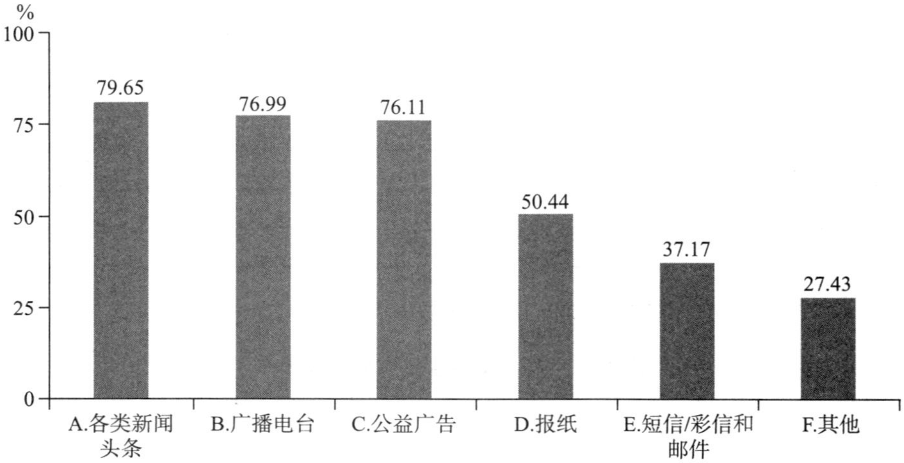

图 21　公安部儿童失踪紧急发布平台

（10）公众对通过短信强制推送儿童失踪信息的接受度

从统计的结果来看，虽然一般公众对于通过短/彩信来扩大公安部儿童失踪紧急发布平台的影响力的方式，持赞同的人数不多，但是对于通过短/彩信的方式强制推送有关儿童失踪的消息，65.49%的公众都是持赞同意见的，不愿意和无所谓分别占比为 23.01%和 11.5%（见图 22）。结合特定调查对象的结果来看，相对于社会上的一般公众而言，其态度还不够分明，其原因可能是社会一般公众中以身为人父人母的人比较多，对儿童失踪的信息更为重视。

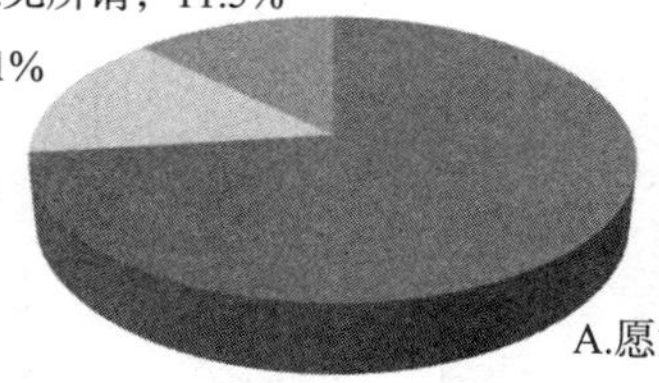

图 22　强制推送的接受度

（11）公众对于建立同美国类似，但又符合我国国情的儿童失踪紧急反应机制的态度

据统计，认为我国应当建立符合我国国情的儿童失踪紧急反应机制的被调查者有 96.46%，认为不应当建立的被调查者有 3.54%，持无所谓态度的被调查者为 0%。

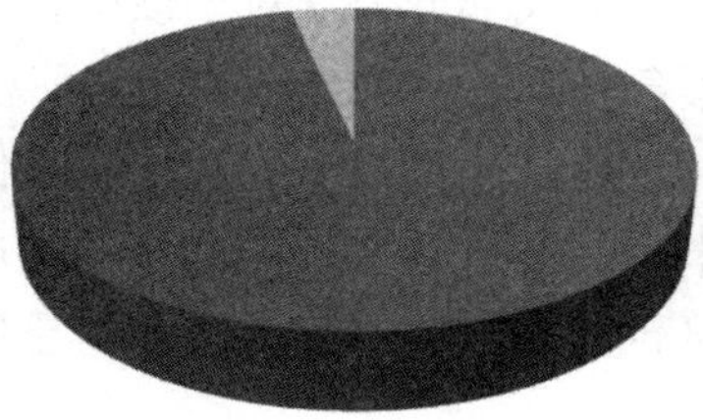

图 23　是否应建立儿童失踪紧急反应机制

（12）公众可以接受的强制推送的信息发布方式（发布方式可多选）

从公众可以接受的强制推送的信息发布方式所占的比重来看，公共显示屏（76.11%）>网页自动弹出（52.21%）>短/彩信强制推送（48.67%）>手机 App 自动弹出（46.02%）>均不接受（2.65%）（见图 24）。

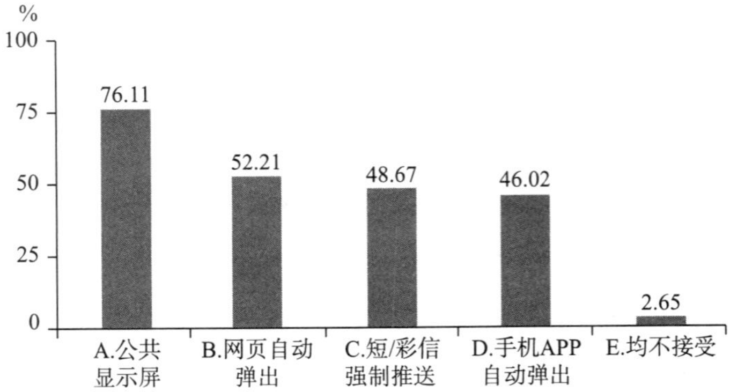

图 24　接受哪些信息发布方式的强制推送

通过对两组数据的分析来看，无论是特定调查对象（大学生群体），还是不特定调查对象（社会一般公众），公安部儿童失踪紧急发布平台在他们之间的影响力都很小，大部分公众对于该平台的存在是不知道的。在扩大公安部儿童失踪紧急发布平台影响力上，短/彩信方式对于公众来说接受度并不高，但是对于通过短/彩信的方式强制推送有关儿童失踪的消息，两组数据综合起来看，这种方式是被公众所认可的。同时，90%以上的公众认为应当建立符合我国国情的儿童失踪紧急反应机制。

附件2 调查问卷

儿童失踪紧急反应机制调查问卷

您好！为了解现有的儿童失踪紧急反应机制存在的问题，特开展此次调查，本调查将以不记名的方式进行，共12个问题，请您花费少许时间，回答下面的问题，您的回答会被严格保密，我们会根据此次调查数据，正面、积极地与相关部门沟通，完善儿童失踪紧急反应机制，请您也为这一事业出一份力！十分感谢！

您的年龄：__________　　　　　　您的性别：______

Q1. 你是否关注过儿童失踪信息？

A. 经常关注　　B. 偶尔关注　　C. 从不关注

Q2. 您接触的信息发布平台有几个？

A. 0个　　B. 1~2个　　C. 3个及以上

Q3. 您是否知道公安部的儿童失踪信息紧急发布平台？

A. 知道　　B. 不知道

Q4. 假设您接收到了关于儿童失踪的信息，您会怎么做？

A. 关注并留意，发现情况及时报警

B. 若无其事

Q5. 假设制定奖励机制，您认为是否能够提高群众提供线索的积极性？

A. 能　　B. 不能

Q6. 您曾经通过哪些渠道接触到关于寻找失踪儿童的信息？（可以多选）

A. 电视广播　　B. 传单　　C. 手机短信　　D. 报纸

E. 身边人告知　　F. 其他

Q7. 您一般是通过哪些软件接触到关于寻找失踪儿童的信息？（可以多选）

A. 支付宝　　B. 微博　　C. QQ　　D. 微信

E. 地图 App　　F. 淘宝　　G. 其他

Q8. 您熟悉的信息发布平台属于哪种类型？（可以多选）

A. 支付宝、微信、高德地图等社交媒体

B. 新闻媒体（电视新闻、腾讯网、新华网等网络新闻媒体）

C. 专门网站（公安部网站、“宝贝回家”等网站）

D. 广播电台（比如出租车等交通工具上的广播）

Q9. 您认为可以采取哪些方式来宣传公安部儿童失踪信息紧急发布平台？（可以多选）

A. 公益广告　　B. 广播电台　　C. 报纸

D. 短/彩信和邮件　　E. 各类新闻头条　　F. 其他

Q10. 假设政府和通信运营商合作，只要有儿童失踪的信息，就会强制发送短信到您手机上，您会愿意接受这种方式吗？

A. 愿意　　B. 不愿意　　C. 无所谓

Q11. 美国因采取问题 10 的方式，结合其他方式，设立儿童失踪干预系统，找回失踪儿童的概率为 95%以上，您觉得我国应设立与我国国情相符合的儿童失踪紧急反应机制吗？

A. 应该　　B. 不应该　　C. 无所谓

Q12. 您能接受以下哪些信息发布方式的强制推送？（可以多选）

A. 短/彩信强制推送　　B. 网页自动弹出

C. 手机 App 自动弹出　　D. 公共显示屏

E. 均不接受

感谢您的参与！我们非常欢迎您发表自己的观点，也希望您能转发给您的亲朋好友，让更多的人能参与到这个调查中。

主要参考文献

一、中文参考文献

［1］王燃：《大数据侦查》，清华大学出版社 2017 年版。

［2］《80%的人不知道!! 儿童失踪信息紧急发布平台——团圆系统》，载搜狐网，http：//www. sohu. com/a/328613000_ 120065670。

［3］《被拐卖失踪的中国儿童，最终都去哪了?》，载 http：//data. 163. com/18/0827/01/DQ690H8B000181IU. html。

［4］《大数据助力晋江实现智慧警务新跨越》，载人民公安报，https：//www. e-gov. org. cn/article-168107. html。

［5］《儿童失踪信息发布平台：失踪信息将秒送周边人群》，载合肥都市网，http：//www. hfwb. com. cn/2016/0516/28043. shtml。

［6］《儿童失踪信息平台“团圆”上线一年：以快制快　织密儿童保护体系》，载新华网，http：//www. xinhuanet. com/legal/2017 - 05/17/c_ 129606078. htm。

［7］《构筑空港智慧警务　成都双流公安近期高效破案》，载中国网，https：//sc. china. com. cn/2019/tianfuxinqu_ zhengwu_ 1024/339268. html。

［8］《国际儿童失踪日　儿童离家出走成为失踪的关键诱因》，载澎湃新闻·澎湃号·澎客，https：//www. thepaper. cn/newsDetail_ forward_ 3525912。

［9］《江苏江阴智慧警务解民生难题》，载新华社，https：//finance. jrj. com. cn/2018/07/22193424847125. shtml。

［10］《近万例儿童基因纳入“全国儿童 DNA 数据库”》，载搜狐网，http：//www. sohu. com/a/244222541_ 733985。

［11］《民生最亮打造智慧警务新平台》，载澎湃新闻·澎湃号·政务，https：//www. thepaper. cn//channel_ 36079。

［12］《三千多起儿童失踪案告诉你，“乐清走失男孩”不止一个》，

载澎湃新闻，https：//www. thepaper. cn/newsDetail_ forward_ 2709211。

［13］《听说“打拐神器”又增加了新功能》，载新浪网，https：//weibo. com/mayun？ refer_ flag=1005055013_ &is_ hot=1#_ rnd1575341601392。

［14］《智慧新警务建设——智慧新民生》，载腾讯网，https：//new. qq. com/omn/20190109/20190109A17PYT. html。

［15］李文军：《美国安珀系统与中国打拐系统比较研究》，载《青年研究》2017 年第 6 期。

［16］李忠东：《欧美：严惩国际儿童诱拐》，载《检察风云》2015 年第 8 期。

［17］童丹娜：《我国社会救助理论指导下的失踪儿童搜救法律制度研究——以美国为鉴》，浙江理工大学 2016 年硕士学位论文。

［18］武文斐、王晓峰：《公安机关组织结构扁平化与警力下沉分析——大庆公安机关警务机制改革的启示》，载《贵州警官职业学院学报》2007 年第 3 期。

［19］亚森·努尔买提：《基于互联网的失踪儿童搜寻影响因素研究》，中国科学技术大学 2019 年硕士学位论文。

［20］张昊、朱守亮、江耿亮：《智慧新警务的发展变化与趋势》，载《中国安防》2019 年第 7 期。

［21］张兆瑞：《“智慧警务”：大数据时代的警务模式》，载《公安研究》2014 年第 6 期。

［22］张兆瑞：《从大数据到智慧警务》，载《现代世界警察》2018 年第 4 期。

［23］郑士源、徐辉、王浣尘：《网格及网格化管理综述》，载《系统工程》2005 年第 3 期。

［24］朱玉勇：《法律援助若干问题研究》，郑州大学 2007 年硕士学位论文。

二、外文参考文献

［1］A response from the Union of Crisis Centers to the Gap Analysis document（April 27，2016）.

［2］Adrienne L. Fernandes – Alcantara. Missing and Exploited Children：Background，Policies，and Issues. Specialist in Social Policy，2015（04），p. 8.

［3］Amber Alert America's Missing：Broadcast Emergency Response， https: //www. amberalert. gov/statistics. htm.

[4] Bricknell S & Renshaw L 2016. Missing persons in Australia, 2008-2015. Statistical Bulletins no. 1. Canberra: Australian Institute of Criminology. https: //www. aic. gov. au/publications/sb/sb001.

[5] Clause 6 of the Instructions on how to Receive, Register, Review and Record Complaints and Reports on Crimes, Administrative Offenses and Incidents by the Internal Affairs Agencies affirmed by the Decree of the Ministry of Interior No. 55 of 10 March 2010 (the text ofthe Instructions is not available, this information was provided by the INGO Ponimanie); Vasily Pervunin, Missing persons. About 2. 5 thousands people are reported missing in Belarus (Feb. 11, 2016) AIF, at http: //www. aif. by/social/item/44393 - bez - vestipropavshie - gde - oni. html (last visited June 24, 2016); Ekaterina Sinyuk, The Center for Missing and Exploited Children may appear in Belarus (Oct. 4, 2011), TUT. BY, at http: //news. tut. by/society/252644. html (last visited June 24, 2016).

[6] Electronic Government of the Republic of Kazakhstan, Projects of the electronic government of the Republic of Kazakhstan, at http: //egov. kz/wps/portal/Content? contentPath=/egovcontent/basic/projects (last visited July 8, 2016); NITEC, Government Database "Natural Persons", at http: //www. nitec. kz/index. php/post/gosudarstvennaya - baza - dannyih - fizicheskie - litsa (last visited July 8, 2016); Roza Shinzhirbaeva, Vital Records Offices are creating an electronic database - birth certificates and marriage certificates in the Southern Kazakhstan Oblast are issued with the help of a computer (Dec. 18, 2007), at http: //www. adilet. gov. kz/ru/node/656 (last visited July 8, 2016).

[7] Email correspondence with Ms. Le Viet Anh, supra note 182.

[8] Federal Bureau of Investigation, Violent Crimes Against Children; Child Abduction Rapid Deployment Teams (CARD), at https: //www. fbi. gov/about-us/investigate/vc_ majorthefts/cac/card/card (last visited June 29, 2016) (on file with the International Centre for Missing & Exploited Children).

[9] Francisco Águila, Más de 80% de los desaparecidoes en 2012 fuero hallados en primoers 4 días de investigación, EL MERCURIO, Nov. 3, 2012, at http: //www. emol. com/noticias/nacional/2012/11/02/567741/mas - de -

16 – mil – personas – extraviadas – fueron – halladaspor – carabineros – en – los – primeros–cuatro–dias–despues–de–su–desaparicion–en–2012. html; http: //diario. latercera. com/2012/11/05/01/contenido/pais/31–122255–9–carabineros – localizo – al – 83 – de – las – personas – encargadaspor – presunta – desgracia. shtml (last visited February 10, 2016) (on file with the International Centre for Missing & Exploited Children) .

[10] GOVERNMENT OF CANADA, Canada's Missing–2015 Fast Fact Sheet–MC/PUR Missing child subjects by province, sex and probable cause, at http: //www. canadasmissing. ca/pubs/2015/index – eng. htm (last visited July 10, 2016) (on file with the International Centre for Missing & Exploited Children) .

[11] Hickey 1, supra note 12. The Center acts in cooperation with the U. S. Department of Justice, but does not represent the views or position of the Justice Department. See NATIONAL CENTER FOR MISSING & EXPLOITED CHILDREN, SELECTED STATE LEGISLATION: A GUIDE FOR EFFECTIVE STATE LAWS TO PROTECT CHILDREN (Jan. 1985) (information available from this source at 1835 K St. , N. W. , Suite 700, Washington, D. C. 20006). The FBI, a department within the Justice Department, has documented statistics in contradiction to the Center´s stance on missing children. S. 2014 Hearings^ supra note 7, at 94.

[12] Jim Avila, Danger of AMBER Alert Overuse, available at www. msnbc. com (Aug. 19. 2002) .

[13] Law on Child Protection, Care and Education, No. 25/2004/QH11, June 15, 2004, Article 3 (on file with the International Centre for Missing & Exploited Children) . at Article 3 – Interpretation of terms.

[14] Missing children in the European Union Mapping, data collection and statistics, European Commission, https: //publications. europa. eu/en/publication–detail/–/publication/655b34ad–341b–4348–9e3b–38741ff40f23/language–en/format–PDF/source–93365345. p. 16.

[15] Missing children in the European Union Mapping, data collection and statistics, European Commission, https: //publications. europa. eu/en/publication–detail/–/publication/655b34ad–341b–4348–9e3b–38741ff40f23/language–en/format–PDF/source–93365345. p. 16.

[16] Missing children in the European Union Mapping, data collection and statistics. European Commission, https://publications.europa.eu/en/publication-detail/-/publication/655b34ad-341b-4348-9e3b-38741ff40f23/language-en/format-PDF/source-93365345. P. 33.

[17] National Center for Missing and Exploited Children, CyberTipline, at http://www.missingkids.org/cybertipline (last visited June 29, 2016) (on file with the International Centre for Missing & Exploited Children).

[18] National Child Search Assistance Act of 1990, at https://www.congress.gov/bill/101st-congress/senate-bill/2317/text (last visited June 29, 2016) (on file with the International Centre for Missing & Exploited Children).

[19] Sustained clinical training and capacity building through international collaboration-safe children Vietnam.

[20] Thao Dan Safe House Information, THAO DAN (on file with the international Centre for Missing & Exploited Children).

[21] U. S. Department of State, Bureau of Consular Affairs, International Parental Child Abduction, Child's Passport Issuance Alert Program, at https://travel.state.gov/content/childabduction/en/preventing/passport-issuance-alert-program.html (last visited August 9, 2016).

[22] Vietnam: Ho Chi Minh Child Welfare Foundation, HUMANTRAFFICKING. ORG, at http://www.humantrafficking.org/organizations/276 (last visited Mar. 30, 2016) (on file with the International Centre for Missing & Exploited Children).

[23] 1 Carter, D. Child Abduction-The Role of the Central Authorities and Reunite [2000] IFL 102.

[24] 42 U. S. C. A. § 5773 (b) (1) - (2) (West Supp. 1985).

[25] A Prohibited Steps Order (PSO) is an order granted by the court in family cases which prevents either parent from carrying out certain events or making specific trips with their children without the express permission of the other parent.

[26] A response from the Union of Crisis Centers to the Gap Analysis document (April 27, 2016).

[27] AOL to Deliver AMBER Alerts Online, N. Y. TIMES, Oct. 2, 2002.

[28] Article 244. 11 part 1 of the Civil Procedure Code of the Russian

Federation, at http: //www.consultant.ru/document/cons_ doc_ LAW_ 39570/ (last visited June 28, 2016).

[29] Article 3 Clause 8 of Law No. 2487-1 On Private detective and security guard activities in the Russian Federation of 11 March 1992, at http: //www.consultant.ru/document/cons_ doc_ LAW_ 385/ (last visited June 30, 2016).

[30] BACHPAN BACHAO ANDOLAN, Missing Children of India-Synopsis, 2011 (on file with the International Centre for Missing & Exploited Children).

[31] Canadian Centre for Child Protection, Missing Kids Alert-When More People Know, More People Are Looking, at https: //missingkids.ca/app/en/missing_ kids_ alert (last visited July 22, 2016).

[32] Case Management for Missing Children Homicide Investigation (2006) 7 and 13, Washington State Attorney General's Office, at http: //www.atg.wa.gov/child-abduction-murder-research (last visited April 3, 2016) (on file with the International Centre for Missing & Exploited Children).

[33] Centre for Missing and Exploited Children, What we do, at http: //poisk-detei.by/about-us/chto-delaem/ (last visited June 24, 2016).

[34] Child Abduction from Scotland Scottish Courts Administration November 1996.

[35] Children's Ombudsman for the President of the Russian Federation, Report by Pavel Astakhov at the seminar organized by custody and guardianship authorities (April 18, 2013).

[36] Clause 27 of the Rules for the carriage of passengers, baggage and cargo by air transport, approved by the Decree of the Government of the Republic of Kazakhstan No. 1522 of 13 December 2011, at http: //adilet.zan.kz/rus/docs/P1100001522 (last visited July 7, 2016).

[37] Clause 7 sub-clause 6 of the Rules for issuance of documents for traveling outside the Republic of Kazakhstan for permanent residence, approved by the Decree of the Government of the Republic of Kazakhstan No. 361 of 28 March 2012, at http: //adilet.zan.kz/rus/docs/P1200000361 (last visited July 7, 2016).

[38] Comment by "NeDopusti!" during online meeting (April 11, 2016).

[39] Comment by Sergeant Jane Boissoneault of the Royal Canadian Mounted Police to the verification letter sent by ICMEC (June 1, 2016).

[40] Committee for Legal Statistics and Special Accounts of the Prosecutor General's Office of the Republic of Kazakhstan, Automated information system "Special Accounts", at http://pravstat. prokuror. kz/rus/o - kpsisu/ais/avtomatizirovannaya-informacionnayasistema-specialnye-uchety (last visited July 8, 2016).

[41] Correspondence with Sami Isoniemi (June 13, 2016).

[42] End the Traffic! End Child Exploitation (UNICEF, 2003), at p 12. See also Human Trafficking: The Government´s Strategy, at p. 25.

[43] Ever Ready to Meet the Growing Needs of Children Annual Report 2014, SINGAPORE CHILDREN'S SOCIETY, at https://issuu. com/sgchildrensMEIGUOety/docs/scs_ ar2014_ 26032015_ single_ final (last visited Feb. 21, 2016) (on file with the International Centre for Missing & Exploited Children).

[44] FEDERAL BUREAU OF INVESTIGATION, NCIC Active/Expired Missing and Unidentified Analysis Reports, at https://www. fbi. gov/filerepository/2015-ncic-missing-person-and-unidentified-person-statistics. pdf (last visited March 18, 2016) (on file with the International Centre for Missing & Exploited Children).

[45] Federal Bureau of Investigation, Violent Crimes Against Children; Child Abduction Rapid Deployment Teams (CARD), at https://www. fbi. gov/about-us/investigate/vc_ majorthefts/cac/card/card (last visited June 29, 2016) (on file with the International Centre for Missing & Exploited Children).

[46] Federal Law No. 114-FZ On exit from the Russian Federation and entry to the Russian Federation, at Articles 21-22.

[47] Figures and trends 2018, European Commission http://missingchildreneurope. eu/Portals/0/Figures%20and%20Trends%202018. p. 4.

[48] For a more detailed list of requirements, see Practice Direction [1986] 1 ALL ER 983.

[49] Government of Canada, Canada's Missing-What is AMBER Alert?, supra note 215.

[50] Government of Canada, Recommended consent letter for children travelling abroad, at http://www.voyage.gc.ca/preparation_information/consent-letter_lettre-consentement-eng.asp (last visited July 22, 2016).

[51] Government of Canada, Recommended consent letter for children travelling abroad, at http://www.voyage.gc.ca/preparation_information/consent-letter_lettre-consentement-eng.asp (last visited July 22, 2016).

[52] Hurriyrt Daily News, Police search for 4, 000 missing children every month in Turkey (Feb. 2, 2015), at http://www.hurriyetdailynews.com/police-search-for-4000-missing-children-every-month-in-turkey.aspx?pageID=238&nID=77789&NewsCatID=341 (last visited July 22, 2015) (on file with International Centre for Missing & Exploited Children).

[53] Id. § 5773 (a) (5), (b) (3). The responsibility for compiling and publishing this information is with the Secretary of Health and Human Services. Id.

[54] Interview with Pavel Astakhov MIA "Russia Today", Apr. 4, 2016, at http://www.rfdeti.ru/display.php? id=11071 (last visited July 10, 2016) (on file with the International Centre for Missing & Exploited Children).

[55] Interview with Pavel Astakhov MIA "Russia Today", Apr. 4, 2016, at http://www.rfdeti.ru/display.php? id=11071 (last visited July 10, 2016) (on file with the International Centre for Missing & Exploited Children).

[56] Kazakhstanis can get information about missing people through the Internet (April 6, 2012), PROFIT, at http://profit.kz/news/8405/Informaciu-o-propavshih-bez-vesti-kazahstanci-mogut-poluchit-cherez-internet/ (last visited July 8, 2016); Information Service of the Committee for Legal Statistics and Special Accounts of the Prosecutor General's Office of the Republic of Kazakhstan, at http://service.pravstat.kz/portal/page/portal/POPageGroup/Services/SuRet (last visited July 8, 2016).

[57] Missing and Abducted Children: A Law-Enforcement Guide to Case Investigation and Program Management, supra note 501, at 26.564 National

Center for Missing and Exploited Children, Missing Child Clearinghouses, at http: //www. missingkids. com/clearinghouses (last visited June 29, 2016) (on file with the International Centre for Missing & Exploited Children). See also 42 USC §5771, supra note 19.

[58] Missing Children Society of Canada, Contact Us, at http: //mc-sc. ca/about-us/contact-us/ (last visited July 22, 2016).

[59] Missing Children Society of Canada, Most Valuable Network, at http: //mcsc. ca/search-program/most-valuable-network/ (last visited July 22, 2016).

[60] National Center for Missing and Exploited Children, Resources for Law Enforcement, at http: //www. missingkids. com/LawEnforcement (last visited June 29, 2016) (on file with the International Centre for Missing & Exploited Children).

[61] National Council on Child Abuse & Family Violence, Child Abuse Information, at http: //www. nccafv. org/child. htm (last visited July 21, 2016).

[62] NATIONAL CRIME AGENCY, UK Missing Persons Bureau - Missing Persons Data Report 2014/2015 15, May 16, 2016, at http: //www. missingpersons. police. uk/download/56 (last visited July 19, 2016) (on file with International Centre for Missing & Exploited Children).

[63] Olga Vorobieva, Traffick monitors in Moscow started broadcasting information about missing children (April 6, 2016), AGENCY OF SOCIAL INFORMATION, at http: //www. asi. org. ru/news/122965/ (last visited July 5, 2016).

[64] Police of Finland, Public Order—Search for a missing person, at https: //www. poliisi. fi/public_ order/search_ for_ a_ missing_ person (last visited July 25, 2016) (on file with the International Centre for Missing & Exploited Children).

[65] Sections 15 and 45 of the Police Act of 1995, at http: //www. finlex. fi/en/laki/kaannokset/1995/en19950493. pdf (last visited July 23, 2016) (on file with the International Centre for Missing & Exploited Children).

[66] See also Sergei Sizintsev, A parent's consent for a child's departure abroad (Sept. 22, 2012), DE FACTO, at http: //defacto. kz/content/soglasie-roditelya-na-vyezd-rebenka-zagranitsu.

[67] See Practice Direction [1983] 2 ALLER 253.

[68] See Practice Direction [1986] 1 ALL ER 983 and The Child Abduction Act 1984: 'Port Stop' Procedures Home Office Circular No 21/1986.

[69] South Africa Crime Statistics, at http://www.crimestatssa.com/resources.php (last visited July 22, 2015) (on file with the International Centre for Missing & Exploited Children).

[70] Spain Joins EU Hotline for Missing Children, Sep. 22, 2010, at http://www.theleader.info/article/25040/spain-joins-eu-hotlineformissing-children/ (last visited Apr. 25, 2016) (on file with the International Centre for Missing & Exploited Children).

[71] State Police maintains a web site, at http://www.bambiniscomparsi.it, on which photos and information about missing children are published. This web site is linked to the International Network of Missing Children web sites coordinated by the National Center for Missing & Exploited Children.

[72] Statistics Finland, Nearly 70 percent of victims of domestic violence and intimate partner violence were women (May 30, 2016), at http://www.stat.fi/til/rpk/2015/15/rpk_2015_15_2016-05-30_tie_001_en.html (last visited July 21, 2016).

[73] The Investigative Committee of Russia held an extended meeting of the panel to discuss work results for the 1st semester of 2015, at http://sledcom.ru/news/item/950225 (last visited March 20, 2016); Id., the Decree is titled "On the use of the integrated system of informing and alerting population in crowded areas within the Ministry of Emergency Situations by the Investigative Committee of the Russian Federation to assist in searching for missing minors" (the Decree is not available to the public).

[74] The Law No. 49-Z On the Order of Departure from the Republic of Belarus and Entry into the Republic of Belarus of 20 September 2009, at http://pravo.newsby.org/belarus/zakon0/z465.htm (last visited June 23, 2016).

[75] This practice also applies to Northern Ireland, see Article 8 of the Children (Northern Ireland) Order 1995.

[76] TINKLE FRIEND HOTLINE, http://tinklefriend.com/talk-to-us (last visited Feb. 21, 2016) (on file with the International Centre for Missing

& Exploited Children) .

[77] U. S. Customs and Border Protection, Customs Bulletin and Decisions, Vol. 42, No. 44, Oct. 23, 2008: CBP Decisions 92, at https: //www. cbp. gov/bulletins/42genno44. pdf (last visited June 29, 2016) (on file with the International Centre for Missing & Exploited Children) .

[78] U. S. Department of Justice, OJJDP, National Missing and Unidentified Persons System, at http: //www. namus. gov/ (last visited June 29, 2016) (on file with the International Centre for Missing & Exploited Children) .

[79] U. S. Department of State, Bureau of Consular Affairs, International Parental Child Abduction, Child's Passport Issuance Alert Program, at https: //travel. state. gov/content/childabduction/en/preventing/passport-issuance-alert-program. html (last visited August 9, 2016) .

[80] U. S. Department of State, International Parental Child Abduction, Country Information, Russia, at https: //travel. state. gov/content/childabduction/en/country/russia. html (last visited June 29, 2016); A comment by Association of Volunteer Organizations "Search for Missing Children" (Poisk Detei) during online meeting (April 11, 2016) .

[81] Unaccompanied child refugees pouring into Canada (July 26, 2013), CBC NEWS, at http: //www. cbc. ca/news/canada/unaccompanied-child-refugees-pouring-into-canada-1. 1328888 (last visited July 21, 2016) .

[82] When a relationship breaks down parents will need to reach an agreement on the arrangements for the children. They will need to decide which parent the child will live with and how often the other parent will see the child. The time the non-resident parent spends with the child is known as contact.

[83] Wireless Amber Alerts, at http: //www. wirelessamber. ca/ (last visited July 22, 2016) .